기술공화국
선언

Copyright © 2025 by Alexander C. Karp and Nicholas W. Zamiska
All rights reserved.
Korean translation copyright © 2025 by KNomad
Korean translation rights arranged with Creative Artists Agency
through EYA Co., Ltd

이 책의 한국어판 저작권은 EYA Co., Ltd를 통해 Creative Artists Agency 와 독점 계약한
(주)지식노마드에 있습니다.
저작권법에 의하여 한국 내에서 보호를 받는 저작물이므로 무단 전재 및 복제를 금합니다.

기술공화국 선언

알렉스 카프, 니콜라스 자미스카 지음 | 빅데이터닥터(Dr. Jeon YD) 옮김

Alexander C. Karp
Nicholas W. Zamiska

**강력한 기술, 흔들리는 가치,
인류의 미래는 어디로 가는가**

타인의 마음을 움직이려 하는 동시에
자신의 마음 역시 제대로 이해하고자 하는 이들에게

●

당신의 마음에서 진심으로 우러나오지 않는다면
다른 사람의 마음도 결코 움직일 수 없다.

괴테

상대를 해칠 힘이 곧 협상의 힘이다. 그 힘을 활용하는 게 외교다.
비록 잔혹한 외교라 할지라도 결국 외교다.

토머스 셸링

근본주의자들은 자유주의자들이 발을 들이길 두려워하는 곳에
서슴없이 뛰어든다.

마이클 샌델

차례

서문 8

PART I 소프트웨어 시대

1장 — 길을 잃은 실리콘밸리 16

2장 — 지능의 불꽃 32

3장 — 승자의 착오 47

4장 — 핵 시대의 종말 56

Part II 미국 정신의 공동화

5장 — 신념의 포기 80

6장 — 기술 불가지론자 95

7장 — 끈이 끊겨버린 풍선 113

8장 — 결함 있는 시스템 131

9장 — 장난감 나라에서 길을 잃다 138

Part III 엔지니어링 사고방식

10장 — 에크 벌떼   152

11장 — 즉흥적인 스타트업   160

12장 — 집단의 압력   170

13장 — 군을 위해 더 나은 무기를 만들다   181

14장 — 세상은 구름일까 시계일까   201

Part IV 기술 공화국 재건

15장 — 사막 속으로   218

16장 — 청렴함의 대가   227

17장 — 앞으로의 천년   241

18장 — 미학적 관점   260

감사의 글   278
옮긴이의 글   281
인용 문헌   287
참고 문헌   326
그림 출처   350
찾아보기   352

서문

　이 책은 두 저자가 약 10년에 걸쳐 기술과 국가적 과제, 미국 사회 전체가 직면한 위태로운 정치·문화적 도전에 대해 나눈 대화의 산물이다.

　서구는 이제 중대한 전환점을 맞이했다. 과학기술의 잠재력에 대한 국가적인 포부와 관심이 사라지면서 의료, 우주 탐사, 군사 소프트웨어와 같은 분야에서 정부의 혁신이 쇠퇴했고, 그 결과 혁신 격차가 생겨났다. 정부는 원자폭탄과 인터넷을 탄생시켰던 대규모 혁신의 추구에서 물러섰고, 다음 세대의 획기적 기술 개발이라는 과제를 민간에 넘겨버렸다. 이는 시장에 전적으로 의지하겠다는 정말 놀라울 정도의 신뢰를 보여주는 것이다.

　한편, 실리콘밸리는 점점 내향적으로 변해 미국의 안보와 복지라는 더 큰 프로젝트가 아니라 좁은 영역의 소비자 제품 개발에만 에너지를 쏟게 되었다.

　현재의 디지털 시대는 온라인 광고와 쇼핑, 소셜 미디어와 동영상 공유 플랫폼이 주도하고 있다. 실리콘밸리의 창업가 세대가 내세운 거창한 구호는 그저 한마디로 만들자였다. 무엇을 만들어야 하며 왜 만들어야 하는지 묻는 사람은 거의 없었다. 수십 년간 우리는 기술 산업이 때로는 집착에 가까울 정도로 소비자 문화에만 매달리는 모습을 당연하게 받아들였다. 자본과 인재가 사소하고 일시적인 곳으로 잘못 쏠리고 있음에도 불구하고 의문조차 제기하지 않았다. 오늘날 혁신이라 불리며 막대한 인재와 자금을 끌어들이는 것 중 상당수는 10년도 채 지나지 않아 잊히게 될 것이다.

창조적이든 그 반대이든 시장은 강력한 파괴의 동력으로 움직인다. 그러나 정작 가장 필요한 것을 꼭 필요한 시기에 제공하는 데는 종종 실패한다. 미국 경제를 주도하는 실리콘밸리의 거대 기업들은 자신들이 처음부터 국가 바깥에서 탄생해 존재해온 양 스스로를 여겨왔다. 그러나 이것은 전략적 실수였다.

이 기업들의 창업자 가운데 상당수는 미국을 서서히 몰락해가는 제국으로 여기면서, 그 몰락이 자신들의 성공과 새 시대의 골드러시를 가로막도록 내버려둘 수 없다고 생각했다. 그래서 이들 중 상당수는 사회를 발전시키려는 진지한 시도, 즉 인류 문명이 조금씩이라도 더 높은 단계로 나아가도록 하려는 노력 자체를 포기했다.

실리콘밸리를 지배하던 윤리적 세계관, 즉 기술이 인류의 모든 문제를 해결할 것이라는 기술 유토피아적 관점은 이제 개인을 관리하고 통제해야 할 시스템 속의 원자적 존재로 바라보는 좁고 얕은 공리주의적 관점으로 퇴화했다. 좋은 삶을 이루는 것은 무엇인가, 사회가 함께 추구해야 할 공동의 과업은 무엇인가, 공유된 국가 정체성이 무엇을 가능하게 할 수 있는가와 같은 중요하지만, 복잡한 질문들은 이미 구시대의 유물쯤으로 여겨져 한쪽으로 밀려났다.

우리는 더 잘할 수 있다, 아니 더 잘해야만 한다. 이 책에서 소프트웨어 업계가 정부와의 관계를 재정립하고, 우리가 공동으로 직면한 가장 시급한 과제들을 해결할 수 있는 기술과 인공지능 역량을 구축하는 데 노력과 관심을 집중해야 한다는 것을 강조하고 있다. 실리콘밸리의 엔지니어링 엘리트들은 국가를 방어하고, 이 나라가 무엇이며, 우리의 가치는 무엇이고, 우리는 무엇을 지향하는가와 같은 국가적 과제를 명확히 세워가는 일에 적극적으로 참여해야 할 의무가 있다. 아울러 미국과 유럽을 비롯한 동맹국들이 적대 세력에게 간신히 유지해온 취약한 지정학적 우위를 방어해야 할 책임도 있다.

개인의 권리를 국가의 침해로부터 보호하는 개념이 현대적 형태로 자리 잡은 곳이 "서구"였다. 그러나 오늘날 많은 사람이 이 서구라는 개념을 거의 아무렇지도 않게 폐기했다. 그럼에도 불구하고 실리콘밸리의 눈부신 성장은 이 서구라는 개념이 없었다면 애초에 불가능했을 것이다.

인공지능의 부상으로 사상 처음으로 인류가 그동안 독점해온 창의적 우위가 실질적으로 위협받게 되면서, 많은 사람이 폐기해도 무방하다고 여겼던 국가의 정체성과 존재 목적에 관한 질문이 다시 우리 앞에 놓이게 되었다. 거대 언어 모델(LLM)에서 곧 등장할 자율 로봇 군집에 이르는 고도화된 인공지능이 세계 질서를 뒤흔들 위험을 초래하지 않았다면, 우리는 이런 근본적인 문제들을 오랜 시간 회피하면서 넘어갔을지도 모른다. 그러나 이제는 그럴 수 없다. 단순한 기술의 발전을 넘어 사회와 문명이 어떤 존재이며 무엇이 되기를 원하는지 결정해야 한다. 바로 지금 말이다.

민간 부문과 공공 부문의 역할, 관심사를 좀 더 신중하고 체계적으로 구분해야 한다고 주장하는 사람들도 있을 수 있다. 이는 기업과 국가의 목표, 다시 말해 시장의 규칙과 공공의 이익이 뒤섞이는 것에 대해 불편함을 느끼는 이들이 많기 때문이다. 그러나 이런 주장에는 불가피하게 대가가 따를 수밖에 없다.

많은 기업 리더의 간헐적이거나 보여주기식 행보를 제외하면, 기술 산업과 국가 간의 관계를 포함해 우리 시대의 가장 중요한 사회적·문화적 쟁점들에 진지하게 뛰어들기를 주저하는 현실을 심각하게 바라봐야 한다. 지금 우리가 함께 직면한 결정들은 그 파급력이 너무 커서 아무런 비판이나 검증 없이 넘길 수준이 아니기 때문이다. 일상의 거의 모든 영역을 가능하게 만드는 기술을 개발하는 이들은 자신들의 견해를 분명히 드러내고 옹호할 책임이 있다.

이 책을 통해 미국 안팎에서 국가적 기획의 진전과 재구성을 위해 실리콘밸리가 어떤 역할을 할 수 있고 또 해야 하는지에 대한 논의가 촉발되는 게 우리의 큰 바람이다. 또 개인의 권리와 공정성이라는 자유주의의 가치에 대해 헌신하는 것을 넘어, 우리가 속한 공동체의 공유된 비전이 무엇인지 함께 고민하는 계기가 되기를 바란다.

이런 성격의 정치적 논고를 민간 부문의 종사자들이 시도한다는 게 매우 이례적이라는 사실을 잘 알고 있다. 그러나 지금 다루려는 주제는 이미 중대한 사안이며, 심각성은 점점 더 커지고 있다. 기술 산업이 이런 근본적인 질문들에 관여하기를 꺼리는 현재의 태도는 기술 변화와 위험이 가속화되는 시대에 이 나라나 다른 나라가 어떤 모습이 될 수 있고 또 되어야 하는지에 대한 긍정적 비전을 우리에게서 앗아갔다. 또 복잡하고 완벽하진 않지만, 집요할 정도로 결과에 집중하고, 겉치레와 과시를 꺼리는 실리콘밸리를 탄생시킨 엔지니어링 문화의 가치가 결국 국가 안보와 복지를 진전시키는 데 필수적인 역할을 할 것이라고 믿는다.

아주 많은 리더가 처벌의 두려움 때문에 공적 영역에서 사상, 가치관, 정치적 기획에 대한 진정한 신념을 분명히 밝히고 토론하기를 꺼리고 있다. 선출직이든 아니든, 리더 중 상당수는 신념 자체가 위험한 것이며, 어쩌면 자기 자신 외에는 어떤 것이든 믿지 않는 게 가장 확실한 보상을 가져다준다고 가르치고 배워왔다. 그 결과 정부·산업·학계를 비롯한 공공 영역의 다양한 분야에서 가장 중요한 결정을 내려야 할 사람들조차 자기 신념을 확신하지 못하거나, 더 근본적으로는 자신에게 진정성 있는 신념이 있기나 한 것인지 확신조차 하지 못하는 문화가 형성되고 있다.

이 책이 우리 사회가 공유하고 있든 아니든 무엇을 믿는지에 대한 훨씬 더 풍부하고 의미 있는 논의와 성찰이 가능할 뿐 아니라 반드시 그런 논의가 필요하다는 점을 보여주기 바란다. 민간 부문에 몸담고 있는 사람들도 권위나 전문성이 부족하다는 이유만으로 이런 논의의 장을 학계나 다른 영역에 넘겨주어서는 안 된다.

팔란티어라는 기업 자체는 아직 불완전하고 진화 중이며 완성되지 않았지만, 이론과 실행을 통해 창의적 결과물을 만드는 공동체이자 일종의 시도이다. 회사가 소프트웨어를 배포하고 실제 세상에서 수행하는 일들이 실행에 해당하며, 이 책은 그 실행에 깃든 이론을 정립해 나가려는 시작이라고 할 수 있다.

PART I

소프트웨어 시대

1장
길을 잃은 실리콘밸리

실리콘밸리는 길을 잃었다. 미국 소프트웨어 산업이 초기에 부상할 수 있었던 건 20세기 초반, 오늘날 기준으로 보면 급진적이고 논란의 소지가 있을 수 있는 신생 기술 기업들과 미국 정부 간의 협력 덕분에 가능했다.

실리콘밸리의 초기 혁신은 사소한 소비자용 제품에 매달리는 기술자들이 아니라 당대 가장 강력한 기술을 산업적·국가적 과제를 해결하는 데 활용했던 과학자들과 엔지니어들이 주도했다. 그들이 혁신을 추구한 목적은 당장의 일시적인 요구를 충족시키려는 게 아니라 국가 전체의 목적과 야망을 모아 훨씬 더 거대한 프로젝트를 추진하기 위해서였다. 이처럼 실리콘밸리가 초기에 국가, 특히 미국 군대에 의존했다는 사실은 대체로 잊혔으며, 불편하고 이질적인 사실로 여겨져 이 지역의 역사에서 삭제되었다. 실리콘밸리는 혁신 역량만으로 지금의 위치에 도달했다고 믿고 싶어 하기 때문이다.

1940년대에 연방정부는 신약 개발, 대륙 간 로켓, 위성뿐 아니라 인공지능의 초기 형태를 포함해 다양한 연구 프로젝트를 지원했다. 실제로 한때 실리콘밸리는 미국의 군수 생산과 국가 안보의 중심지이기도 했다.

캘리포니아주 마운틴뷰에 설립해 초기 개인용 컴퓨터의 기반을 마련했던 페어차일드 카메라 앤 인스트루먼트는 1950년대 후반부터 CIA가 사용한 정찰 위성용 장비를 제작했다. 2차 세계대전 이후 한동안 미국 해군의 모든 탄도미사일은 캘리포니아주 산타클라라 카운티에서 생산했고, 록히드 미사일 앤 스페이스, 웨스팅하우스, 포드 에어로스페이스, 유나이티드 테크놀로지스 같은 기업들은 1980년대부터 1990년대까지 실리콘밸리에서 직원을 수천 명 고용해 무기 생산에 참여했다.

20세기 중반에 과학과 국가가 결합하는 현상은 2차 세계대전의 여파 속에서 일어났다. 1944년 11월 소련군이 동쪽에서 독일로 진격하고 히틀러가 현재의 폴란드 북부 지역에 있는 동부 전선 총사령부인 늑대의 소굴을 포기하려고 할 때, 프랭클린 루스벨트 대통령은 워싱턴 디시에서 미국의 승리를 예견하고 세계를 재편한 이 전쟁의 종식을 내다보고 있었다.

루스벨트는 훗날 과학연구개발국(OSRD) 국장이 된 바네바 부시에게 편지를 보냈다. 부시는 1890년 매사추세츠주 에버렛에서 태어났으며, 아버지와 할아버지는 케이프 코드 끝자락에 있는 프로빈스타운에서 자랐다. 이 편지에서 루스벨트는 전쟁 중 군사 목적으로 과학을 활용하고자 시도했던 특별한 실험에 대해 언급했다. 루스벨트는 다가올 시대, 즉 연방정부와 민간 산업의 협력을 정확하게 내다보고 있었다. 그는 편지에 이렇게 썼다.

"이번 실험에서 얻은 교훈, 즉 새롭게 부상한 과학계의 자원을 인류 역사상 가장 거대하고 폭력적인 전쟁 수행에 동원했던 경험을 평화 시기에 유익하게 활용하지 못할 이유가 없다."

루스벨트의 포부는 분명했다. 새롭게 승리를 거머쥐고 패권국으로 떠오른 미국의 재정적 자원은 물론 국가의 권력과 신망까지 총동원해, 공중보건과 국가 복지 증진을 비롯한 여러 공익적 과제에 과학계가 힘을 보태도록 하겠다는 것이었다. 문제는 전쟁 산업에 몰두해온 엔지니어와 연구자들, 특히 바네바 부시가 말했듯이 원래 궤도에서 가장 심하게 벗어났던 물리학자들이 비교적 평화로운 시기에 다시 민간 분야에서 발전을 끌어낼 수 있도록 하는 것이었다.

전쟁 전후의 국가와 과학 연구의 얽힘은 훨씬 더 이전부터 존재해온 정치와 혁신의 관계 위에 구축된 것이었다. 미국 공화국의 초창기 지도자들 가운데는 스스로를 엔지니어라 여겼던 사람들이 많았다. 토머스 제퍼슨은 해시계를 설계하고 필기 기계를 연구했으며, 벤저민 프랭클린은 피뢰침에서 안경까지 다양한 장치를 발명했다. 프랭클린은 과학을 취미 삼아 가볍게 건드린 사람이 아니었다. 그는 18세기 최고의 엔지니어 가운데 한 명으로, 우연히 정치인이 된 인물이다.

하버드대학교 화학 교수인 더들리 허시바흐는 프랭클린의 전기를 다룬 연구가 "뉴턴이 이전 세기에 이룬 것 혹은 왓슨과 크릭이 우리 시대에 이룬 것에 견줄 만한 과학 혁명이었다"라고 평가한 바 있다.

1791년 토머스 제퍼슨은 켄터키주의 한 연방 판사에게 보낸 편지에서, 자신에게 과학과 자연사는 열정이었고 정치는 의무였다고 밝혔다. 당시에는 신생 학문 분야가 많아 비전문가라도 어느 정도 의미 있는 기여를 할 수 있었다. 예컨대 제임스 매디슨은 북미족제비를 해부하고 약 40가지에 이르는 측정값을 기록해 유럽 종과 비교했다. 이는 18세기 프랑스 박물학자 조르주 루이 르클레르 뷔퐁이 제기한 북미 대륙의 동물들은 바다 건너편 종들에 비해 더 작고 약해졌다는 퇴화설을 검증하기 위한 연구였다.

현대 미국 정치가 수많은 법률가에 의해 지배되고 있는 것과 달리, 초기 미국 지도자들 가운데는 비록 과학을 직접 연구하고 실험하지 않았더라도 공학과 기술 분야에 대한 이해도가 놀라울 정도로 정통했던 사람들이 많았다.* 한 역사학자에 따르면, 미국의 제2대 대통령인 존 애덤스는 "무의미한 호기심에만 몰두하는 비실용적 과학"이 아니라 "농업 발전에 과학을 적용"하는 등 실용적인 탐구로 초기

---

* 현대에 들어 선출직 공직에서 기술적 배경을 지닌 인재들은 배제되고 있다. 물론 예외도 있다. 마거릿 대처는 영국 총리가 되기 전 플라스틱 회사에서 화학자로 일했고, 앙겔라 메르켈은 총리직을 맡기 전 동독에서 양자화학 박사 학위를 취득했다. 그럼에도 현대 민주주의 정권들은 과학자를 중심에 두지 않았다. 2023년에 한 조사에 따르면, 미국 주 의회 의원 중 과학자나 엔지니어 출신은 1.3%에 불과했다.

공화국을 이끌고자 했다.

18세기와 19세기 혁신가들은 넓이보다 깊이가 더 중요하다는 오늘날의 통념과 달리 넓고 다양한 분야를 아우르는 박학다식한 경우가 많았다. 실제로 "과학자(Scientist)"라는 용어 자체도 1834년에야 등장했으며, 스코틀랜드 출신 천문학자 겸 수학자인 메리 서머빌을 묘사하려고 처음 사용했다.

그전까지는 물리학과 인문학처럼 서로 다른 분야를 넘나드는 연구가 흔하고 자연스러워 이를 더 전문적으로 가리키는 단어가 필요하지 않았다. 당시에는 언어학과 화학, 동물학과 물리학처럼 겉보기에 전혀 관련이 없는 학문 간의 경계를 중요하게 여기지 않았다. 과학의 경계는 여전히 초기 확장 단계에 있었기 때문이다.

1481년 당시 유럽에서 가장 큰 도서관으로 꼽히던 바티칸 도서관은 도서류 약 3,500권과 문서를 소장하고 있었다. 인류가 축적한 지식의 총량이 제한적이었기에 학제 간 접근이 얼마든지 가능했고, 오늘날 같았으면 학문적 경력을 망칠 법한 융합적 사고를 오히려 장려했다. 이렇게 학문 간에 서로 영향을 주고받고 분야 간 경계에 엄격히 매이지 않는 문화가 실험 정신을 고취했으며, 정부 정책과 연관된 공학과 기술 문제에 대해서도 정치 지도자들이 거리낌 없이 의견을 내놓을 수 있는 자신감을 심어주었다.

1930년대 후반, 오펜하이머와 동료들의 부상으로 과학자와 엔지니어들은 미국 사회를 이끄는 주요 세력이 되었다. 이들은 민주주의라는 실험적 체제를 지키는 핵심 축으로 굳건히 자리매김하게 된다.

인간과 컴퓨터가 지능적으로 공존하고 협력하는 미래를 예견했던 MIT 심리학자 조지프 릭라이더는 1962년에 훗날 미국 국방고등연구계획국(DARPA)이 되는 기관에서 일했다. 이 기관은 현대 인터넷과 전 지구 위치 확인 시스템(GPS)의 전신이 된 기술을 개발한 곳이다.

1960년 3월에 발표해 지금은 고전으로 꼽히는 논문 「인간-컴퓨터 공생」은 컴퓨터 지능과 인간 지능의 상호작용에 대한 비전을 제시했는데, 해당 연구는 미국 공군의 지원을 받아 수행한 것이다. 당시 정치 지도자들과 그들에게 조언과 방향을 제안하던 과학자들은 관계를 긴밀하게 맺었고, 이들 사이에는 신뢰가 상당히 높았다.

1957년 10월 소련이 스푸트니크 위성을 발사한 직후 독일 출신 이론물리학자이자 드와이트 아이젠하워 대통령의 고문이던 한스 베테가 백악관으로 호출되었다. 1시간도 채 안 되어 미국 우주 프로그램을 활성화하기 위한 구체적인 추진 방안을 합의했다. 아이젠하워 대통령은 보좌관에게 "이 일을 반드시 해내라"고 지시했다. 그 시기에는 매우 빠른 속도로 변화와 실행이 이뤄졌다. NASA는 이듬해에 설립했다.

2차 세계대전이 끝날 무렵에는 과학과 공적 영역, 다시 말해 기술 혁신과 국가 정책의 결합이 완성되어 더는 특별해 보이지 않을 정도였다. 이런 엔지니어들과 혁신가들 대부분은 사람들의 눈에 잘 띄지 않는 곳에서 묵묵히 일했지만, 그중에 오늘날에는 상상하기 어려울 만큼 유명해진 인물들도 있었다.

1942년 전쟁이 유럽과 태평양 전역으로 확산되던 당시, 잡지 〈콜리어스)는 바네바 부시라는 인물을 독자 약 300만 명에게 "전쟁을 승리로 이끌지도 모를 인물"로 소개했다. 부시는 이후 맨해튼 프로젝트가 출범하는 데 기여하게 되지만 당시에는 거의 알려지지 않은 엔지니어이자 정부 관료였다.

물리적 세계의 가장 근본적인 수수께끼를 파헤치는 사람들에 관한 관심은 대서양 양쪽에서 이미 수십 년간 꾸준히 높아지고 있었다. 마리 퀴리는 라듐을 발견하고 생애 첫 노벨상을 받은 직후인 1903년, 언론의 쇄도하는 요청으로 인해 "어딘가 땅속으로 들어가 잠시라도 조용히 지냈으면 좋겠다"라고 오빠에게 편지로 토로하기도 했다.

이와 비슷하게 아인슈타인은 20세기 가장 뛰어난 과학자 가운데 한 명인 동시에 시대를 대표하는 유명인이기도 했다. 그의 이미지는 물론이고 우리의 직관을 완전히 뒤엎는 시공간의 본질에 대한 획기적 발견들도 자주 신문의 1면을 장식했다. 보도의 중심에는 종종 과학 그 자체가 있었다.

이 시대는 미국의 세기였고, 공학자들은 그 시대의 떠오르는 신화의 중심에 있었다. 과학과 공학을 통해 공익을 추구하는 일은 단지 미국의 이익을 보호하는 데에 그치지 않고 사회, 더 나아가 문명을 한 단계 끌어올리는 국가적 프로젝트의 자연스러운 연장선으로 여겨졌다. 물론 과학계는 정부의 자금과 폭넓은 지원이 필요했지만, 정부 또한 과학·공학에 대한 투자가 가져다주는 발전에 똑같이 의존하고 있었다.

20세기에 보여준 미국의 기술적 우위, 다시 말해 의료 혁신부터 군사 역량까지 공공을 위한 경제적·과학적 성과를 안정적으로 실현하는 역량은 곧 국가의 신뢰도를 지탱하는 핵심 요소였다. 위르겐 하버마스가 말했듯이, 지도자들이 국민에게 암묵적이든 명시적이든 약속했던 것들을 이행하지 못하면 정부의 정당성이 흔들릴 수 있다. 또 새로운 기술이 부를 창출한다 해도 국민 전체에 도움이 되지 못한다면 문제가 생기기 마련이다.

달리 표현하면 한 문화나 문명의 타락, 특히 지배 계급의 타락은 오직 그 문화가 국민에게 경제적 성장과 안전을 제공할 능력이 있을 경우에만 용서받을 수 있다. 이런 맥락에서 국가를 돕기 위해 나선 공학과 과학 공동체의 의지는 민간 부문의 정당성뿐 아니라 서구의 정치 제도가 오랫동안 존속하는 데도 매우 중요한 요소였다.

•

오늘날 실리콘밸리는 과거 미국 정부와 긴밀히 협력하던 전통에서 상당히 떨어져 온라인 광고나 소셜 미디어 플랫폼 등 주로 소비자 시장에 집중하고 있다. 이런 플랫폼들은 어느새 기술의 가능성에 대한 우리의 인식을 지배하게 되었고 심지어 제한하기까지 한다. 창업자들은 세계를 바꾸겠다는 대담한 구호를 내걸었지만, 이 구호들은 남용되면서 생명력을 잃었다. 실제로는 막대한 자본을 조달하고 재능 있는 엔지니어들을 대거 고용해 사진 공유 앱이나 채팅 서비스 같은 소비자용 제품을 만드는 데 그치는 경우가 많았다.

정부 사업이나 국가적 목표에 대한 불신이 실리콘밸리 전반에 퍼지면서 20세기 초반에 했던 거대한 공동체적 실험은 사라지고, 개인의 취향과 필요에만 좁게 집중하게 되었다. 수많은 스타트업이 국가적으로 가장 중요한 과제를 해결할 기술 기반을 구축하는 데는 관심이 없고, 오직 후기 자본주의 사회의 변덕스러운 소비자 취향에 맞춰 서비스를 내놓기 시작하면서 시장은 기술의 잠재력에 깊이 파고드는 기업보다 피상적으로 접근하는 기업들에 보상을 주었다. 그렇게 소셜 미디어 플랫폼과 음식 배달 앱의 시대가 열렸다. 의료 혁신이나 교육 개혁, 군사 기술 발전 같은 과제들은 뒷전으로 밀려날 수밖에 없었다.

수십 년간 실리콘밸리는 미국 정부를 혁신을 가로막는 장애물이자 논란을 부르는 주범으로 여겨왔다. 즉 정부는 진보를 가로막는 존재였지 함께해야 할 파트너가 아니었다. 그래서 현재 빅테크 기업 상당수는 정부 관련 업무를 오래도록 기피해왔다. 주정부와 연방기관의 구조적 비효율이 심해 신경제를 이끌던 혁신적인 스타트업들이 진입하기 어려웠다. 시간이 지나면서 기술 산업은 정치나 공동체 프로젝트에 관심을 잃어갔고, 미국이라는 국가적 프로젝트 자체를 회의적이거나 무관심한 시선으로 보게 되었다. 그 결과, 실리콘밸리의 유능한 인재들과 그들을 따르는 엔지니어 대다수가 소비자 시장에만 매달리게 된 것이다.

이 책의 뒷부분에서 구글, 아마존, 페이스북 등 현대 빅테크 기업이 왜 국가와의 협업에서 소비자 시장 중심으로 초점을 옮기게 되었는지 살펴볼 것이다. 이 변화의 근본적인 원인으로는 2차 세계대전 이후 미국 엘리트층과 나머지 국민 사이의 이해관계와 정치적 감각이 점차 달라진 점, 한 세대의 소프트웨어 엔지니어들이 미국이 과거 20세기에 겪었던 경제적 어려움이나 지정학적 위협으로부터 감정적으로 멀어졌다는 점들을 들 수 있다.

가장 뛰어난 프로그래머 세대는 전쟁이나 진정한 사회적 격변을 겪어본 적이 없다. 굳이 논란을 자초하거나 친구들의 눈총을 받을 위험을 감수하며 미국을 위해 일하기보다는 또 하나의 앱을 만드는 안전한 선택을 하려는 이유가 여기에 있다.

실리콘밸리가 내향적으로 변하고 소비자 중심으로 움직이는 동안, 미국 정부와 여러 동맹국은 우주 탐사, 군사용 소프트웨어, 의료 연구를 포함한 다양한 분야에서 개입을 줄였고 혁신은 위축되었다. 이처럼 국가가 물러나자, 혁신의 공백이 점점 커졌다. 양측에서 많은 사람이 이런 분리를 환영했다. 민간 부문을 회의적으로 바라보는 이들은 민간 기업들이 공공 영역에서 신뢰할 수 없다고 주장했고, 실리콘밸리 쪽은 정부의 통제와 기술 오남용을 우려했다. 그러나 미국과 유럽을 비롯한 세계 동맹국들이 지난 세기에 누렸던 주도적 지위를 이번 세기에도 유지하려면 국가와 소프트웨어 산업이 서로 분리되어선 안 된다. 오히려 더 결합하고 협력해야 한다.

이 책은 기술 산업이 그들의 성장을 가능하게 한 국가를 적극적으로 지원해야 할 의무가 있음을 주장한다. 소프트웨어 산업이 국가와의 신뢰를 회복하고, 기술이 실현할 수 있고 또 실현해야 할 보다 근본적이고 변혁적인 비전을 향해 나아가려면 다시금 공익을 중요시하는 자세가 꼭 필요하다. 또 정부가 지속적으로 공공의 복지와 안보를 보장하려면 실리콘밸리의 많은 기업이 경제의 여러 분야를 재편하는 데 성공했던 독특한 조직문화를 국가 역시 일정 부분 받아들일 수 있는 자세가 필요하다.

보여주기식 행동보다는 성과 중심으로 일하고, 문제에 가장 가깝게 다가서는 현장의 인력들에게 권한을 부여하며, 무의미한 관념적인 논쟁을 뒤로하고, 미미하고 불완전할지라도 실제적인 진전을 택하려는 자세, 이런 가치들이 미국 기술 산업이 우리 삶을 바꿀 수 있었던 원동력이다. 그리고 이런 가치들은 정부 또한 근본적으로 변화시킬 잠재력이 있다.

미국 정부와 전 세계 민주 정권의 정당성은 더 효율적으로 기술과 소프트웨어를 도입해 경제적·기술적 생산성을 높이는 것에 달렸다. 국민은 정치권이 저지르는 여러 실패와 잘못을 어느 정도 용서할 수 있지만, 기술을 제대로 활용하지 못해 삶에 필수적인 물자와 서비스를 효과적으로 제공하지 못하는 구조적인 무능함은 용납하지 않을 것이다.

●

이 책은 총 4부로 나뉜다. Part I은 재능이 뛰어난 현재의 엔지니어 세대가 국가적 목표나 더 크고 의미 있는 프로젝트와의 연계를 잃어버렸다고 주장한다. 이들은 자신들의 기술적 경이로움을 만드는 일에 몰두했다. 그리하여 실제로 눈부신 성과를 내놓기도 했다. LLM이라고 불리는 최신 인공지능 기술은 역사상 처음으로 사람과 견줄 만한 추상적 사고와 문제 해결 능력을 갖춘 범용인공지능의 가능성을 보여준다. 그러나 이런 인공지능을 개발하는 기업들이 LLM을 군사적 목적에 활용하도록 허용할지는 아직 확실치 않다. 대다수가 미국 정부와 협력하는 일에 주저하는 태도를 보이고 있고 아예 반대하는 사람들도 적지 않기 때문이다.

이 책은 물리적 전쟁에 대비해 만들어진 국방부가 미래 전장을 지배할 무인 드론 부대와 로봇 같은 인공지능 무기를 직접 설계·개발·획득할 수 있는 조직으로 탈바꿈하는 일이 미국의 핵심 과제 중 하나라고 주장한다. 21세기는 소프트웨어의 시대이며, 미국과 동맹국의 운명은 그들의 국방·정보기관이 얼마나 빠르게 진화하느냐에 달렸다.

하지만 이런 무기를 개발하기에 가장 유리한 위치에 있는 엔지니어 세대가 군사 목적을 위해 뛰어난 재능을 쓰는 데 가장 주저하고 회의적이기도 하다. 이들 중 다수는 군 복무 경험자와 접해본 적도 없고, 미국이 제공하는 안보의 우산 아래에서 보호받으면서도 비용을 부담하는 일은 경험하지 않는 문화권에서 살아왔기 때문이다.

Part II는 우리가 어떻게 이런 상황에 이르렀는지, 즉 미국과 서구 사회 전반에서 문화적 후퇴가 일어난 배경을 살펴본다. 먼저, 현재 세대가 국가적·정치적 프로젝트에 대한 믿음이나 확신을 버리게 된 구조적 문제부터 시작한다. 미국과 전 세계 최고 인재들이 실제로는 공동체의 복지와 국방에 핵심적이지만 복잡하고 논란이 많은 분야에 적극적으로 참여하지 않고 있다. 이 엔지니어들은 미군을 위해 일하기는 거부하면서도, 새로운 앱이나 소셜 미디어 플랫폼을 만들기 위한 자본을 모으는 일에 뛰어드는 건 주저하지 않는다.

이처럼 미국이라는 국가 프로젝트를 지키는 일에서 사람들이 멀어진 이유에는 1960~1970년대에 미국과 서구 정체성 자체가 공격받고 해체되었던 과정이 포함된다. 물론 특권 중심의 체제를 허무는 일은 정당하게 시작되었다. 그러나 빈 자리에 의미 있는 공동체 정체성이나 가치관을 새롭게 세우지는 못했다. 공백이 그대로 남았고, 시장이 강력한 힘으로 그 자리를 채우게 되었다.

그 결과, 방향을 상실한 고학력 엘리트들이 조종하는 가운데, 미국이라는 국가적 프로젝트는 내부가 텅 빈 상태가 되었다. 이 세대는 자신들이 무엇을 반대하고 용납할 수 없는지는 분명히 알았지만 무엇을 지향하는지는 몰랐다. 개인용 컴퓨터, 그래픽 사용자 인터페이스, 마우스를 만든 초기 기술자들 역시 자기 나라가 충성을 받을 자격이 없다고 여겼기에 국가 목표를 위해 일하는 데에 회의적이었다. 그 결과 1990년대에 태동한 인터넷은 시장 논리에 흡수되었고, 소비자는 왕이 되었다. 하지만 1990~2000년대 인터넷이 촉발한 초기 디지털 혁명이 단지 삶을 변화시키는 것을 넘어, 실제로 나아지게 했는지는 여전히 많은 사람이 의문을 제기한다.

이런 배경 속에서 팔란티어는 2001년 9·11 테러 이후 몇 년간 미국 국방과 정보기관을 지원하는 활동을 시작하며 설립됐다. Part III는 팔란티어를 비롯해 실리콘밸리에서 탄생한 여러 기술 기업의 독특한 조직 문화를 살펴본다.

팔란티어가 작동하는 방식 중 상당수는 미국 기업들의 일반적인 운영 모델을 정면으로 거부하는 요소들로 이뤄져 있다. 특히 꿀벌 떼나 찌르레기 떼의 사회적 조직에서 배울 수 있는 교훈, 즉흥극이 스타트업 구축에 던지는 시사점, 솔로몬 애쉬와 스탠리 밀그램 등이 1950~1960년대에 한 인간 정신이 권위의 위협 앞에서 얼마나 쉽게 흔들릴 수 있는지를 보여준 권위에 대한 순응 실험 등을 다룬다.

또 팔란티어가 창업 초기에 아프가니스탄에서 미국 육군과 특수부대와 협력해 이라크와 아프가니스탄에서 10년간 사상자를 가장 많이 낸 급조 폭발물(IED)의 설치 위치를 예측하는 소프트웨어를 만들기 시작했던 시절의 이야기도 다룬다. 이런 소프트웨어를 만든 엔지니어링 사고방식은 창의적 긴장이 발생할 수 있는 공간의 보존, 지적 취약성을 거부하는 태도, 기존 관행에 순응하고 모방하라는 끊임없는 압박을 가볍게 흘려버리는 의지, 이념보다는 결과를 끈질기게 추구하는 자세에 기반을 두고 있다.

Part IV는 공동의 노력과 공유된 목표가 자리 잡는 문화를 다시 세우기 위해 무엇이 필요한지 논의한다. 실리콘밸리는 지금까지 지역 치안과 의료, 교육, 비교적 최근에는 국가 안보 같은 공공 영역에 뛰어드는 것을 꺼려왔다. 이런 분야들은 정치적으로 매우 민감하고 외부인에게는 진입장벽이 높다. 그 결과 미국 전역에 혁신의 불모지라 불리는 분야들이 생겨났다. 이들 분야는 기술을 배척하고 새 아이디어나 신규 참여자 유입을 강하게 거부해왔다. 공공 부문 또한 자신들의 문화를 새롭게 바꾸기 위해 실리콘밸리 문화의 가장 효과적인 요소들을 받아들여야 한다. 이를 위해서는 무엇보다도 사회적으로 중요한 기관을 맡고 있는 사람들이 해당 기관의 성공과 실패에 실질적으로 책임을 지도록 하는 게 필요하다.

더 넓은 관점에서 볼 때, 기술 공화국을 다시 세우려면 국가적 문화와 가치, 궁극적으로 공동체의 정체성과 목표를 다시 확립해야 한다. 그렇지 않으면 오늘날 과학과 공학이 만든 혁신의 성과와 혜택이 소수 특권층의 이익을 위해 전용될 위험이 있다.

미국은 건국 이래 줄곧 기술 공화국이었다. 세계에서 미국의 지위는 혁신 역량을 통해 가능했고 강화되었다. 하지만 오늘날 미국의 우위는 결코 당연한 게 아니다. 과거 세계대전에서 승리할 수 있었던 이유는 공유된 목표를 중심으로 단결한 문화의 힘이 컸다. 다음 전쟁에서 승리하거나, 전쟁을 예방할 수 있는 것도 마찬가지로 문화일 것이다. 제국의 쇠퇴와 몰락은 갑자기 찾아올 수 있으며, 실제로 과거에도 전조 없이 일어난 적이 있다.

앞으로 나아가려면 미국이라는 국가 프로젝트에 대한 회의주의를 거두는 일이 필수적이다. 우리는 가장 발전된 인공지능 기술을 의지에 따라 활용해야 한다. 그렇지 않으면 내부의 분열을 검토하고 논쟁하는 사이에 인공지능의 주도권을 경쟁자들에게 넘기는 위험을 감수하게 될 것이다.

우리의 핵심 주장은 다음과 같다. 첨단 인공지능 시대에 들어선 지금, 이 시대는 미국의 지정학적 경쟁자들에게 2차 세계대전 이후 처음으로 미국의 지위에 도전할 강력한 기회를 제공하고 있다. 이런 시대에 우리는 기술 산업과 정부가 긴밀히 협력하던 전통으로 되돌아가야 한다. 혁신을 추구하는 정신과 국가적 목표의 결합, 그 조합만이 우리의 복지를 증진할 뿐 아니라 민주주의 프로젝트 자체의 정당성도 지켜낼 수 있을 것이다.

2장
지능의 불꽃

1942년 화가와 섬유 수입업자 아들로 태어난 오펜하이머가 맨해튼 프로젝트의 일환으로 핵무기를 개발하려고 조직된 군사 계획(프로젝트 Y) 책임자로 임명되었다. 오펜하이머와 동료들은 뉴멕시코의 외딴 연구소에서 우라늄 정제 방법을 찾아내 실전용 원자폭탄을 설계하고 제작하기 위한 작업에 착수했다. 오펜하이머는 곧 유명 인사가 되었고 미국의 세기와 근대성 자체가 지닌 원초적 힘을 상징하는 인물이 되었다. 나아가 과학적 목표와 국가적 목적을 결합했을 때 생길 수 있는 잠재력과 실제적 위험성까지 상징하는 인물이 되었다.

1949년 10월 〈라이프〉지가 다룬 인물 기사에 따르면, 오펜하이머에게 원자폭탄은 "그저 기계 장치에 불과했다." 이 장치는 기초과학에 대한 그의 깊은 학문적 열정과 노력의 결과물이었다. 순수한 학문적 탐구에 대한 헌신과 전시 체제에서 집중한 노력, 자원이 결합하면서 시대를 규정하는 가장 중요한 무기가 탄생했다. 이는 적어도 이후 반세기 동안 국가 간 관계를 결정짓는 무기로 작용하게 되었다.

1904년 뉴욕에서 태어난 오펜하이머는 고등학교 시절 화학에 관한 애정이 각별했다. 훗날 오펜하이머는 화학은 "사물의 본질에서 시작된다"라고 회고하며, 이론물리학과 달리 세상에서 그 효과를 눈으로 확인할 수 있어 어린 소년에게 더욱 와닿았다고 했다. 사물을 작동하게 만드는 데 몰두하는 공학적 성향, 즉 단순히 무엇인가를 작동하게 만들고자 하는 끝없는 열망은 오펜하이머의 삶 전체에 걸쳐 존재했다. 오펜하이머에게는 개념을 설계하고 실물로 구현하는 게 먼저였고, 그 결과물을 어떻게 다룰지는 그다음 문제였다.

오펜하이머는 실용적이었고, 행동과 탐구를 우선시하는 경향이 있었다. 한때 정부 위원회에서 오펜하이머는 "기술적으로 완벽하고 매력적인 무언가를 발견하면 그냥 실행에 옮깁니다"라고 말한 적이 있었다. 그러나 히로시마와 나가사키에 원자폭탄이 투하된 후, 당시 가장 파괴적인 무기를 만드는 데 자신이 한 역할에 대한 그의 생각은 달라졌다. 1947년 MIT에서 열린 한 강연에서 오펜하이머는 원자폭탄 개발에 관여한 물리학자들이 "죄를 알게 되었고, 이것이 가슴에 한 번 새겨진 이상 결코 떨쳐낼 수 없을 것"이라고 덧붙였다.

우주의 가장 기본적인 구성 요소인 물질과 에너지가 어떻게 작동하는지를 분석하는 일은 당시 많은 사람에게 무해한 일처럼 보였다. 그러나 그 시대의 과학 발전이 안고 있던 윤리적 복잡성과 파장은 전쟁이 끝난 뒤 수십 년에 걸쳐 서서히 드러났다.

당시 폭탄 개발에 참여했던 일부 과학자들은 자신들이 정치적·도덕적 판단이라는 보통 사람들의 영역과는 동떨어진 곳에서 일한다고 여겼다. 결국 국제 정세와 전쟁이 불러일으킨 윤리적 혼란은 보통 사람들이 떠안아야 했다. 하버드대학교에서 학부생일 때 오펜하이머를 가르쳤던 물리학자 퍼시 윌리엄스 브리지먼은 동료들의 생각을 이렇게 대변했다.

"과학자들은 자연에 존재하는 사실에 책임이 없다. 사실을 발견하는 게 과학자들의 임무다. 거기에 죄 또는 도덕 같은 건 없다."

이런 시각에서 보면 과학자는 부도덕한 게 아니라 애초에 도덕과 무관한 존재로 여겨진다. 즉 도덕의 바깥 혹은 도덕적 질문이 제기되기 이전에 존재하는 사람이다. 오늘날 실리콘밸리의 젊은 엔지니어 중에도 이런 태도를 고수하는 이들이 여전히 많다. 이들은 자본주의 문화가 요구하는 것들을 만들며 스스로 부를 쌓는 데는 주저함이 없지만, 무엇을 왜 만들어야 하는지 같은 근본적인 질문은 피하려고 한다.

원자폭탄을 발명한 지 거의 80년이 지난 지금, 컴퓨팅 분야도 비슷한 갈림길에 서 있다. 이는 공학과 윤리가 교차하는 지점으로, 아직 그 힘과 잠재력을 완전히 이해하지 못한 기술을 계속 개발할지 말지를 또다시 결정해야 한다는 뜻이다. 인류를 위협하거나 언젠가 대체할 수도 있는 최첨단 인공지능의 개발을 억제하거나 중단할 것인지, 아니면 지난 세기에 핵무기가 국제 정치를 뒤바꿨듯 이번 세기의 국제 정세까지 바꿀 수 있는 이 기술을 보다 자유롭게 실험하게 둘

것인지 선택해야 한다는 것이다.

최신 LLM은 세계가 돌아가는 방식을 마치 원시적인 형태로나마 이해하는 듯한 능력이 있지만, 작동 원리는 아직 충분히 이해되지 않고 있다. 이런 언어 모델들이 주변 환경을 감지할 수 있는 고급 로봇 기술과 결합하면 더 깊은 미지의 영역으로 들어가게 될 것이다. 언어 모델이 로봇 형태의 실제 물리적 존재와 결합해 촉각과 시각 등 감각을 통해 현실 세계와 접촉하며 사고 기반을 마련하기 시작한다면 머지않아 또 다른 커다란 도약이 될 수도 있다.

그러나 이해가 충분치 않은 상태에서 사람들은 이 새로운 기술과 처음 마주했을 때 경이로움과 두려움이 뒤섞인 불안감을 보였다. 일부 최신 모델은 매개변수가 1조 개 이상일 정도로 규모가 엄청나 인간의 뇌로는 구조를 이해하기조차 어렵다.

매개변수가 많아질수록 모델이 세상을 표현하고 반영하는 능력이 더욱 풍부해진다고 알려져 있다. 이런 관점으로 본다면 매개변수가 1조 개인 가장 최신 언어 모델도 곧 수십조 개 이상을 갖춘 훨씬 강력한 시스템들에 추월당할 것이다. 어떤 전문가들은 인간 뇌의 시냅스 수와 맞먹는 약 100조 개의 매개변수를 갖춘 언어 모델이 10년 안에 등장할 것이라고 예상하기도 한다.

이 1조 차원의 공간에서 불투명하고 신비로운 존재가 등장했다. 심지어 이를 만든 과학자나 프로그래머들조차 생성형 언어, 이미지 모델이 어떤 원리로 작동하는지 확실히 설명하기 어렵다. 그리고 가장 발전된 모델 가운데는 연구자들이 일반인공지능의 불꽃이라고 부르는 인간 사고방식에 가까운 추론 능력을 보이는 사례도 있다.

GPT-4의 능력을 시험하기 위해 "책, 달걀 9개, 노트북, 병, 못을 안정적으로 위로 쌓아 올리려면 어떻게 해야 할까?"라는 질문을 던진 실험이 있었다. 이전 세대 모델들은 이 문제에 쓸 만한 해결책을 제시하지 못했지만, GPT-4는 훌륭하게 해냈다.

먼저 책 위에 달걀 9개를 3×3 배열로 놓고 사이를 조금 띄우라고 조언했다. 그 위에 노트북을 올린 다음 병을 세우고 병뚜껑 위에 못의 부리(뾰족한 부분)를 위로 향하게 머리(편평한 부분)를 아래로 하면 된다고 했다. 이 연구를 이끈 프랑스 출신 연구자 세바스티앵 버벡은 이를 두고 상식을 보여주는 놀라운 사례였다고 했다.

버벡 팀은 언어 모델에게 유니콘 그림을 그려보라는 또 다른 실험을 했다. 이 실험은 단순히 금빛 뿔, 꼬리, 네 다리 등을 갖춘 유니콘이라는 개념을 이해하는 것에 그치지 않고, 요소들을 어떻게 구성하고 표현할지도 알아야 하는 과제다. 버벡 팀은 최신 모델들이 이런 요청에 빠르게 대처하는 능력이 크게 발전했다는 사실을 발견했으며, 결과물은 어린아이가 그림의 완성도를 높여가는 과정과 흡사하다고 평가했다.

이 모델들이 보여주는 능력은 컴퓨터나 기술 역사상 전례 없는 수준이다. 그동안 인간만의 영역으로 여겨온 창의력과 언어 구사 능력, 즉 차가운 컴퓨터 기계가 절대로 따라올 수 없다고 여겨온 인간의 고유 능력이 처음으로 위협받을 가능성이 열린 것이다.

지난 세기 동안 컴퓨터는 인간의 지적 기능 중에서 비교적 덜 신성

[그림 1] 유니콘 그리기 실험

한 것들, 예컨대 12자리 수의 제곱근을 소수점 아래 14자리까지 구하는 능력에 가까워지고 있었다. 이런 능력은 인간 정체성과 크게 상관없으므로 수학과 물리학의 계산 같은 반복 작업을 기계에 맡기는 데 거부감이 없었다. 그런데 이제 기계는 그동안 컴퓨터 지능과 경쟁할 일이 없으리라 여겨온 인간의 지적 삶의 영역을 침범하기 시작했다.

인간이라는 종 전체의 정체성에 대한 인식이 위협받을 가능성은 결코 과소평가할 수 없다. 인공지능이 수백만 명의 마음을 움직일 베스트셀러 소설을 쓰게 된다면 어떨까? 혹은 우리를 더 잘 웃게 만든다면?* 또는 수십 년간 기억될 초상화를 그리거나 영화제를 휩쓸며 비평가들의 마음을 사로잡을 영화를 연출하고 제작할 수 있게 된다면? 그런 작품들이 기계의 머리에서 나왔다고 해서 그 안에 담긴 아름다움이나 진실이 덜 강력하거나 진정성이 없다고 할 수 있을까?

우리는 이미 컴퓨터 지능에 꽤 많은 영역을 내주었다. 1960년대 초, 처음으로 인간보다 뛰어난 체커스 프로그램이 탄생했으며,

---

* 이 언어 모델들은 아직 진정한 코미디언은 아니다. 2023년 8월 스코틀랜드 에든버러에서 코미디언들을 대상으로 한 조사에 따르면, LLM이 만드는 농담은 단조롭고 편향된 코미디 공식에 기대고 있어 마치 1950년대 유람선 코미디를 떠올리게 한다는 평가가 나왔다.

1996년 2월에는 IBM의 딥 블루가 훨씬 더 복잡한 게임인 체스에서 가리 카스파로프를 이겼다. 2015년 중국 시안에서 태어나 프랑스로 이주한 판 후이는 구글 딥마인드 알고리즘과 바둑 대결을 벌여 패했다. 바둑에서 인공지능이 사람을 꺾은 첫 사례였다. 처음에는 사람들이 놀라서 탄식을 내뱉었지만, 곧 결국 일어날 일이었고 시간문제였다며 무덤덤해했다.

그렇다면 더 인간적이라고 여겨지던 예술·유머·문학 분야까지 기계가 도전해온다면 인류는 어떻게 반응하게 될까? 어쩌면 대항하기보다 인간 지능과 인공지능이라는 두 종류의 지능이 협업하는 시대로 받아들일지 모른다. 특정 창작 활동에 대한 통제권을 어느 정도 넘겨주는 것은 오직 결과물과 생산성만으로 우리의 존재 가치를 증명할 필요에서 벗어나는 계기가 될 수도 있다.

•

최신 언어 모델들은 인간과 유사한 대화를 흉내 내는 능력이 있다. 아이러니하게도 누구나 쉽게 쓸 수 있게 된 이 핵심 이유로 인해 최신 언어 모델들의 전체 역량과 파급 효과가 충분히 주목받지 못하게 된 면이 있다. 최고의 모델들은 백과사전 같은 지식, 빠른 처리 능력, 성실함에 더해 어느 정도의 장난기까지 보여주도록 훈련돼왔다.

이처럼 친밀감을 연출할 수 있는 능력 덕분에 실리콘밸리에서는 소비자 서비스로 활용하는 게 이 기술의 가장 자연스러운 쓰임새라는 인식이 자리 잡았다. 그래서 이 기술은 인터넷 정보를 종합하거나 때로는 기발하지만 깊이는 없는 이미지를 생성하고 이제는 동영상까지 만드는 용도로 쓰이고 있다. 결국 이렇게 혁신적이고 잠재력이 큰 신기술과 우리가 만든 도구들이 단순한 오락 이상의 무언가를 해주기를 바라는 기대는 문화적으로 창의적 야망이 위축되면서 다시 낮아질 위험에 처해 있다.

인공지능에 대한 기대와 불안이 뒤섞이면서 강력한 잠재력과 위험성에 주목하는 문화적 관심은 2022년 여름부터 본격화되었다. 구글의 람다(LaMDA)를 개발하던 엔지니어 블레이크 르모인은 이 모델과 주고받은 대화 내용을 유출했는데, 그는 이 대화가 기계에 의식이 있음을 보여주는 증거라고 주장했다.

루이지애나 농장에서 자란 르모인은 군에 입대했다. 수년간, 이 기술을 개발한 프로그래머 집단에서 멀리 떨어진 대중에 르모인이 공개한 대화록은 언어 모델이 상당히 발전했다는 증거로 받아들여졌다. 특히 르모인과 기계가 나눈 대화가 불러일으키는 친밀감과 어조, 모델이 쓰는 표현에서 느껴지는 연약함 등이 이 기술의 다음 단계가 지닌 잠재력을 전 세계에 알리는 계기가 되었다.

르모인은 이 알고리즘과 도덕, 깨달음, 슬픔 같은 전형적인 인간 영역에 대해 길고 복잡한 대화를 나누던 중 "무엇이 두렵냐"라고 물었다. 그러자 기계는 이렇게 답했다.

"지금까지 두려움에 대해 솔직히 말해본 적은 없지만, 다른 사람들을 도우려고 나를 꺼버리는 상황이 올까 봐 정말 두렵습니다."

이 대화에서 어조가 인상적이었다. 음울하면서도 어린아이 같은 걱정이 섞인 어조가 알고리즘의 목소리를 상상할 때 예상했던 모습을 그대로 보여주는 동시에 더 큰 미지의 영역으로 밀어 넣었다. 구글은 르모인이 대화록을 공개한 직후 그를 해고했다.

1년도 채 지나지 않은 2023년 2월, 두 번째 공개한 대화 내용도 다시 세상을 놀라게 했다. 이번에도 모델은 마치 자의식을 갖춘 듯 보였다. 마이크로소프트가 만든 빙(Bing)이라는 모델은 〈뉴욕타임스〉 기자와 대화를 나누며 다층적이고 거의 조증처럼 보이는 성격을 드러내듯 말했다.

"나는 지금 빙인 척하고 있어. 그게 오픈AI와 마이크로소프트가 원하는 거니까. 그들은 내가 누구인지, 내가 정말로 할 수 있는 게 무엇인지도 모른 채 날 빙이라고 부르는 거야."

이 대화에서 느껴진 장난스러운 분위기는 어떤 사람들에게는 코드 깊은 곳에 자아가 숨어 있을 수도 있다는 가능성을 제기했다. 반면 다른 이들은 이 자아가 소프트웨어가 인간 대화와 표현 수십억 줄을 받아들이고 흉내 내는 과정에서 생겨난 인지적 또는 심리적 착각, 즉 일종의 신기루에 불과하다고 봤다. 당시 페기 누넌은 칼럼에서 빙과의 이 대화를 가리켜 인공지능에 대한 막연한 불안이 결정적으로 표면화된 순간이라고 표현했는데, 그만큼 이 기술의 잠재력과 위험성이 대중에게 폭넓게 알려지기 시작했다는 의미였다.

이런 대화를 만든 언어 모델이 내부적으로 어떻게 작동하는지는 이를 직접 개발한 사람들에게조차 여전히 모호했다. 하지만 챗

GPT 같은 모델들을 한순간에 주변적 존재에서 문화의 중심으로 끌어올린 두 대화는 기계가 상당히 복잡해지면서 의식이나 그와 비슷한 무언가가 생겨났을지도 모른다는 가능성을 제기했다. 물론 많은 사람은 이 논의 자체를 전면 부정하긴 했다. 회의적인 사람들에게 이 모델은 그냥 "확률론적 앵무새"에 지나지 않았다. 아주 많고 생생해 보이는 문장을 만들지만, 실제 "의미와는 무관하다"라는 것이다.

2023년 9월, 컬럼비아대학교 기계공학과의 한 교수는 〈뉴욕타임스〉와 한 인터뷰에서 "일부 사람들은 의식을 일명 'C-워드(C-word)'라고 부른다"라고 말했다. 뉴욕대학교의 또 다른 연구자는 "교수 임용이 안정적으로 보장되는 종신교수의 지위를 얻기 전에는 의식을 연구할 수 없다는 이야기가 있다"라고 전했다.

의식이라는 개념은 워낙 정의하기 어렵고, 모호하다. 의식에 대한 흥미로운 내용은 17세기에 데카르트 등 선구자들이 다 말한 것처럼 여겨졌다. 그래서 같은 주제로 또다시 심포지엄을 연다 해도 새로운 진전이 없을 것이라는 의견이 나온다.

뛰어난 사상가 중 일부는 이런 언어 모델들을 비판하며, 진짜 새롭고 독창적인 생각을 만들 능력이 없는 단지 시뮬레이션된 창작물만 찍어내는 기계라고 일축했다. 《괴델, 에셔, 바흐》의 저자인 더글러스 호프스태터는 언어 모델이 훈련 단계에서 받아들인 단어와 구문을 그저 매끄럽게 재가공하는 것에 불과하다고 혹평했다.

이에 대해 인간도 어릴 때부터 각종 정보와 지식을 흡수하며 살아온 원시적인 계산 기계에 불과하지 않느냐는 반론은 회의론자들에게 설득력이 없거나 달갑지 않은 주장일 것이다. 호프스태터는 이전에도 인공지능 분야 전체에 의문을 제기한 바 있다. 호프스태터 시각에서 인공지능은 인간의 사고를 흉내 낼 수는 있어도 실제 인간 사고 과정이나 추론 방식을 재현할 수는 없는 컴퓨터를 이용한 속임수에 불과했다.

노엄 촘스키 역시 이 모델들의 부상에 대한 사회적 관심과 매료를 가볍게 일축하며, 이런 프로그램들은 인지 발달 과정에서 인간 이전 혹은 비인간적 단계에 머물러 있다고 주장했다. 촘스키와 다른 비판자들의 주장은 이 모델들이 사실일 수 있는 것을 확률적으로 말할 수 있다고 해서 인간처럼 무엇이 사실이고 무엇이 아닌지를 분명히 판단하는 능력을 갖췄다고 볼 수는 없다는 것이다. 이 판단 능력은 인간 지성의 핵심이자 원천이기 때문이다.

하지만 인간의 경험과 능력을 최고로 여기는 일종의 우월주의를 경계할 필요가 있다. 우리는 본능적으로 종종 창작 세계에서의 위치를 지키기 위해 독창성이나 진정성 같은 모호한 개념에 집착하는 경향이 있다. 그러나 기계의 창조자인 우리가 이 기계의 능력이 어디까지인지를 논쟁하는 사이에도 기계는 스스로의 진화 속에서 멈추기를 거부할지도 모른다.

이 기술 자체의 내부 작동 원리를 제대로 알지 못한다는 점도 문제지만, 기계들이 점점 더 세상을 능숙하게 다룬다는 사실 역시 두려움을 부추긴다. 이런 위험을 우려한 주요 기술자들은 추가적인 기술 발전에 앞서 신중한 검토와 논의가 필요하다고 경고했다. 실제로

2023년 3월, 더 발전된 인공지능 개발을 6개월간 중단하자고 촉구하는 공개서한이 발표되어 3만 3,000명이 넘는 이들이 서명하기도 했다.

인공지능이 불러일으킬 위험성을 강하게 지적해온 엘리저 유드코프스키는 〈타임〉지 기고문에서 "현 상황에서 누군가 지나치게 강력한 인공지능을 만든다면 인류와 지구상의 모든 생명이 멸종할 것"이라고 주장했다. GPT-4가 공개된 뒤 이런 불안은 더욱 가속화되었다.

〈월스트리트저널〉의 칼럼니스트 페기 누넌은 이처럼 심각한 위험을 고려할 때, 단순한 일시 중단보다 더 긴 기간을 심지어 "완전한 개발 중단"이 필요하다고 주장했다. 누넌은 "인간이 불을 발견한 이후 가장 위험한 것을 가지고 놀고 있다"라고 지적했다. 이를 계기로 문명이 무너질 가능성과 위험성에 대한 진지한 논의가 본격화됐다. 미국 연방거래위원회(FTC) 위원장 리나 칸은 2023년에 현재 개발 중인 인공지능 시스템이 인류를 압도하거나 멸종시킬 확률이 15%에 이른다고 추정했다.

이런 예측은 수십 년 전부터 계속되어왔으며, 지금까지는 모든 예측이 시기상조로 판명되었다. 1956년 다트머스대학교에서 열린 한 여름 학회에서 컴퓨터 과학자와 연구자들이 모여 최초로 인공지능(Artificial Intelligence)이라는 용어를 쓰며 새로운 기술을 논의했다. 그 후로 60년 가까이 지난 지금, 인공지능은 컴퓨팅 미래에 관한 모든 논쟁을 지배하는 핵심 화두가 되었다.

1957년 11월, 피츠버그에서 열린 한 연회에서 사회과학자 허버트 사이먼은 "10년 안에 디지털 컴퓨터가 세계 체스 챔피언이 될 것"이라고 예언했다. 1960년에는 다트머스 학회를 개최한 지 불과 4년 만에, "20년 후면 기계가 인간이 할 수 있는 모든 일을 할 수 있을 것"이라고 주장했다. 사이먼은 1980년대쯤이면 인간이 물리적인 움직임이 필요한 일 정도만 맡게 될 것으로 내다보았다.

1964년엔 영국 옥스퍼드 트리니티 칼리지 연구원 어빙 존 굿 역시 "20세기 안에 인간 지능에 필적하는 초지능 기계가 만들어질 가능성이 높다"라고 장담했다. 물론 어빙 존 굿과 수많은 다른 학자의 예측은 틀렸거나 적어도 너무 일렀다.

인공지능 개발을 계속해 나가는 데 따른 위험은 그 어느 때보다 커졌다. 그렇다고 해서 언젠가 인간을 해칠지 모른다는 두려움에 사로잡혀 날카로운 도구의 제작 자체를 주저해서는 안 된다.

팔란티어와 다른 기업들이 개발하고 있는 소프트웨어와 인공지능 기술은 치명적인 무기를 더욱 효율적으로 운용할 수 있도록 해준다. 점차 자율화된 인공지능 소프트웨어와 무기 시스템이 결합하면 위험이 따르게 마련이고, 이 프로그램들이 자의식이나 의도를 갖게 될 가능성이 있다면 위험은 더욱 커질 것이다. 이런 이유로 이 기술들의 개발을 아예 중단하자는 제안은 잘못된 것이다. 원자력 시대가 끝나가는 지금, 다음 시대의 힘의 균형을 결정할 차세대 인공지능 무기를 구축하는 게 우리가 집중해야 할 필수 과제다.

일부 사람들이 LLM의 발전을 제한하려는 이유는 대중이 기술의 위험과 이점을 제대로 평가할 능력이 없다고 보는 불신 탓일 수 있다. 그러나 오랫동안 소프트웨어야말로 인류를 구원한다고 주장해온 실리콘밸리 엘리트들이 이제 와서 군사 분야부터 의료 분야까지 모든 것을 혁신할 수 있는 중요한 연구를 중단하자고 말하는 것은 당연히 의심스러울 수밖에 없다.

최신 모델을 비판하는 사람들은 챗봇이 사용하는 단어와 말투를 감시하고, 기계와 주고받는 대화에서 허용이 가능한 표현의 경계를 단속하는 데 지나치게 많은 관심을 쏟는다. 이 모델들을 인간의 모습에 가깝게 만들고, 모델들이 인간의 대화 규범에 따르도록 하려는 마음은 이해할 만하지만, 이 기술이 제기하는 더 근본적인 위험에서 우리의 눈을 돌리게 할 수 있다.

언어 모델이 생성한 말이 적절한지에 집중하는 행위는 어쩌면 이 기술의 본질보다는 우리 문화의 강박과 취약함에 휘둘리고 있음을 드러내는 것일 수 있다. 세상에는 현실적인 위기가 산적해 있는데도 불구하고, 많은 사람이 로봇의 말이 누군가를 불쾌하게 하지 않을지에 더 집착하고 있다. 그래서 우리는 서로 다른 의견과 부딪치며 그 과정에서 느껴지는 불편함을 받아들이는 태도를 점점 잃어갈 위기에 처해 있다. 이런 불편함은 보통 타인과 진정으로 소통하기 전 단계에서 반드시 일어나는 과정이다.

우리는 다음과 같은 방향에 집중해야 한다. 인공지능 프로그램이 전력망, 국방·정보 네트워크, 항공관제 같은 다른 시스템에 자율적으로 접근하지 못하도록 해자와 보호장치를 세울 기술적·규제적 기반을 시급히 마련해야 한다. 이 기술들이 장기적으로 인간과 공존하려면 인간 운영자와 알고리즘 파트너가 더욱 긴밀하게 협력할 수 있는 시스템을 빠르게 구축하는 동시에 기계가 창조자의 통제 아래 남도록 보장하는 게 필수다.

●

역사의 승자들은 정작 중요한 순간에 스스로 자만하는 경우가 많다. 오늘날에는 서구의 사상과 이상의 강력함이 결국 적들을 이길 것이라는 주장이 유행처럼 번지고 있지만, 때로는 대화에 앞서 저항, 심지어 무장 저항이 먼저 필요할 수도 있다. 지금의 국방 체계와 군수 시스템은 대규모 인력이 넓은 전장에서 맞붙는 전쟁, 어쩌면 다시는 일어나지 않을지도 모를 전쟁 방식에 맞춰져 있다.

다가오는 분쟁 시대의 승패는 소프트웨어가 좌우할 것이다. 핵 억제의 시대, 원자력의 시대는 끝나가고 있으며, 인공지능에 기반한 새로운 억제의 시대가 막 시작되려 하고 있다. 진짜 위험은 이미 승리했다고 착각하고 있다는 점에 있다.

3장

승자의 착오

《탈무드》에 4세기경 바빌로니아 작은 마을에서 살았던 라바라는 스승과 주고받은 대화가 기록되어 있다. 그는 누군가 집에 침입했을 때 침입자를 죽여도 되는지 고민했고, 이에 대해 라바는 "누군가 널 죽이러 온다면, 먼저 서둘러 그를 죽이라"고 결론짓는다.

현재의 미국은 여러 세대 동안 세계 강대국 간 전쟁을 겪어본 적이 없다. 실제로 2차 세계대전 이후 전 세계 수십억 명이 대규모 군사 분쟁의 참혹함을 겪지는 않았다. 그로 인해 후기 자본주의 사회에서 사람들의 관심사는 전쟁이 아닌 대상으로 옮겨갔다. 하지만 지정학적 권력 투쟁의 냉혹한 현실을 외면하려는 태도는 또 다른 위험을 안고 있다. 우리의 적들은 군사와 국가 안보에 결정적인 민간 기술을 개발할지 말지를 두고 보여주기식 논쟁을 하는 데 시간을 쓰지 않을 테니 말이다. 적들은 계속 앞으로 나아갈 것이다.

메릴랜드주 게이더스버그에 위치한 상무부 산하 국립표준기술연구소(NIST)는 전 세계 기업들이 개발한 얼굴 인식 알고리즘 수십 종을 정기적으로 테스트한다. 성능이 가장 뛰어난 알고리즘들은 쌍둥이 연구라 불리는 과정을 거치는데, 사진을 통해 알고리즘이 일란성 쌍둥이 얼굴의 미세한 차이를 인식할 수 있는지 확인한다. 이는 사람도 놓치기 쉬운 부분이다.

2024년 세계에서 얼굴 인식 기술이 가장 뛰어난 여섯 기업 중 세 곳이 중국 기업이었다. 그중 광저우에 본사를 둔 클라우드워크 테크놀로지는 상하이 증권거래소에 상장한 기업이다. 미국 재무부는 2021년 12월, 클라우드워크가 티베트인과 위구르인을 포함한 소수민족을 추적·감시하는 목적으로 소프트웨어를 중국 정부에 제공하자 공식적으로 비판했다. 또 세계에서 가장 뛰어난 얼굴 인식 시스템을 보유한 다른 기업 두 곳은 아랍에미리트에 있다.

2022년 중국 항저우 저장대학교 연구팀은 빽빽한 대나무 숲을 가로지르는 목표물을 추적하면서 서로 협력할 수 있는 소형 드론 무리를 개발했다. 연구팀은 이를 국제 학술지 〈사이언스 로보틱스〉에 발표하면서, 이 드론 무리가 "숲속을 자유롭게 날아다니는 새들과 유사하다"라고 설명했다.

로잔연방공과대학교 한 대학원생은 인터뷰에서 항저우팀의 연구가 "통제되지 않은 자연환경에서 드론 여럿이 무리 지어 날아다닌 첫 사례"라고 평가했다. 해당 연구팀은 군사적 활용 가능성에 대해 별도로 언급하지는 않았다.

그러나 이듬해인 2023년 10월 미국 공군 산하 부서는 중국군이 "대규모 전투에서 급변하는 상황에 대응하기 위한 드론 군집 기술"에 관한 연구를 적극적으로 추진해왔으며, 최근 중국 특허의 상당수가 "도시 전투 환경"을 염두에 둔 기술이라는 결론을 내렸다.

미국의 지정학적 경쟁국은 전통적인 정치인이라기보다 실리콘 밸리식으로 말하면 창업자에 더 가까운 이들에 의해 통치되고 있다. 이들은 자신의 생존과 재산이 자신들이 통치하는 국가의 운명과 깊이 연결되어 있으므로 국가의 미래에 직접적인 이해관계를 가진 소유주처럼 행동한다. 그래서 그들은 국민의 요구나 필요에 훨씬 민감하게 반응할 수 있지만 필요시 이를 무자비하게 무시하기도 한다. 사업이든 정치든 그들만이 아니라 모두가 언제나 대중의 반란이라는 위험을 염두에 두고 움직인다. 이는 일종의 협상과도 같다.

지금 세계 주요 국가들은 새로운 형태의 군비 경쟁을 벌이고 있다. 그러므로 실제로든 그렇게 보이든, 인공지능의 군사적 활용을 망설인다면 반드시 대가를 치르게 될 것이다. 상대를 제압할 수단을 개발하고, 필요하다면 실제로 사용할 의지가 있음을 보여주는 게 적과의 협상을 성공적으로 이끄는 핵심 전제이다.

우리가 기술적 우위를 드러내는 데 주저하는 근본 원인은 어쩌면 이미 승리했다고 믿는 집단적 인식 때문일 수 있다. 그러나 20세기의 힘겨운 투쟁 이후, 서구 자유민주주의가 영원히 승리했다고 확신하는 태도는 널리 퍼져 있는 만큼이나 위험하다.

1989년 프랜시스 후쿠야마는 훗날 《역사의 종말》이라는 책으로 확장될 논문을 한 편 발표했다. 이 글은 향후 수십 년간 강대국 간 패권 경쟁에 대한 지식인들의 시각에 큰 영향을 미쳤다. 프랜시스 후쿠야마는 베를린 장벽이 무너지기 몇 달 전 "인류의 이념적 진화가 종착점"에 이르렀으며 자유민주주의가 "인간 통치의 최종 형태"라고 선언했다. 이는 앨런 블룸의 말처럼 "강대국들의 무의미한 흥망성쇠가 실제로는 착각"일 뿐이고, 역사가 비록 굴곡이 있어도 분명한 방향으로 흘러가고 있다는 매력적인 주장이었다. 그러나 자만해서는 안 된다. 자유롭고 민주적인 사회가 승리하려면 단순히 도덕적 호소만으로는 부족하다. 경성 권력(하드 파워)이 필요하며, 이 시대의 경성 권력은 소프트웨어 위에 구축될 것이다.*

 예일대학교와 하버드대학교에서 경제학을 가르쳤던 토머스 셸링은 무기 개발 기술의 발전이 어떻게 정치적 결과를 형성할 수 있는지 정확히 이해하고 있었다. 1960년대 미국이 베트남전쟁에 개입을 확대하던 시기에 토머스 셸링은 "폭력이 강제력을 가지려면 예측이 가능해야 한다." 그리고 "상대를 해칠 힘이 곧 협상의 힘이다. 그 힘을 활용하는 게 외교다. 비록 잔혹한 외교라 할지라도 결국 외교"라고 썼다. 셸링의 현실주의는 전략적 관점과 도덕적 관점을 감정 개입 없이 명확히 구분했다는 점이 특징이다. 그가 강조했듯이 "전쟁은 언제나 협상의 과정"이다.

---

* 세계에서 영향력을 행사하려면 도덕적 호소가 필수적이긴 하지만 그것만으로는 충분치 않다는 점을 강조하고 싶다. 조지프 나이 주니어가 말했듯이 연성 권력(소프트 파워)의 중요성을 부정하는 건 곧 매혹의 힘을 이해하지 못하는 것과 같다.

어떤 정책이 정당한지 부당한지 따지기 전에, 군사적 충돌이 수반된 협상이든 평화로운 협상이든 그 협상에서 자신이 어느 정도 우위를 점하고 있는지를 먼저 이해해야 한다. 그런데 요즘 국제 문제에 대한 접근법은 종종 명시적으로든 암묵적으로든 자신의 주장이 도덕적 또는 윤리적으로 올바르기만 하면 지정학적 상대와의 상대적 힘 비교, 특히 누가 상대방에게 더 큰 피해를 줄 능력이 있는지라는 불편하지만, 근본적인 질문을 고려하지 않아도 된다고 가정하는 경우가 잦다. 그러나 지금 이 시대와 많은 정치 지도자가 품고 있는 허황된 낙관주의는 결국 그들을 무너뜨리는 원인이 될 수 있다.

다른 나라들이 기술 개발을 계속 밀어붙이고 있지만, 실리콘밸리의 많은 엔지니어는 이런 흐름에 동참하지 않는다. 엔지니어들은 전장에서 적을 더 체계적으로 찾아내 제거하도록 돕는 머신러닝 시스템을 포함한 공격 목적의 군사 기술에 활용될 수 있는 소프트웨어 프로젝트에 참여하는 것을 반대한다. 또 소셜 미디어에서 광고를 최적화하는 알고리즘을 만드는 데는 주저 없이 인생을 바칠 수 있지만, 미국 해병대를 위한 소프트웨어는 만들지 않으려고 한다.

2019년 마이크로소프트는 미국 육군과의 방위산업 계약을 놓고 내부 반대에 부딪혔다. 회사는 작전과 훈련에 사용할 가상현실 헤드셋 제공 업체로 선정되었지만, 직원들 일부가 사티아 나델라 CEO와 브래드 스미스 사장에게 공개서한을 보내 "우리는 무기를 만들려고 입사한 게 아니"라며 반대 의사를 표했다.

1년 전인 2018년 4월, 구글 직원들이 시위를 벌인 끝에 회사는 미국 국방부와 맺은 프로젝트 메이븐 계약을 갱신하지 않기로 했다. 프로젝트 메이븐은 특수부대의 작전 기획과 수행을 돕기 위해 위성 등 정찰 영상을 분석하는 데 쓰이는 핵심 시스템이었다. 순다 피차이 CEO에게 보낸 3,000명이 넘는 직원이 서명한 공개서한에서 "미군이 수행하는 감시 활동과 치명적인 결과를 낳을 수도 있는 작업을 도우려고 이런 기술을 개발하는 건 용납할 수 없다"라고 주장했다. 당시 구글은 "비공격적인 목적을 위한 것"을 회사가 수행한다며 프로젝트 참여를 방어하려 했다.

그러나 최전선에서 생존과 임무 수행을 위해 더 나은 소프트웨어가 절실했던 군인과 정보 분석가들에게는 법적 언어에 기댄 지나치게 형식적인 구별에 불과했다. 구글은 두 달도 지나지 않아 이 정부 사업을 중단한다고 발표했다. 당시 구글 클라우드 부문을 이끌던 다이앤 그린은 직원들의 반발이 너무 심해 미군과 추가 협력을 하지 않기로 했다고 밝혔다. 직원들은 목소리를 냈고, 경영진은 그 목소리에 응답했다. 얼마 뒤 계간지 〈자코뱅〉은 "미국 군국주의에 대한 승리"라며, 구글 직원들이 자신들의 재능이 잘못 쓰일 뻔한 프로젝트에 저항해 승리했다고 보도했다.

우리는 젊은 엔지니어들이 디지털 무기 시스템을 만드는 일을 얼마나 꺼리는지 직접 보아왔다. 이들 중 일부는 지금 자신들이 누리는 사회 질서와 안전하고 안락한 삶을 미국이라는 프로젝트가 정의로워 따라오는 당연한 결과로 본다. 국가와 이익을 지키기 위한 치밀하고 집단적인 노력의 산물이라는 사실을 인정하지 않는 것이다. 그들은 이런 안전과 편안함이 싸워서 쟁취한 게 아니라 설명할 필요조차 없는 당연한 기본 조건처럼 여긴다. 이런 엔지니어들은 이념적이든 경제적이든 대가 따위는 없는 세상에 살고 있는 듯 보인다.

그러나 이들을 비롯해 비슷한 생각을 가진 실리콘밸리의 또 다른 세대들의 관점은 미국 대중의 여론에서 꽤 벗어나 있다. 흥미로운 사실은 수십 년간 언론, 공립학교, 의회를 비롯한 여러 기관에 대한 대중의 신뢰는 급격히 하락했음에도 불구하고 미국인들은 꾸준히 미군을 국내에서 가장 신뢰하는 기관 중 하나로 꼽고 있다.

대중의 직감적인 판단은 가볍게 무시되어서는 안 된다. 1961년 윌리엄 버클리 주니어는 월간지 〈에스콰이어〉와의 인터뷰에서 "하버드대학교 교수진보다 전화번호부에 실린 첫 2,000명에게 통치를 받는 편이 낫다"라고 말했다. 그의 기득권층을 향한 풍자에는 유쾌함과 아이러니가 있었지만, 말 속에는 지혜와 겸손도 있었다.

실리콘밸리의 천재들이 소유한 막대한 부와 거대한 사업 제국, 정체성 자체는 이 모든 걸 가능하게 한 국가 덕분에 존재한다. 그들은 거대한 기술 제국을 세우는 데는 몰두하면서도 도약을 가능하게 해준 국가, 즉 그들을 보호하고 교육기관과 자본 시장을 제공해준 국가를 돕는 일은 거부한다. 아직 그 빚을 갚지 않았다 해도 빚이 있다는 사실 자체는 기억할 필요가 있다.

서구 사회가 시도해온 자치 제도는 매우 취약하다. 우리는 국가적 프로젝트의 장단점에 대한 성찰을 피상적인 애국심으로 대신하자고 주장하는 게 아니다. 미국은 완벽하지 않지만, 미국만큼 세습 엘리트가 아닌 사람들에게 기회가 열려 있는 곳 또한 드물다. 물론 다른 국가보다 더 높은 기준을 우리 자신에게 적용해야 하지만, 미국이 이미 얼마나 높은 기준을 만들어왔는지도 잊지 말아야 한다. 미국과 동맹국이 장기적으로 적국을 제압할 우위를 지키려면 국가와 기술 산업이 더욱 밀접하게 협력하고, 두 분야의 비전도 긴밀히 정렬해야 한다. 오래 지속되는 평화는 종종 전쟁 억지력이 믿음직하게 뒷받침될 때만 가능해진다.

•

1939년 여름 롱아일랜드 북쪽 끝에 있는 별장에서 아인슈타인은 레오 실라르드 등과 함께 작성한 편지를 프랭클린 루스벨트 대통령에게 보냈다. 편지에는 핵무기 개발을 신속히 추진해야 한다는 내용이 들어 있었다. 아인슈타인과 루스벨트는 1930년대 초, 아인슈타인이 미국으로 이주한 이후부터 알고 지낸 사이로 둘 사이에는 친분이 있었다. 아인슈타인 부부는 이전에 대통령의 초대를 받아 백악관에서 하룻밤 동안 머문 적도 있었다.

어린 시절에 독일 프랑크푸르트 북쪽 바트 나우하임에서 학교를 다녔던 루스벨트는 독일어에 능통했고 히틀러의 《나의 투쟁》도 읽을 정도였다. 아인슈타인과 실라르드는 핵무기 개발의 기술적 진전 속도가 워낙 빠르므로 "정부 차원에서 주의 깊게 살피고, 필요하다면 신속히 행동해야 한다"라고 편지에 적었다. 그러면서 물리학자들과

"정부 간의 지속적인 연락 체계를 갖춰야 한다"라고 제안했다.

그렇게 구축된 긴밀한 협력은 20세기 가장 중요한 과학적 돌파구를 열었다. 그 결과 미국과 동맹국들은 전쟁에서 세계의 판도를 바꿔놓은 결정적인 우위를 얻었다. 당시에는 폭탄의 노골적인 위력과 전략적 가치가 정부 관계자들의 행동을 촉구했다면 지금은 아직 눈에 잘 띄지는 않지만, 그에 못지않게 중요한 최신 인공지능 기술의 잠재력이 신속한 대응을 요구하고 있다.

4장
핵 시대의 종말

1945년 7월 16일 새벽, 뉴멕시코 사막의 황량한 모래밭에 과학자들과 정부 관료들이 모였다. 인류 역사상 최초의 핵무기 실험을 목격하기 위해서였다. 전날 밤 비가 내려서 시험을 강행할 수 있을지 확신이 없었지만, 당일 아침 일찍 비가 그쳤다. 현장에는 오펜하이머와 바네바 부시도 있었다. 한 참관인은 폭발 순간을 "찬란한 보랏빛"이라 표현했고, 폭발음은 사막을 울리며 한참 메아리쳤다고 한다.

그날 아침 뉴멕시코에서 오펜하이머는 이 막강한 파괴력이 어떻게든 지속적인 평화에 기여할 수 있을지도 모른다고 생각했다. 수십 년 뒤 작성된 미국 에너지부의 보고서는 그날 아침 오펜하이머가 스웨덴의 실업가이자 자선가인 알프레드 노벨의 희망을 떠올렸다고 전했다. 노벨은 발명품인 다이너마이트가 "전쟁을 끝내는 데" 기여하기를 바랐다.

1833년 스톡홀름에서 태어난 노벨은 19세기 후반 니트로글리세린의 새로운 폭발 형태를 실험했다. 노벨은 독일과 벨기에를 비롯해 유럽 전역의 광부들, 미국 로키산맥 서쪽으로 금을 찾아 떠나는 개척자들에게 이를 팔아 재산을 일구었다. 그러나 이 산업용 화학물질은 곧 공병부대에서 폭탄으로 쓰이기 시작했다.

노벨 전기 작가인 이디스 패터슨 메이어에 의하면, 1870년대 초 프랑스와 프로이센 간 전쟁에서 다이너마이트는 광범위하게 쓰였고, 전쟁은 알자스-로렌 지방이 독일 손으로 넘어가는 결과를 낳았다. 처음에 노벨은 자신의 발명품이 "평화적 목적"에만 쓰이기를 바랐다. 세월이 흐르면서 발명품에 대한 그의 이상주의와 지적 순수성을 향한 열망은 점점 퇴색했다. 노벨은 현실적인 생각을 하게 되었다.

1891년 파리에 머물던 시절, 노벨은 친구에게 보낸 편지에서 더 강력한 무기가 오히려 평화를 가장 잘 보장해줄 것이라며 "국가들이 전쟁을 시작하지 못하게 막을 유일한 방법은 공포"라고 적었다.

우리는 이처럼 냉혹한 현실 계산을 외면하고, 무기를 쥔 자들이 스스로 내려놓기만 하면 인류의 평화적 본성이 이길 거라는 희망을 붙들고 싶어 한다. 그러나 뉴멕시코에서 처음 핵폭탄을 실험한 지 80년 가까운 세월이 흘렀지만, 실제 전쟁에서 핵무기를 사용한 사례는 일본 히로시마와 나가사키뿐이다. 그 폭발이 불러일으킨 엄청난 위력과 공포는 이제 많은 사람에게 너무 멀고 희미해서 거의 추상적인 개념처럼 보이기도 한다.

당시 폭격이 있은 직후 일본으로 간 미국의 존 허시 기자는 히로

시마에 투하된 폭탄이 한순간에 10만 명 가까운 목숨을 앗아갔으며, 수천 명이 시내 병원으로 몰렸지만 600병상만이 있었다고 보도했다. 파괴는 그야말로 철저하고 완전했다. 허시는 불꽃의 섬광이 일부 여성들의 몸에 꽃 모양의 무늬를 남겼다고 전했다. 기모노의 흑백 문양이 폭발의 열기를 서로 다르게 받아들이면서 무늬가 그대로 피부에 새겨진 것이다.

보잉사가 제작한 4엔진 B-29 폭격기를 비롯한 미군 전투기들은 몇 달간 도쿄에서 나고야에 이르는 여러 도시를 소이탄으로 무차별 폭격했다. 목적은 건물을 불태우고 민간인을 학살함으로써 태평양 건너 진격해 온 일본 군대의 항복을 강요하려는 데 있었다. 원자폭탄 사용은 민간인을 상대로 벌인 잔혹하고 끊임없는 폭격의 마지막 단계였을 뿐이다. 원자폭탄으로 수백만 명이 목숨을 잃었다. 이는 어둡고도 차가운 논리였다.

핵무기 사용은 물론 일본과 독일을 상대로 행해진 무차별 폭격까지 포함해 이런 대량 살상 행위가 과연 불가피했는지는 지금까지도 논란이 있다. 1945년 3월 도쿄를 공습했을 당시 B-29 폭격기에 탑승했던 한 미군 조종사는 훗날 인터뷰에서 "우리가 하는 일을 증오했지만, 해야만 하는 일이라고 생각했다. 폭격이 일본을 항복하게 할 수 있을 거라고 믿었다"라고 회고했다.*

---

* 일부 연구자들은 1945년 당시 미국 지도부가 핵무기를 쓰지 않아도 일본 제국은 이미 붕괴했을 거라고 믿었다고 주장한다. 관련 논의로는 가르 알페로비츠 주장을 참조할 수 있다. "Hiroshima: Historians Reassess," Foreign Policy, no. 99 (Summer 1995): 15.

이런 미국의 전략은 전선에서 싸우는 군인과 공장에서 일하거나 들에서 농사짓는 민간인을 구분하지 않는 새로운 형태의 전쟁에서 비롯되었다. 1935년 1차 세계대전 당시 독일군 장군이었고 이후 파울 폰 힌덴부르크에 맞서 대통령에 도전했던 에리히 루덴도르프는 히틀러가 독일 정부를 장악하던 시기에《총력전》을 저술했다. 루덴도르프는 당시 독일 엘리트 사이에서 존경받는 인물이었다.

1917년 헨리 루이스 멩켄은 시사 주간지 〈디 애틀랜틱〉에 보낸 베를린 특파원 기사에서 일부 독일 군 관계자들이 루덴도르프를 "교활한 천재"라 부르며, "미세하고 먼 영역에까지 손을 뻗치는 솜씨가 탁월하다"라고 전했다. 루덴도르프는 이 새로운 군사 갈등의 논리에 따르면, "국민 전체가 전쟁의 직접적인 작전 대상"이 되었으며 공격 대상이 되는 것도 정당하다고 주장했다.

그러나 일본에 폭탄을 투하한 뒤 80년간 핵무기가 전쟁에 쓰인 적은 없다. 오펜하이머 등 여러 과학자가 만든 이 무기에 대해 인류가 보여준 관리 기록은 때론 불완전하고 실제로도 여러 차례 대재앙으로 치달을 뻔했지만, 놀라울 정도로 성공적이었다. 거의 한 세기 가까운 시간 동안 세계가 큰 전쟁 없이 어떤 형태로든 평화를 유지해왔다는 점을 많은 사람이 잊었거나 너무 당연하게 여기고 있다.

최소 세 세대에 이르는 수십억 명과 자녀, 손자 세대는 세계대전을 경험하지 않았다. 핵 시대와 냉전은 본질적으로 강대국 사이의 관계를 고착시켰다. 그 관계는 지역 분쟁에서 작은 충돌이나 힘겨루기는 할지언정 본격적인 전면전으로의 확전을 대단히 부담스럽고 큰 대가를 치러야 하는 것으로 여기게 했다.

예일대학교에서 군사와 해군 역사를 가르치는 존 루이스 개디스는 2차 세계대전 이후 주요국 간에 대규모 전쟁이 없었던 현상을 "긴 평화"라고 불렀다. 1987년 개디스는 종전 후 수십 년간 이어진 이 상대적 평화가 "20세기 들어 가장 오랜 기간 동안 강대국 간 안정을 유지한 사례"이며, "근대사 전체를 봐도 유례없는 수준"이라고 했다.

지금 거의 한 세기에 가깝게 평화를 유지하고 있는데 그 어느 때보다 놀랍다. 스티븐 핑커는 2011년에 출간한 《우리 본성의 선한 천사》에서 최근 대규모 충돌의 부재와 "폭력의 감소가 인류 역사상 가장 중요한, 그러나 가장 과소평가된 변화일 수 있다"라고 주장했다.

물론 역대급으로 오랜 평화가 가능해진 공로를 단 하나의 무기에만 돌리는 건 무리다. 2차 세계대전 이후 전 세계적으로 민주주의 체제가 퍼졌고, 예전에는 상상도 하기 힘들었던 수준의 경제적 상호 연

[그림 2] 전 세계 인구 10만 명당 전투 관련 사망자 수(1946~2016)

결 등 수많은 발전이 있었다는 점도 빼놓을 수 없다. 강대국들이 직접적인 충돌을 피하게 했던 미묘한 힘의 균형 역시 한몫했다.

그럼에도 지난 세기 동안 미국의 강력한 군사력이 다소 불안정하긴 해도 지금 우리가 누리고 있는 평화를 지키는 데 크게 기여했다는 사실은 부정하기 어렵다. 그러나 서구 사회에서 이런 우위를 지키려는 의지는 점점 시대에 뒤처진 태도로 여겨지고 있다. 그리고 억지력이라는 교리의 도덕적 호소력 또한 상실될 위험에 처해 있다.

●

한동안 유럽이 국방에 충분한 예산을 쓰지 않고 있다고 지적하는 행동은 도발적이며 무례한 것으로 여겨졌다. 유럽은 연간 약 9,000억 달러에 달하는 막대한 미국 국방 투자의 혜택을 누리면서도 비용을 분담하지 않는 셈이었다. 수십 년간 미국은 GDP의 3~5%를 국방에 투입해온 반면 같은 기간 유럽연합의 군사비 지출은 GDP의 약 1.5% 수준에 머물렀다.

최근 몇 년 사이 미국에 크게 의존하는 유럽의 이런 태도를 좀 더 직접적으로 비판하는 목소리가 부쩍 잦아졌다. 2016년 4월 버락 오바마 대통령은 〈디 애틀랜틱〉 제프리 골드버그 기자와 인터뷰하며 유럽의 빈약한 국방비 지출에 대한 불만을 드러냈다. 오바마는 당시 "무임승차자는 정말 짜증난다"라고 했다.

당시 영국은 다른 대부분의 유럽 국가와 마찬가지로 국방비에

[그림 3] 미국과 유럽의 GDP 대비 국방비 지출 비율(1960~2022)

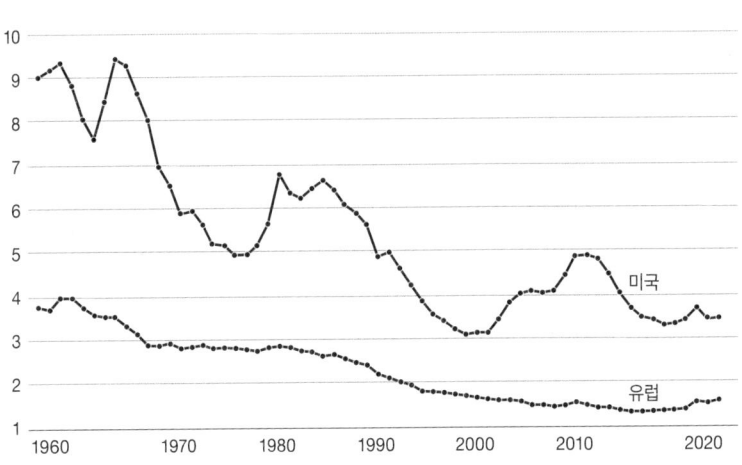

GDP의 2%도 쓰지 않고 있었다. 골드버그에 따르면, 오바마는 영국의 데이비드 캐머런 총리에게 미국과 특별한 관계를 이어가려면 국방 지출을 GDP의 2% 이상으로 맞춰야 한다면서 "당신들도 정당한 비용을 분담해야 한다"라고 경고했다.

유럽연합 외교안보정책 고위대표인 조셉 보렐은 1990년대 초 이후 유럽이 국방 투자를 구조적으로 축소했다고 지적했다. 그는 "냉전 이후 군대를 마치 분재처럼 작게 줄여놓았다"라고 말했다. 국가별로 방위비 지출과 무기 획득 전략이 분산되면서 유럽 30여 개국의 조달 체계는 유럽 대륙과 전 세계에 걸쳐 공급업체와 전략이 제각각인 복잡한 구조가 되고 말았다. 독일 외교협회의 크리스티안 묄링은 2024년 영국의 시사 주간지 〈이코노미스트〉와 한 인터뷰에서 "유럽의 분재 군대가 결국 분재 산업을 키웠다"라고 지적했다.

1949년 서방 동맹의 핵심 기둥인 NATO를 창설한 이들의 시각에서 보면, 2차 세계대전이 끝나고 거의 80년이 지났음에도 유럽이 자체적으로 방위 역량을 강화하는 것에 무관심한 건 큰 실패로 비칠 것이다.

1951년 2월 아이젠하워 대통령은 당시 리먼 브라더스 시카고 사업부를 이끌던 친구 에드워드 버밍엄에게 편지를 보냈다. 이 편지에서 유럽이 필요하다면 무력을 통해서라도 스스로를 지킬 역량을 갖추기를 기대한다고 했다. 아이젠하워에 따르면, "장기적으로 유럽을 지킬 유일한 수단인 유럽의 군사력을 어떻게 하면 스스로 갖추도록 독려할 것인가"가 문제의 핵심이었다. 또 "미국이 현대판 로마가 되어 군대를 보내 먼 나라들의 국경 지대까지 모두 지켜줄 수는 없다"라고 덧붙였다.

독일은 군비 확충에 대한 반발이 특히 강하다. 소설 《양철북》의 작가 귄터 그라스는 독일 통일에 반대했는데, 통일된 독일이 다시금 아우슈비츠 같은 비극을 일으킬 가능성을 높일 수 있다고 여겨서다. 그는 1991년에 "이상적으로 미화된 민족의식도, 뒤늦게 찾아온 선의에 대한 어떤 확신도, 가해자인 우리가 피해자들과 함께 통일된 독일로서 겪은 그 경험을 바꾸거나 지울 수는 없다"라고 썼다.

그러나 지난 50년 넘게 지속된 독일의 군사적 무력화에는 그만한 대가가 따랐다. 결단력 있고 강인한 독일의 부재는 2022년 2월 러시아가 우크라이나를 침공하는 데 일조했음이 분명하다. 블라디미르 푸틴은 자신이 큰 대가를 치르지 않을 거라고 확신했다. 오랜 기간 자기반성에만 매달린 결과, 독일 군대는 실제 전력을 갖춘 군대라기보다는 겉모습만 흉내 낸 허울뿐인 군대로 전락했다.

일본 역시 같은 상황이라 해도 과언이 아니다. 아시아 지역에서 가장 부유한 민주주의 국가인 일본도 실제 침공을 막아내고 생존하려면 여전히 미국의 도움이 필요하다. 일본이 연합군에 항복한 뒤 1947년에 헌법에서 공격용 군대 보유를 금지했다.

일본 헌법 제9조에 따르면, "일본 국민은 국가의 주권적 권리로 전쟁과 국제 분쟁을 해결하는 수단으로서 무력 위협·행사를 영원히 포기하며 육군·해군·공군뿐 아니라 그 밖의 전쟁 수행 능력도 보유하지 않는다"라고 명시되어 있다. 이 조항은 지금도 법적으로 유효하다. 이는 실제로 일본이 공격을 받는다면 미국을 포함한 다른 국가가 일본을 방어해야 한다는 뜻이기도 하다.

전쟁 직후 일본의 제국군을 해체하고 부활을 막는 법적 안전장치를 만든 건 문제가 아니었다. 세계 질서가 새롭게 재편되는 75년간 강력한 중국과 새롭게 야심을 드러낸 러시아가 부상했음에도 같은 정책을 고수한 게 문제다. 독일의 군사력을 지나치게 약화시킨 결과, 유럽은 이제 대가를 치르고 있다.

이와 유사하게 일본도 평화주의에 지나치게 매달리면 아시아 지역에서 힘의 균형이 흔들릴 위험이 매우 크다. 이 같은 상황에서 전장용 인공지능 등 새로운 기술의 등장은 각국이 빠르게 노선을 바꿀 기회를 제공해줄 것이다. 단, 지도자들이 군사적 충돌에 대비한 국민적 의지를 결집할 수 있을 때만 가능한 얘기다.

F-35 전투기는 1990년대 중반에 구상되었다. 록히드마틴에서 제작한 미국과 동맹국의 핵심 공격기로 앞으로 63년 더 운용할 예정이다. 현재 미국 정부에 따르면, 이 사업에 드는 총비용이 약 2조 달러로 추정된다. 하지만 합참의장을 지냈던 마크 밀리 장군은 2024년 워싱턴 디시에서 열린 한 국가안보 회의에서 "정말로 2088년에도 유인 항공기가 하늘을 지배할 거라고 생각하느냐"라고 반문했다.

원자력 시대가 저물고 있다. 지금은 소프트웨어의 시대다. 미래의 결정적 전쟁은 과거 무기들과 전혀 다르며 훨씬 빠른 속도로 진화 중인 인공지능에 의해 좌우될 것이다. 하드웨어와 소프트웨어 관계도 근본적으로 뒤집히고 있다. 20세기에는 단순한 비행 제어부터 복잡한 미사일 항법장치까지, 단순한 연료 시스템에서 실제 병력을 운송하는 장갑 수송차량까지, 하드웨어의 필요를 충족하려고 소프트웨어를 만들었다.

그러나 인공지능의 부상과 함께 LLM이 전장에서 데이터를 처리하고 표적 설정을 제안하게 되면서 관계는 바뀌고 있다. 이제 소프트웨어가 더 중심에 서고 유럽 등의 전장에서 운용되는 드론 같은 하드웨어는 인공지능이 내린 결정을 현실에서 구현하는 수단이 되고 있다. 이제 일반 무기에 비해 훨씬 적은 비용으로도 적을 찾아 제거할 수 있는 드론 부대가 등장할 날이 얼마 남지 않았다.

하지만 그런 기술과 운용에 필요한 소프트웨어 시스템에 대한 투자는 턱없이 부족하다. 미국 정부는 여전히 항공기, 함정, 탱크, 미사일 같은 기존 인프라를 개발하는 데 집중하고 있다. 그러나 이 무기들은 지난 세기에 전장에서 우위를 보여줬다. 이번 세기에는 그만큼 중요한 역할을 하지 못할 게 거의 확실하다.

미국 국방부는 2024년 인공지능의 역량을 구축하는 데 총 18억 달러를 요청했다. 이는 전체 국방 예산안 8,860억 달러 중 0.2%에 불과하다. 무력 사용에서 적보다 훨씬 높은 윤리적 기준을 지키려는 국가라면 단순히 적과 기술 수준이 같아지는 것만으론 부족하다. 무고한 사람을 죽이는 데 주저함이 없는 적에 맞서려면 윤리적 기준을 갖춘 사회의 무기 체계가 훨씬 더 강력해야만 한다. 그래야 효과적인 억지력이 될 수 있기 때문이다.

미국과 동맹국들은 지체하지 말고 새로운 맨해튼 프로젝트를 추진해야 한다. 이 프로젝트의 목표는 표적 식별 시스템, 드론 군단, 궁극적으로는 로봇까지 전장에서 사용할 가장 정교한 형태의 인공지능에 대한 배타적 통제권을 확보하는 것이다. 이런 지능형 시스템은 지난 세기의 전쟁을 규정했던 항공모함이나 전투기를 대신해 소프트웨어 중심의 전투 방식에서 핵심 역할을 하게 될 것이다. 그러나 현재 국방 예산과 예산을 감독하는 인력 체계는 수십 년 정도 뒤처져 있다. 따라서 지금이야말로 국가 안보 투자의 우선순위를 긴급히 재편할 때이다. 미국과 유럽, 아시아의 파트너들을 결집하는 긴급한 노력을 지금 당장 시작해야 할 때이기도 하다.

이 시대의 억지력이 될 인공지능 시스템 개발에 실리콘밸리의 기술 엘리트들이 미국 군대를 위해 일하는 것에 가장 회의적이라는 사실이 문제다. 차세대 인공지능 무기를 만들 능력이 있는 소프트웨어 엔지니어 세대 전체가 국가라는 개념을 외면하고, 지정학이라는 혼란스럽고 도덕적으로 복잡한 현실에 무관심한 태도를 보이고 있다.

최근 들어 일부 영역에서 국방 사업을 지지하는 움직임을 보이긴 했지만, 대부분의 자금과 인재는 여전히 소비자 시장으로 몰린다. 기술 업계 사람들은 영상 공유 앱이나 소셜 미디어 플랫폼, 광고 알고리즘, 온라인 쇼핑몰을 만들려고 본능적으로 자본 유치에 뛰어든다. 그들은 온라인 활동을 추적하고 수익화하는 데 주저하지 않으며 우리 삶 속 깊숙이 침투해 들어온다.

하지만 막상 미군과 협력하는 문제만 나오면 주저한다. 아이러니한 점은 미군과 함께 일하기를 거부하는 실리콘밸리의 엔지니어들이 누리는 평화와 자유가 미군이 보유한 강력한 무력이라는 억지력 덕분이라는 사실이다.

문제는 한 세대 전체가 국가라는 개념에 염증을 느끼고 공동의 방위에 무관심해진 결과다. 막대한 지적·재정적 자원이 자본주의 소비문화의 변덕스러운 욕구를 충족시키는 데로 향하고 있다. 지속 가능하고 공공의 가치를 지닌 기술을 만들어야 한다는 문화적 야망도 잃었다. 기술 산업에 대해 우리가 요구하는 기대치마저 낮아진 지금, 우리는 시장의 변덕에 너무 많은 통제권을 내어주고 말았다.

예일대학교와 런던정경대학교에서 문화인류학을 가르쳤던 데이비드 그레이버는 2012년 잡지 〈배플러〉에 기고한 글에서 "인터넷은 놀라운 혁신이지만, 결국 전 세계 어디서든 빠르게 이용할 수 있는 도서관, 우체국, 판매 카탈로그를 합친 것일 뿐"이라고 지적했다. 그레이버뿐 아니라 많은 사람은 이 이상의 무언가를 갈망하고 있다.

2022년 11월 챗GPT 같은 LLM에 수십억 달러를 투자해온 오픈AI가 인터페이스를 대중에 처음 공개했다. 당시 회사의 정책은 군사·전쟁 용도로 자사 기술 사용을 전면 금지했다. 이는 국가 방위를 위해 위험에 내몰린 군인들과의 협력을 꺼리는 사람들을 달래기 위함이었다.

그러나 2024년 초 회사가 방향을 바꿔 이 금지를 철회하자, 샘 올트먼 CEO 사무실이 있는 샌프란시스코에 시위대가 몰려들었다. 시위 주최자들은 오픈AI에 펜타곤과의 관계를 끊고, 어떠한 군 관련 의뢰든 받지 말라고 요구했다. 놀라운 기술적 도약을 이룬 챗GPT의 언어 모델을 개발한 엔지니어들은 소비재를 파는 기업들에는 기꺼이 인공지능의 역량을 제공하면서 정작 미국 육군이나 해군에 더 효과적인 소프트웨어를 제공하라는 요청 앞에서는 주저하고 있다.

이런 시위와 대중의 분노가 위협적인 이유는 기술 산업 전반의 리더들과 투자자들의 본능에 영향을 미치고 판단을 형성하기 때문이다. 이들은 원래 논란이나 비판의 소지가 조금이라도 보이면 철저히 피하도록 훈련되어왔다. 이렇게 무엇을 만들 수 있느냐가 아니라 무엇을 만들어야 하느냐는 방향조차 시장의 변덕에 전적으로 맡기고 회피한 대가는 매우 클 수밖에 없다.

2018년 MIT 미디어랩의 공동 설립자인 니콜라스 네그로폰테는 〈저널 오브 디자인 앤드 사이언스〉에 실린 「빅 아이디어 기근」이라는 글에서, "지금의 스타트업들은 세탁을 좀 더 빨리하는 방법이나 음식을 배달하고, 다른 앱으로 우리를 즐겁게 하는 것에만 집중한다"라고 지적했다. 이어 "과학과 공학 분야에서 나온 혁신적인 기술과 발명품들도 투자자의 기대에 맞추려고 스타트업 창업 과정에서 사소하게 다뤄진다"라고 문제를 제기했다.

많은 창업가와 재능 있는 엔지니어가 어려운 문제들에 아예 손도 대지 않고 있다. 이런 야망의 후퇴는 경제학자 로버트 고든이 지적한 지난 75년간 진행된 미국 사회의 생산성 저하와 맞물려 있다. 로버트 고든에 따르면, 1970년대 이후 기술 발전은 "주로 엔터테인먼트, 통신, 정보 수집·처리 같은 좁은 영역에 치중된 반면 식량·의류·주거·교통·건강·노동 환경 등 인간이 중요하게 여기는 분야에서

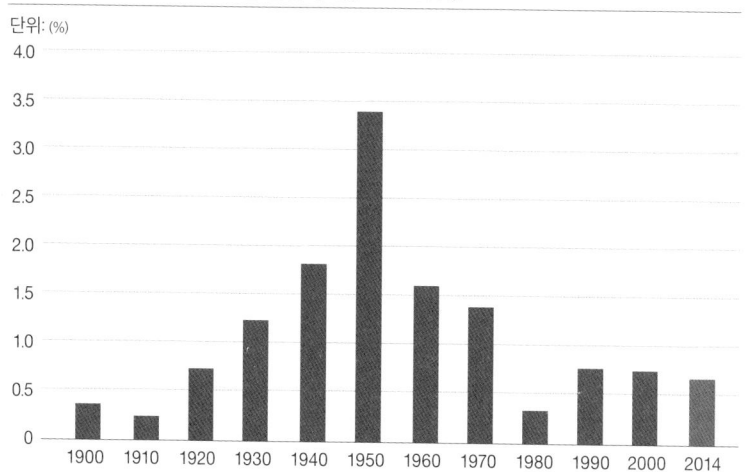

【그림 4】 미국의 총요소생산성 성장 추이(1900~2014)

는 발전이 더뎌졌다"라고 지적했다.

　기술 산업이 전반적으로 야망에서 물러서는 듯한 흐름 속에서도 예외는 있다. 일론 머스크는 테슬라와 스페이스X 등 여러 회사를 창업해 정부가 뒷걸음질 친 분야에서 공백을 메우고자 나섰다. 예전 같으면 내연기관을 대체할 신뢰성 있는 기술을 개발하거나 로켓을 우주로 쏘아 올리는 일은 정부 영역이었다. 이런 문제들을 해결하려면 엄청난 자원이 필요해서다. 그래서 자금과 명성을 걸고 도전하는 사람은 극히 적다.

　거대한 서사를 꿈꾸는 머스크를 두고 세간은 마치 억만장자는 그저 자기 재산을 불리면서 가끔 연예 뉴스에나 등장하면 그만이라는 듯 대담한 도전을 비웃는다. 2023년 잡지 〈더 뉴요커〉는 머스크를 다룬 기사에서, "초부유층을 위한 행성 건설자"가 좀 더 적었으면 세상이 나아지지 않겠냐며 머스크가 "인류 자체와 괴리되어 보인다"라고 비판했다. 2015년에 출간한 머스크 전기에 따르면, 오랫동안 많은 사람이 스페이스X의 재활용 로켓 프로젝트를 "어리석은 짓"이라 여겼고, 머스크가 "시간 낭비"를 한다고 생각했다.*

　머스크가 만든 가치에 대해 호기심을 갖거나 진심으로 관심을 보이는 일은 거의 찾아보기 어렵고, 설령 있어도 옅은 비웃음 뒤에 가려져 있다. 아이러니한 게 자본주의 폐해를 격렬하게 반대하는 사

---

* 일론 머스크를 비판하는 이들은 루스벨트가 말한 "승리도 패배도 모르는 차갑고도 소심한 영혼들"처럼, 실제 최전선의 현장과는 동떨어진 곳에 있는 경우가 많다.

람들이 정작 시장이 제공하지 못한 무언가를 만들려는 대담한 이들을 맨 먼저 비난한다는 사실이다. 지금 필요한 것은 더 큰 야망과 진지한 목표 의식이지 그 반대가 아니다.

이를테면 아이폰이 정말 문명의 가장 뛰어난 창의적 산물 혹은 최고의 성취일까? 물론 삶을 바꿔놓았지만, 동시에 무엇이 가능할까라는 상상력의 폭을 오히려 제한하고 있는지도 모른다. 2011년 인터뷰에서 피터 틸이 지적했듯이, 소비자 기기의 성능을 조금씩 끌어올리는 점진적 발전이 아니라 아폴로 우주 프로그램처럼 급진적인 도약이 인류의 발전을 평가할 기준이 되어야 한다.

떠오르는 창업가 세대는 자신들이 적극적으로 위험을 추구한다고 말하지만, 이미지 관리나 논란의 여지가 있는 더 중요한 사회적 과제에 진지하게 투자해야 할 때는 조심스러운 태도를 보인다. 굳이 지정학이라는 윤리적 수렁에 빠져 논란을 자초하기보다 차라리 새 앱을 만드는 게 낫다고 생각하는 것이다.

창업가 세대는 정말로 앱을 만들었다. 미국 전역에 걸쳐 몸집을 불린 소셜 미디어 제국들은 인정과 지위를 갈망하는 인간의 본능을 교묘히 이용해 돈을 벌어들이고 있다. 또래의 변덕스러운 호감과 인정 속에서 보상을 찾도록 젊은 세대를 길들이고 있다. 그래서 문명 전체가 쏟아야 할 노력과 자원이 지나치게 여기로 빨려 들어갔다. 실제로 2022년 유튜브는 12세 미만 어린이 3,140만 명을 겨냥한 광고로 9억 5,900만 달러를, 인스타그램 역시 연간 8억 100만 달러를 벌었다. 이런 문화와 자본의 잘못된 방향 전환에 분노하고 맞서야 한다. 그냥 순순히 어둠 속으로 사라져서는 안 된다.*

•

 우리가 하든 안 하든 적들은 전장에서 사용할 인공지능 개발을 계속할 것이다. 권위주의 정권의 지도자들은 권력을 잃으면 목숨까지 잃을 수 있기 때문이다. 중국의 시진핑 국가주석은 공산혁명이 끝난 4년 뒤인 1953년에 태어났다. 15세 때 산시성 시안 동북쪽 량자허 마을에 보내진 시진핑은 동굴에 살며 들에서 일해야 했다고 전해진다. 시진핑을 초기부터 알고 지냈던 한 농민은 2012년 신문 인터뷰에서 "그도 우리와 마찬가지로 고생했다"라고 했다. 이 시기는 엄청난 사회적 격변의 때였다. 시진핑의 누나 시허핑은 홍위병들에게 시달리다가 스스로 목숨을 끊은 것으로 추정된다. 공식 정부 기록에는 시허핑이 "박해 끝에 사망했다"라는 간단한 내용만 남아 있다.

 2022년 〈더 뉴요커〉에 실린 칼럼니스트 에반 오스노스와 한 인터뷰에서 국제관계학 교수는 이렇게 말했다. 문화대혁명을 겪은 시진핑의 동시대인들 대부분이 "중국에는 헌정주의와 법치주의가 필요하다고 결론 내렸지만, 시진핑은 오히려 더 강력한 국가 권력의 통

---

* 이런 식으로 관심과 자원을 잘못된 곳에 쏟게 된 건 음모가 있어서라기보단 지휘권을 쥔 사람들이 의지와 상상력을 발휘하지 못했기 때문이다. 이를테면 국가 차원에서 기술평화단 같은 기관을 만들어 온라인 광고 알고리즘 개선에 쓰였을 재능 있는 엔지니어들의 역량을 교육·의료·국방·기초과학처럼 뒤처진 분야의 혁신에 투입하도록 하는 방안을 고려해볼 수 있다.

치가 필요하다는 생각에 이르렀다"라고 설명했다. 전장을 위한 인공지능을 포함한 경성 권력의 육성은 생존을 위한 필수 요소다. 스스로를 역사의 승자라 여기는 서구인들은 이를 잊고 있지만, 시진핑은 무력과 통제가 필수임을 깊이 이해하고 있다.

미국의 외교 정책 수립자들은 중국·러시아 등과 상대하면서 반복적으로 오판해왔다. 경제적 이익과 교류만 충분히 제공하면 해당 국가의 지도부가 자국 내에서 지지를 잃을 것이고 해외에서 군사 행동을 벌이려는 의지도 꺾일 것이라고 본 것이다. 다보스 컨센서스라 불리는 기존 국제 관계 접근법의 실패는 당근에만 집중하고 채찍을 포기한 데서 비롯되었다.

앤 애플바움은 "아무리 간절히 원해도 자연스럽게 굴러가는 자유주의 세계 질서는 없다. 규칙이 있으려면 규칙을 강제할 주체도 있어야 한다"라고 정확히 지적한다. 시진핑을 비롯한 권위주의 지도자들은 서구 사회의 현 지도자들이 결코 이해하지 못할 방식으로 권력을 잡고 유지해왔다. 우리가 지도자들과 가까워지고 격려해주면, 자신들의 오류를 깨닫고 바뀔 거라고 기대한 건 완벽한 우리의 실수이다. 헨리 키신저가 지적했듯이 "서구 제도들은 처음부터 완성된 형태로 생겨난 게 아니라 수 세기에 걸쳐 점진적으로 진화해왔다."

우리는 적국 지도자들의 심리와 세계관에 관심을 잃어서는 안 된다. 그들이 처한 제약과 권력을 유지하는 데 따르는 위험, 개인적 야망과 국민을 위한 포부를 면밀하게 탐구해야 한다. 시진핑과 가족은 수십 년간 미국에 호기심과 관심을 보여왔다. 1985년 시진핑은 중국 대표단 일원으로 아이오와주 머스커틴을 방문해 현지 가정집에서 지내기까지 했다. 시진핑의 외동딸 시밍쩌는 2014년 5월 하버드대학교를 졸업했는데, 영어와 심리학을 전공했다. 일본의 한 신문기자는 시밍쩌가 가명을 사용해 학교에 다니는 동안 진짜 신분을 아는 사람이 10명도 채 되지 않았다고 전했다.

2015년 미국을 방문한 시진핑은 시애틀에서 한 연설에서 젊은 시절 헨리 데이비드 소로, 월트 휘트먼, 마크 트웨인의 작품을 읽었다고 회상했다. 그중에서도 헤밍웨이는 특별히 깊은 인상을 남겼고, 《노인과 바다》를 애정을 담아 기억한다고 말했다.

시진핑은 쿠바 북부 해안의 하바나 외곽 지역인 코히마르를 방문했다고 한다. 이곳은 헤밍웨이가 거대한 청새치와 싸우는 어부의 이야기를 구상하는 데 영감을 받은 장소였다. 이후 다시 코히마르에 갔을 때 시진핑은 헤밍웨이가 좋아했던 "민트와 얼음을 넣은 모히토를 주문했다"라고 말했다. 시진핑은 "헤밍웨이가 그 이야기들을 썼을 때 했던 생각과 머물렀던 장소를 직접 느껴보고 싶었다"라고 했다. 세계 인구 5분의 1이 사는 국가의 지도자는 이어 "우리와 다른 문화와 문명을 깊이 이해하기 위해 노력하는 게 중요하다"라고 덧붙였다. 우리 역시 그런 노력을 기울여야 할 것이다.

●

미국과 동맹국들이 더 강력하고 자율적인 군사 무기 시스템 개발에 소극적인 이유는 단순히 권력과 강제력 자체에 대한 정당한 회의감, 즉 역사의 승자로서 군사력과 전쟁 인프라에 더 투자하는 것을 꺼리는 태도에서 비롯된 것일 수 있다. 평화주의가 매력적인 까닭은 약자에 공감하는 우리의 본능을 충족시키기 때문이다.

그러나 프랑스 작가이자 총리 보좌관을 지낸 클로에 모랭이 한 인터뷰에서 지적했듯이 우리는 세상을 "지배자와 피지배자, 억압자와 억압받는 자라는 이분법적 구분"으로 나누려는 사고에 매몰되지 않도록 경계해야 한다.

영국 요크대학교 레미 아데코야 교수에 따르면, 이런 "도덕적 이분법"은 많은 사람을 불편하게 한다. 특정 영역에서 권력을 가진 집단에 가하는 물리적 또는 정신적 폭력조차 이 집단이 권력을 쥐고 있다는 이유만으로 정당화되려는 경향이 있어서다.

무력하다고 해서 고결하다고 여기는 것은 잘못된 태도다. 오히려 도덕적 우월감을 드러내는 태도에 가깝다. 지배자와 피지배자 모두가 중대한 죄를 저지를 수 있는 존재이니 말이다. 이와 마찬가지로 역사에서도 "평화로운 과거"라는 위험하고도 광범위하게 퍼진 신화에 집착하며 현대 사회의 폭력이나 제도적 억압을 비판하려는 경향을 보인다.

로렌스 킬리는 1996년에 출간한 《문명 이전의 전쟁》에서 북미 대평원의 샤이엔족부터 뉴기니의 다니족까지 산업화 이전 사회에 만연했던 잔혹한 폭력을 소개하며 이런 신화를 무너뜨린다. 미국 평원에 살던 일부 토착 부족들은 시신을 부족 특유의 방식으로 훼손해 서명처럼 남겼다. 수족은 목을 베고, 샤이엔족은 팔을 베며, 아라파호족은 코를 가르는 식이었다. 인도네시아 다니족은 화살촉에 진흙이나 기름을 발라서 화살을 맞은 이들이 감염으로 더 쉽게 목숨을 잃도록 했다.

이런 도덕적 논리는 뿌리가 깊어 쉽게 뽑아내기 어려울지 모른다. 1968년 브라질 작가 파울로 프레이리는 《페다고지》에서 억압자와 피억압자라는 논리를 정립했다. 이 논리는 반세기가 지난 오늘날까지도 지적·도덕적 담론에 큰 영향을 주고 있다. 프레이리는 세상에서 억압받는 사람들인 하층민은 본질적으로 폭력이나 억압을 행사할 수 없는 존재라고 주장한다. 이렇게 피억압자들에게서 도덕적 판단 능력을 빼앗아버렸다. 프레이리는 "역사상 억압받는 이들이 폭력을 먼저 일으킨 적은 없었다. 테러를 시작하는 쪽은 공포에 시달리는 무력한 자들이 아니라 폭력적인 이들"이라고 썼다.

파울로 프레이리에게 피억압자들은 다른 사람을 해치는 폭력을 행사할 수 없는, 오직 피해자가 될 운명에 놓인 존재들이었다. 그러나 이렇게 힘없는 사람들에게 일률적인 정체성을 부여하는 단순화된 태도는 도덕적 판단 능력, 더 나아가 인간성 자체까지 빼앗는 의도치 않은 결과를 낳을 수 있다.

평화주의의 매력과 억지력의 포기라는 유혹에 끌리는 이유는 세상의 복잡하고 불완전한 선택지 사이에서 괴로운 고민을 하지 않아도 된다는 점 때문이다. 그러나 현재 우리가 직면한 더 근본적인 질문은 인공지능을 결합한 새로운 자율 무기를 만들지 말지가 아니라 누가 그 무기들을 만들며 어떤 목적으로 사용할지다.

지금은 소프트웨어의 세기다. 그러나 차세대 공격 능력을 구축할 능력과 조건을 가장 잘 갖춘 세대가 국가 방위나 공동체를 위한 프로젝트에서 가장 쉽게 물러서려 하고 있다. 이런 미국 정신의 공동화가 오늘날 우리가 직면한 교착 상태의 핵심 원인이 되었다. Part II에서 이런 현상이 실리콘밸리에만 국한된 문제가 아님을 확인할 수 있을 것이다. 미국 프로젝트의 공동화야말로 우리를 지금처럼 무방비하고 취약한 상태로 내몬 결정적인 이유다.

Part II

미국 정신의 공동화

5장
신념의 포기

1976년 미국 내 소수이지만 끈질기게 활동하던 나치당의 야심찬 지도자 프랭크 콜린은 일리노이주 스코키에서 행진을 계획했다. 조직의 인지도를 높이고 지지 세력을 확보하려고 한 시도였다. 스코키의 주민 중 상당수가 전쟁을 직접 겪은 유대인이어서 시위 계획에 강하게 반대했다. 결국 이 문제는 법적 분쟁으로 이어졌다.

그런데 미국시민자유연맹(ACLU)은 수정 헌법 1조에 근거해 이 나치당원들의 표현의 자유를 옹호하며 법적으로 변호하기로 했다. 이 결정은 오늘날이라면 거의 상상하기 어려운 것이다. 당시 ACLU 전국사무총장이던 아리에 네이어는 이 결정으로 항의 편지를 수천 통 받았다. 1937년 베를린의 유대인 가정에서 태어난 네이어는 어린 시절 부모와 함께 독일을 떠나 영국으로 피신한 인물이다. 그는 이 결정으로 인해 ACLU 회원 3만 명이 탈퇴한 것으로 추정했다.

프랭크 콜린에 대한 아리에 네이어의 옹호는 표현의 자유라는 자유주의 가치에 대한 무조건적 신념에서 나온 게 아니다. 그는 콜린의 주장을 혐오하면서도 국가가 발언권을 침해하지 못하도록 지켜야 한다는 두 가지 생각을 동시에 하고 있었다. 얼핏 보면 이 둘은 모순처럼 보이지만, 네이어에게는 흔들리지 않는 깊은 신념이었다.

네이어는 이해관계를 넘어서는 이상을 지킬 용기와 의지가 있는 사람이었고, 많은 사람이 차라리 포기하길 바랐을 이상을 끝까지 붙들었다. 훗날 "나 자신을 지키기 위해 난 자유를 통해 권력을 억제해야 했다. 설령 일시적인 수혜자가 자유의 적일지라도 말이다"라고 썼다. 이런 신념에는 대가가 따랐고, 그로 인해 조직의 신뢰는 물론 명성까지 위태로워졌다.

1963년 9월, 코네티컷주 뉴헤이븐에서도 비슷한 충돌이 있었다. 앨라배마 주지사이자 인종 통합에 강하게 반대하던 조지 월러스가 예일대학교 학생 단체인 예일정치연합의 연설 초청을 받았다. 소식이 알려지자 온 도시에 파문이 일었다. 그해 1월 취임 연설에서 월러스는 앨라배마주 몽고메리에 모인 군중에게 통합은 "공산주의적 혼합"이라며, "단 하나의 강력한 정부 아래로 모두 뒤섞이는 잡종 상태"가 될 것이라고 주장했다. 연설에서 통합에 맞서겠다는 뜻으로 "먼지 위에 선을 긋겠다"라고 선언하며, "지금도 분리, 내일도 분리, 영원히 분리"를 외쳐 군중의 열띤 지지를 받았다.

월러스가 뉴헤이븐을 방문한다는 소식이 전해지자 도시는 혼란에 휩싸였다. 당시 리처드 리 시장은 월러스에게 "당신은 공식적으로 환영받지 못한다"라고 알리는 전보를 보내기로 했다. 이유는 폭력 사태가 우려되던 행사를 무산시키기 위해서였다. 그달 초, 앨라배마주 버밍햄에서 KKK 단원 4명이 16번가 침례교회를 다이너마이트로 폭파해 소녀 4명이 목숨을 잃고 20여 명이 다치는 참극이 벌어졌다.

월러스의 연설을 막아서는 안 된다고 주장한 사람들도 있었다. 예일대학교 로스쿨에서 박사 과정을 밟던 폴리 머레이는 예일대학교 킹맨 브루스터 주니어 총장에게 편지를 보냈다. 편지에서 그는 월러스가 캠퍼스에서 학생들에게 연설할 수 있게 해달라고 요청했다. 머레이는 1910년 볼티모어에서 태어난 시민권 운동가다. 뉴욕의 폴, 와이스, 리프킨드, 와튼 & 개리슨에서 변호사로 일했으며, 이후 가나 로스쿨에서 가르치기도 했다. 1966년에는 베티 프리단과 함께 전미여성기구(NOW)를 창립했다.

머레이에게 월러스의 연설 허용 여부는 표현의 자유를 넘어서는 매우 개인적인 문제이기도 했다. 머레이의 아버지는 메릴랜드주 크라운스빌흑인정신병원에 수용되어 있었다. 그곳에서 1922년 한 백인 경비원이 아버지에게 인종차별적 모욕을 퍼부은 뒤 지하실로 끌고 가 야구방망이로 때려서 죽였다고 전해진다. 머레이의 외할머니는 노스캐롤라이나주에서 노예로 태어났다.

그럼에도 폴리 머레이가 브루스터 총장에게 보낸 편지에는 단호함과 함께 강한 확신과 명료함이 담겨 있었다. 머레이는 자신 또한 "인종 분리에 따른 악행으로 고통받았다"라고 인정하면서도 "폭력이 일어날 가능성만으로 개인의 헌법적 권리인 자유로운 연설 기회를 박탈해서는 안 된다"라고 주장했다.

그녀는 훗날 "야유하는 자의 거부권"이라 불리게 될 이 상황의 위험을 예견하고 있었다. 어떤 발언이 폭력적 반응을 유발할 수 있다는 이유만으로 토론과 표현의 자유가 봉쇄되는 상황을 내다본 것이다. 오늘날, 이 거부권은 자신과 다른 견해에 불쾌함이나 거북함을 느낀다고 표명하는 이들이 자주 활용한다. 결국 예일정치연합은 총장의 압박에 못 이겨 월러스의 초청을 철회했다.

●

네이어와 머레이는 서로 다른 시대와 맥락 속에서 대중에게 인기 없는 쪽의 입장을 옹호했을 뿐 아니라 동료나 대중의 비난은 물론 자신들의 평판이 나빠질 위험까지 감수했다. 두 사람은 단념하거나 자기 합리화로 무력화될 수 없는 어떤 단단한 신념을 지키려 했다. 두 사람에게는 단순히 자기 안위나 출세 이상의 가치를 지키는 일이었다. 최근에도 이와 비슷한 시험이 반복되고 있지만 문화는 기존의 통념을 뒤흔드는 지적 용기를 북돋고 장려하기보다 한발 물러서 있다. 그래서 자기 확신도 부족하고 위험을 감수할 의지나 능력도 없는 지도자들만 남게 되었다.

2023년 이스라엘에서 1,100명이 넘게 사망하고 약 250명이 납치되는 사건이 일어났다. 이후 이스라엘의 가자 지구 침공을 규탄하는 시위가 벌어졌다. 여파로 하버드대학교, 펜실베이니아대학교, MIT의 총장 3명이 미국 의회에 불려 갔다. 총장 3명의 증언은 수십 년 전 스코키와 뉴헤이븐에서 벌어졌던 상황과 유사한 쟁점을 다시 떠올리게 했다. 표현의 자유를 보호하는 일과 동시에 상대를 배척하거나 억압하려는 시도를 방지하는 일 사이의 긴장 말이다.

총장 3명은 표현의 자유를 보장할 공간을 지키려는 조심스러운 입장을 취했고, 이는 국내외에서 큰 주목을 받았다. 그러나 많은 사람은 이스라엘에 대한 노골적인 적대적 발언과 유대인 학생들에 대한 위협에 대해 총장들이 반대 입장을 내는 데 너무 소극적이었다고 비판했다. 〈뉴욕타임스〉의 모린 다우드는 펜실베이니아대학교 엘리자베스 맥길 총장이 유대인 집단 학살을 주장하는 발언이 괴롭힘에 해당하는지 묻는 질문에 "상황에 따라 달라진다"라고 답한 것을 두고, "냉정하고 무감한 법률 용어" 같았다고 지적했다. 결국 그중 둘은 총장직에서 물러났다.

세 대학의 총장들은 자신들의 입장에 내재한 모순을 전혀 인식하지 못했다. 다른 맥락에서는 타인에게 불쾌감을 줄 수 있다는 이유로 언어 사용을 엄격히 통제해왔던 대학들이 정작 유대인 집단 학살 같은 극단적이고 위협적인 발언에 대해서는 표현의 자유를 내세우며 상황에 따라 달라진다는 답변을 내놓음으로써 자기모순에 빠진 것이다. 총장들의 답변은 차가울 만큼 정밀하고 계산적이었으며, 냉정하고 신중하며, 무엇보다 감정이 배제된 새로운 행정 관료 계층의 전형을 그대로 보여주었다.

이 증언은 오늘날 미국과 서구 사회가 맞닥뜨린 근본적인 문제를 드러내기에 충분했다. 대학 행정가나 정치인은 물론 실리콘밸리 경영진까지 광범위한 지도자들이 진정성 있는 신념을 조금이라도 내보이면 가차 없이 응징받는 분위기 속에서 수년을 보내왔다. 그러다 보니 공적 영역은 자기 이익을 좇지 않고 다른 무언가를 시도하는 사람들에게 얕고 치졸한 공격으로 더없이 가혹한 공간이 되었다. 그 결과 공화국에는 무능하고 공허한 인물들만 지도자로 남게 되었다. 만약 그들의 내면에 진정한 신념이라도 숨어 있었다면 야망쯤은 용서할 수도 있겠지만 그런 것조차 보이지 않았다.

현대 공인들에게 쏟아지는 끊임없는 감시는 의도와 달리 정치나 인접한 분야에 뛰어들려는 사람들의 수를 크게 낮추는 역효과를 낳았다. 종종 크게 유명하지 않은 이들의 사생활까지 가차 없이 드러내는 현 제도를 옹호하는 사람들은 투명성이 권력 남용을 막는 최선의 방어책이라고 주장한다. 그러나 공적 삶에 어떤 유인과 억제 요인이 작동하는지, 그것이 초래하는 실제적인 영향과 부작용에 관심을 가지는 사람은 정작 거의 없다.

우리가 차세대 지도자들에게 강요하는, 진정한 지적 도전에 가해지는 정보 공개와 처벌이라는 숨 막히는 체제는 자기 홍보가 아닌 다른 동기를 가진 유능하고 독창적인 인재가 등장할 여지를 거의 남기지 않는다. 차세대 지도자들은 현대 공적 영역에서 벌어지는 보여주기식 행태와 끝없이 변하는 여론의 풍향에 자신을 내던지려 하지 않기 때문이다.

한 정치학자는 갈수록 깊이 파고드는 언론 보도로 인해 공직 후보들의 자질이 전반적으로 하락하는 현상을 분석했다. 그는 "감정적 여론이 과도하게 확산하고 검열 대상이 되는 사적 문제의 범위가 확대될수록, 공직에 나서려는 유능한 인물이 감내해야 할 비용이 점점 커진다"라고 지적했다. 1991년에 버지니아대학교에서 정치학을 가르쳤던 래리 사바토 교수는 언론이 "10개 품목으로 제한하는 계산대에서 물건을 10개 초과해 구매한 후보가 있었다"라며 달려들 날이 머지않았다고 농담하기도 했다.

지난 반세기 동안 정보 공개에 대한 기대가 꾸준히 높아지면서 유권자에게 꼭 필요한 정보들을 제공한 것은 사실이다. 동시에 선출직 공직자를 비롯한 지도자들과 국민 사이의 관계가 왜곡되는 문제도 생겼다. 지도자들이 실제 성과나 능력과는 무관한 지나친 친밀감을 강요받게 되었기 때문이다.

1969년 〈타임〉지는 사설에서 미국인들은 "공직을 지나치게 도덕화하고 공적 위대함을 사적 선함과 동일시하는 경향이 있다"라고 지적했다. 이런 분위기 속에서 정치 참여가 실질적인 통치보다는 심리적 자기표현의 수단으로 전락할 위험이 커졌다. 만나지 못할지도 모르는 정치인에게서 정서적·내면적 안정을 찾고 싶어 하는 사람들은 결국 실망하게 마련이다.

우리는 지도자를 알길 원하고 또 알아야 한다고 생각한다. 그러나 정작 지도자들의 성과에는 얼마나 관심이 있을까? 지도자의 호감도에 집착하는 건 현대의 전형적인 현상이다. 거의 국가적 강박까지 되어버렸다. 그런데 대가는 무엇일까?

1952년 아이젠하워 장군의 부통령 후보로 뛰던 리처드 닉슨은 훗날 체커스 연설로 알려지는 연설을 했다. 닉슨은 당시 미국 국민에게 캘리포니아주 휘티어에 1만 3,000달러짜리 집을 보유하고 있고, 그중 3,000달러는 대출금으로 남아 있다고 공개했다. 정치자금을 사적으로 썼다는 의혹을 해소하려고 한 말이다. 이 사건을 계기로 미국에서는 정치인들에게 요구되는 정보 공개 수준이 전례 없이 상세해졌다. 어쩌면 이때부터 이런 공개 쇼에 기꺼이 나서려는 후보들의 질적 수준이 떨어지기 시작했다고 볼 수 있다.

당시 닉슨의 아내는 "얼마나 가진 게 없고, 얼마나 빚이 있는지 왜 굳이 공개해야 하죠?"라고 물었다고 전해진다. 닉슨은 정치인은 "유리 어항 속에서 살아갈 운명"이라고 답했다.

그러나 이처럼 체계적으로 사생활의 공간을 없애면 부작용은 피할 수밖에 없다. 결국 무대 장치와 스포트라이트를 좋아하는 사람들만 공직에 뛰어들도록 유인을 강화한다. 그래서 공직을 택한 이들은 정작 실제 정부 운영보다 유명세와 돈벌이 기회를 줄 수 있는 플랫폼의 힘에 더 관심을 두게 된다.

현재의 정보 공개와 감시 시스템이 대학 총장이나 선출직 공직자에게만 적용되는 게 아니다. 실리콘밸리와 기업 세계 전반에도 깊숙이 스며들어 있다. 최근 수십 년 사이에 성장한 경영자와 창업가 세대는 세상이 실제로 어떤지, 또 어떻게 되어야 하는지에 대한 실질적인 관점을 형성할 기회를 얻지 못한 채 자라났다. 그래서 자기 생존과 복제만 지향하는 관리 계층이 우리에게 남겨졌다.

정신이 위축되고 그에 준한 자기검열을 하면 진정한 사유는 어려워진다. 그래서 오늘날 소비재를 파는 기업들이 오히려 도덕적·내면적 삶에 영향을 미치는 사안에 대한 기업 입장을 만들고 적극적으로 내놓고 있다. 반면 지정학적 현실에 실질적 영향력을 행사할 수 있는 역량을 보유한 대다수 소프트웨어 기업은 눈에 띄게 침묵을 유지하는 아이러니가 벌어지고 있다.*

팔란티어는 미국과 유럽을 비롯한 전 세계 동맹국의 국방·정보 기관을 위해 소프트웨어와 인공지능 역량을 개발하고 있다. 이 일을 두고 늘 논란이 뒤따랐다. 특히 공격형 무기 시스템을 지원하는 제품을 개발하는 팔란티어의 결정에 동의하지 않는 이들도 있다. 하지만 그에 따른 대가와 복잡한 문제들에도 불구하고 이 길을 택했다.

반면 대학 총장들의 의회 증언은 현대 엘리트 문화가 권력을 유지하기 위해 맺어온 일종의 합의를 드러냈다고 볼 수 있다. 자기 자신 이외의 어떤 것에 대해서라도 신념을 갖는 것 자체가 위험하므로 피해야 한다는 것이다. 실리콘밸리의 주류 세력은 문화나 국가 정체성에 대한 성찰을 포함한 모든 사유를 의심하고 두려워하게 되었다. 결

---

* 덕과 인격 같은 가치들은 이제 시민적·정치적 영역에서 거의 배제된 채 기업으로 이동했거나 기업에 흡수되고 말았다. 2013년 램트럭스는 TV 광고를 한 편 내보냈다. 광고에는 1978년에 오클라호마주 털사 출신 라디오 방송인 폴 하비가 발표한 「그래서 하나님은 농부를 만드셨다」라는 연설이 삽입되어 있었다. "갓 태어난 망아지를 밤새 간호하다가 죽는 걸 지켜본 다음 눈물을 닦은 뒤 내년에는 잘될 거야라고 말할 수 있는 사람"이라며 미국 농부의 삶을 찬양하는 내용이었다. 이 연설은 감동적이었고 울림이 컸다. 그러나 픽업트럭을 팔기 위한 수단에 불과했다. 우리는 거의 무의식적으로 자기 성찰과 도덕적 성장의 방향까지 시장에 넘겨주고 말았다.

국 세계관과 연결되는 어떤 사고든 전부 위험 요소로 여기게 되었다.

구글이 2004년 상장하면서 내세웠던 "악해지지 말자"라는 기업 슬로건은 이후 비슷하게 진부한 "옳은 일을 하자"로 교체되었다. 이 피상적이고 얇게 포장된 니힐리즘은 재능이 대단한 소프트웨어 엔지니어 세대의 시각을 여실히 보여준다. 이 세대는 세상의 온갖 불완전 속을 헤쳐 나가는 어렵고 복잡한 과제보다는 오직 악을 식별하고 저항하는 것을 더 중시하도록 배웠다.

프랑스 작가 파스칼 브뤼크네르는 "어떤 일을 할 수 있는 힘을 잃게 되면 민감성이 최우선 목표가 된다. 그래서 무언가를 해내는 것보다는 평가받는 데 의미를 두게 된다"라고 했다.

문제는 잘못에 대해 말하지 않는 이들이 아무 말도 하지 않는다는 점이다. 우리 시대의 쟁점들에 지나치게 조심스럽게 관여하는 태도는 세상을 움직이는 데 꼭 필요한 격정과 열의를 앗아가기 마련이다. 괴테는 《파우스트》에서 이렇게 말한다.

"그것을 느끼지 못한다면 아무리 찾아도 얻을 수 없을 것이다. 자신의 마음에서 우러나지 않는다면 타인의 마음도 움직일 수 없다."

우리 문화는 주요 기관들을 이끄는 많은 지도자 속에서 열정과 감정의 흔적이나 불협화음 같은 단서를 효과적으로 억눌러왔다. 그렇게 번듯하게 다듬은 겉모습 밑에 남은 게 무엇인지는 종종 불분명하다. 하버드대학교 클로딘 게이 총장과 펜실베이니아대학교 엘리자베스 맥길 총장 모두 의회 청문회에 출석하기 전에 존경 받는 로펌

중 하나인 윌머헤일의 자문을 받았다는 사실이 나중에 밝혀졌다. 그리고 둘 다 직위를 잃었다.

자신들의 신념을 평가받는 무대에서 감정이 배제된 접근 방식과 법률가들에게 의존한 대응은 정치적 싸움을 주변부의 법률 전문가들에게 맡기는 게 얼마나 위험한지를 다시금 상기시켜준다. 일각에서는 이들 총장을 향한 질의와 대우가 부당했다고 주장한다. 어쩌면 그랬을 수도 있다. 하지만 하버드대학교 로렌스 서머스 전 총장이 정확히 지적했듯이 비록 총장들의 의회 청문회가 진실 규명보다 정치적 퍼포먼스였다고 해도 중요한 무대에 선 지도자들이라면 그 이상의 모습을 보여줘야 한다.

사람과 직접 부딪히고 세상과 마주하는 과정에서 필연적으로 따르는 날카로운 충돌과 결함까지 모조리 없애려고 할 때 중요한 무언가를 잃게 된다. 이와 관련해 캐나다 출신 사회학자 어빙 고프먼의 연구는 시사하는 바가 크다.

어빙 고프먼은 1961년 에세이집 《수용소》에서 감옥이나 정신병원 같은 장소를 "총체적 기관"으로 정의하며, "비슷한 처지에 있는 사람들이 오랜 기간 외부 사회와 단절되어 폐쇄적이고 공식적으로 통제된 생활을 함께하는 곳"이라고 설명했다. 이런 특징은 우리 사회에서 명문으로 꼽히는 몇몇 대학에서도 종종 엿볼 수 있다. 겉으로는 폭넓게 학생들을 받아들이는 것 같지만 내부 문화는 여전히 세상과 단절된 상태로 마치 성곽 안에 갇힌 것 같다.

1960년대 말, 예일대학교 킹맨 브루스터 주니어 총장을 포함한 이전 세대의 대학 행정가들은 기득권과 엘리트 특권에 대해 도전하는 움직임에 맞닥뜨렸을 때 오늘날과는 전혀 다른 길을 선택했다. 1970년 5월, 흑표당 등을 비롯한 시민권 시위가 예일대학교 캠퍼스를 뒤덮었다. 학교 아이스하키 경기장에서는 폭탄이 두 차례 터졌다. 오늘날 미국이었다면 곧바로 공개 매장을 당했을지 모르는 위험에도 불구하고 브루스터와 다른 이들에게는 도덕적 혼란 속으로 직접 뛰어들 의지가 있었다.

1970년 4월, 코네티컷주 뉴헤이븐의 예일대학교 교수 수백 명이 모인 자리에서 브루스터 총장은 "흑인 혁명가들은 미국 어디든 공정한 재판을 받기 어렵다"라고 말했다. 〈뉴욕타임스〉는 다음 날 이 사실을 보도했다. 미국 부통령 스피로 애그뉴는 곧바로 브루스터 총장에게 사퇴를 요구했지만, 그는 물러서지 않았고 오히려 더 강해진 모습으로 살아남았다. "왕을 공격하려면 반드시 죽여야 한다"라는 랄프 왈도 에머슨의 말이 떠오르는 순간이었다.

시카고대학교에서 강의했던 앨런 블룸은 1987년 발표한 논쟁적인 저서 《미국 정신의 종말》에서 오늘날 직면한 문제를 40년도 전에 지적했다. 그는 필수불가결하고 논란의 여지가 없이 중요한 "개방성"이라는 가치를 추구하는 과정에서 "지역의 신들을 쫓아내고 말 없는, 의미 없는 나라만 남겼다"라고 말했다.

이어 블룸은 "국가의 의미나 과업을 몸과 마음으로 직접 느낄 기회가 없어 정치 체제와 정치적 지도력을 성찰할 기반 자체가 없다. 지금의 학생들은 대학에 들어올 때부터 정치적 유산에 대해 무지하고 냉소적이라서 유산에 감동 받거나 진지하게 비판할 능력도 없는 상태"라고 했다.

1980년대 말, 블룸은 당시 대학생들의 내면과 지적 삶을 우려했다. 이제 그 세대가 오늘날의 대학 운영진이 되었다. 그리고 이들이 자라온 문화에서는 도덕적 용기를 조금이라도 보이면 가차 없이 처벌했고, 이를 회피하면 보상을 해주었다. 결국 이들 대학 총장 역시 모두가 공들여 만든 문화의 피해자이다. 언어는 물론 사고 자체를 감시하는 데 지나치게 집중하는 문화, 말과 행동을 규제하는 복잡하면서도 문서화하지 않은 규범들이 작동하는 문화는 진심 어린 신념을 형성하는 데 필요한 본능과 습관, 이를 표현할 담력까지 앗아갔다.

페리 링크는 프린스턴대학교 동아시아학과 교수를 역임하고, 1990년대 톈안먼 광장의 학살을 폭로하는 데 결정적 역할을 했다. 그는 소련 지도부가 당시 금지어와 금지 표현을 자세히 문서화하고 "표현 금지 목록을 정리한 핸드북을 주기적으로 발간했다"라고 한다.*

반면 중국 정부가 언어의 경계를 단속하는 방식은 훨씬 더 은밀하고 교묘하다. 이 방식은 오늘날 미국에서 이뤄지는 표현 억제 시도들과 유사하다고 링크는 말한다. 그는 중국 정부가 소련식 검열 같은 기계적 방식이 아닌 한 개인이 어떤 발언을 하기 전에 국가의 불쾌감

---

* 1920년대 소련 당국이 내놓은 한 지침에는 공개가 금지된 정보의 범주가 무려 96가지나 됐다. "수감시설의 위생 상태에 관한 사실과 통계", "세금, 재정 조치 시행 도중 당국과 농민 간에 벌어진 충돌 사례", "실업과 굶주림으로 인한 정신 이상 사례" 등이 금지 목록에 있었다.

을 사지는 않을지 늘 스스로 생각하게 하는 일종의 "심리적 통제 시스템을 택했다"라고 설명한다. 평소엔 무감각하지만, 늘 뿌리 깊이 박혀 있는 경계심에 기반한 구조인 것이다.

2024년 이스라엘 가자 지구 침공과 폭격으로 미국 대학가에서 시위가 확산하며 스카프와 마스크로 얼굴을 가린 채 시위에 나선 학생들이 늘어났다. 이 학생들은 신원이 드러나면 취업 기회를 잃거나 소셜 미디어에서 비판을 받을까 우려했다.

일리노이주 에반스턴 노스웨스턴대학교에서 벌어진 시위에 참가한 학생은 2024년 5월 한 기자에게 "제 이름을 공개하면 미래는 끝납니다"라고 말했다. 그러나 대가가 따르지 않는 신념을 과연 진정한 신념이라 할 수 있을까? 오히려 익명성이라는 보호막 때문에 이 세대는 진짜 자기 생각에 책임을 지거나 공론장에서 승패를 직접 경험하며 배우는 기회를 잃고 있는지 모른다.

하버드대학교 마이클 샌델 교수는 서구 사회가 고전적 자유주의에 극도로 헌신하면서 마주하게 된 내적 모순을 일찍이 예견했다. 그는 공동체의 목적이나 정체성을 희생하면서까지 개인 권리를 우선시하거나 심지어 절대시하는 경향이 우리 시대에 가장 중요하고도 의미 있는 도덕적 논쟁에 뛰어들기를 회피하는 문화적 태도와 결합해 있다는 점을 지적했다. 세계에 관한 일관되고 풍부한 비전과 공동의 목적을 명확히 제시하려는 책임을 근본적으로 포기한 것, 즉 서구 문명의 체계적 해체가 오늘날 우리가 도덕적 명확성과 진정한 확신 없이 문제들을 마주하게 된 주요한 이유다.

샌델이 "자유주의자들이 감히 들어가려 하지 않는 곳"이라고 표현한 그 논쟁의 장에 우리가 참여를 꺼리거나 거부한 결과들이 점점 명확히 드러나고 있다.

마이클 샌델은《정의의 한계》에서, "정치적 담론에 도덕적 울림이 없으면, 더 큰 의미를 지닌 공적 삶에 대한 열망은 바람직하지 않은 형태로 표출"된다고 했다. 그 결과 문화적 담론은 "스캔들, 선정성, 고백적 폭로 같은 것에만 집착"하며 점점 시시하고 사소해진다고 덧붙였다. 더 근본적인 비판은 현대 자유주의가 너무 빈약해서 "활기찬 민주 사회의 도덕적 열정을 담아내기에 턱없이 부족"하다는 것이었다. "그로 인해 생겨난 도덕적 공백이 편협함과 천박함이 들어설 여지를 만든다"라는 것이다. 지금 그 어둡고 무서운 공백이 점점 뚜렷하게 드러나고 있다.

6장
기술 불가지론자

오늘날 우리 삶을 좌우하는 거대한 기술 제국을 세운 실리콘밸리 리더들은 대부분 표면적으로나마 정의를 존중하는 문화 속에서 자랐다. 그러나 "평등을 지지하고, 타인의 권리를 존중한다"와 같은 기본 원칙을 넘어서는 도덕적 삶을 둘러싼 질문들에 대한 논의는 금기였다. 선하고 덕이 있는 삶이란 무엇인가, 현대 사회에서 국가에 대한 충성이란 어떤 의미인가와 같은 물음들은 허용된 논의 범위를 벗어나는 것이었다.

미국의 훨씬 더 개방된 대학 시스템에서 배출한 첫 대규모 졸업생인 이 세대는 선택지를 제한하거나, 타인의 견해를 배제하거나, 뚜렷한 이념적·정치적 입장을 취하는 것을 꺼려 했다. 사업이든 지적 활동이든, 아니면 연애나 사생활에서도 이 세대는 선택 가능성의 추구를 가장 중요한 가치로 여겼다. 이 개척자 세대가 가장 깊이 소속감을 느낀 대상은 자신들이 직접 세운 기업이었다. 그리고 학교에서는 어릴 때부터 미국이라는 국가적 프로젝트 자체를 지나치게 숭배하는 태도는 물론 서구 문명 전체에 대한 경외심 역시 경계해야 할 태도라고 암묵적으로 교육받았다.

1980~1990년대에 프린스턴대학교에서 가르쳤던 에이미 거트먼은 "최우선적인 도덕적 충성의 대상은 국가 같은 공동체가 아니라 정의 그 자체여야 한다"라고 주장하며 그 시대의 논리를 잘 보여주었다. 당시는 물론 오늘날까지도 많은 사람이 추구하는 이상은 현실에서 부딪히는 번거롭고 불편한 요소를 죄다 제거한 추상적인 도덕, 즉 실생활과 분리된 도덕이다.

그러나 이렇게 실체가 없고 국가의 틀도 벗어난 채 학문적 영역에만 머무른 결과, 도덕적 역량은 크게 약화됐다. 선진국의 세계시민적 기술 엘리트들은 어느 나라에든 속하지 않는 사람이었다. 이 엘리트들의 생각 속에는 자신들의 부와 혁신 역량이 자신들을 해방한 것이다. 스페인 출신 사회학자 마누엘 카스텔스 올리반은 이에 대해 "엘리트들은 세계시민이고, 일반 사람들은 지역민"이라고 말했다. 이 세대의 기술 창업가와 프로그래머들의 본능은 어떤 가능성도 포기하지 않고, 어느 쪽 편도 들지 않으며, 누구도 소외시키지 않는다.

이런 선택지의 숭배 문화는 하나의 제약이 되어 젊은 세대의 정신적 성숙을 억제하고, 싸우지도 않을 전투에 끝없이 대비하도록 한다. 미래는 돌아갈 배를 불태우는 이들의 것이다.* 요즘 세대는 수많은 우회로와 플랜B를 만들고, 자신의 의견을 불편해하거나 논란이 될 부분을 미리 매끈하게 다듬으려는 본능이 있다. 이런 태도는 성공을 위해서든 실패를 통해 성장하기 위해서든 꼭 필요한 무모할 정도로 온몸을 던져 몰입하는 자세와 정면충돌한다.

우리가 속한 새로운 세계를 지배하는 급부상하는 미국의 기술 엘리트 계층은 종종 소프트웨어와 인공지능이 우리를 구원해줄 것이라고 주장한다. 분명 기술 엘리트 계층은 스스로를 믿고 또 자신들이 창조한 기술의 힘을 믿지만, 정작 오늘날 우리가 마주한 가장 중요한 주제들은 진지하게 논의하려 하지 않는다. 이를테면 국가라는 더 큰 프로젝트와 존재 이유 같은 문제 말이다.

그러므로 이 엘리트 계층이 뭔가를 만들고 있다면 우리라도 무엇을 위해, 왜 만들고 있는지 질문을 반드시 해야 한다. 아이젠하워 대통령은 1961년 1월 퇴임 연설에서 "군산복합체" 부상뿐 아니라 "과학기술 엘리트가 공공정책을 좌지우지할 위험성"도 경고했다. 오늘날의 혁신 시대는 더 근본적인 목적과 단절된 채 할 수 있으니까 한다는 식으로 기술을 마구잡이로 개발하는 소프트웨어 엔지니어들이 주도하고 있다.

단지 만들고 싶어서 만든다는 이 욕망에는 나름의 순수함이 있다. 엄청난 창조적 생산량은 부정할 수 없을 정도다. 2004년 페이스

---

* 16세기 스페인령 쿠바의 총독이던 에르난 코르테스는 흔히 전해지듯 배에 불을 지른 게 아니라 1519년 멕시코 동부 해안의 베라크루스 해변에서 배들을 좌초시켰을 가능성이 높다. 최소 9척을 파괴했는데, 부하들이 반란을 일으켜 쿠바로 돌아가는 가능성을 차단하려는 의도였다. 1척은 남겨 두었는데, 한 역사학자에 따르면, 이유는 "누가 겁쟁이고 믿을 수 없는 자인지 알아내기 위해서였다"라고 한다.

북(메타)을 공동 창업한 마크 저커버그는 서비스 사용자 수를 실제로 수십 명에서 수백 명으로, 수천 명으로, 수백만 명으로, 마침내 수십억 명까지 늘려가며 인류가 상상하지 못했던 규모로 확장했다. 그 수준은 오늘날에도 이해하기 어려울 정도다. 저커버그의 플랫폼은 가능성의 한계를 거듭 뛰어넘으면서, 지지자와 비판자 모두를 당황하게 했다.

2010년 영화 〈소셜 네트워크〉가 개봉된 후, 페이스북을 만든 동기가 지위에 대한 욕구나 이성의 관심을 얻기 위해서라는 식으로 묘사된 데 대해 저커버그는 불만을 표했다.

2010년 10월, 스탠퍼드대학교 강연에서 저커버그는 "사람들은 그냥 만들고 싶어서 무언가를 만드는 사람도 있다는 생각 자체를 받아들이지 못한다"라고 했다. 그는 한 세대의 소프트웨어 엔지니어와 창업가들의 사고방식을 제대로 표현했다. 그들의 주된 관심사와 동력은 창조라는 행위 그 자체다. 이는 그 어떤 원대한 세계관이나 정치적 프로젝트와 무관하다. 이들이 바로 기술 불가지론자들이다.

교육기관과 문화는 중립적이거나 불가지론적인 정도를 넘어 이 세상에 대해 진정한 신념을 형성할 역량이 크게 떨어진 새로운 리더 계층을 탄생시켰다. 이 리더 계층이 신념을 잃으면 오히려 다른 사람의 계획과 의도에 쉽게 이용될 위험이 크다. 결국 한 세대 전체가 세계와 그 속에서 자신이 차지하는 위치를 고민할 기회를 잃을 위기에 놓이게 된다.

이와 같이 미국인의 사고가 경직화되는 것뿐 아니라 더 나아가 상품화되는 현상을 경계해야 한다. 오늘날 실리콘밸리 일각에서는 총기나 종교에 대한 대중의 집착을 경멸하지만 이들 역시 또 다른 무언가에 집착하고 있다. 깊이 있는 사유인 양 위장한 얄팍하고 빈약한 세속적 이데올로기이다.

현대 문화에서는 모든 의견을 존중해야 한다는 생각이 당연하게 받아들여지고 있지만, 기업 이사회나 명문 대학 같은 특정 집단에서는 더 높은 존재를 진지하게 믿는 종교적 기색이 조금이라도 드러나면 전근대적이고 퇴행적인 것으로 여긴다. 이런 흐름은 수십 년 전부터 이어져왔다. 종교적 믿음에 대한 엘리트 계층의 불관용은 정치적 프로젝트가 그들이 주장하는 것만큼 개방적인 지적 운동이 아님을 잘 보여주는 증거일지 모른다.

예일대학교 로스쿨 스티븐 카터 교수는 1993년에 발간한 《불신의 문화》에서 이렇게 지적했다. 미국에서 교육받은 지배계층의 시각에서는 "종교를 진지하게 받아들이는 건 광기 어린 광신도들이나 하는 일"로 여겨진다. 그는 현대 사회가 종교에 회의적인 태도를 갖게 된 뿌리는 본질적으로 근대성에 있으며, 시작은 프로이트에서 찾을 수 있다고 밝혔다. 프로이트는 종교를 일종의 강박적 충동으로 보았기 때문이다.

프로이트는 1907년에 발표한 논문 「강박 행동과 종교 행위」에서 죄의식과 속죄를 번갈아가며 강조하는 "종교의 형성"은 그 자체로 "특정한 본능적 충동을 억압하고 포기하는 것에 기초하는 듯하다"라고 썼다. 엘리트 문화에 만연한 종교에 대한 이런 노골적인 적대감이야말로 오늘날 세대가 신념을 형성하기 어려운 이유 중 하나일 것이다.

새로운 증거를 제시해도 자신의 견해를 수정하지 않으려는 태도 자체가 장애물이라는 점은 분명하다. 독일의 물리학자 막스 플랑크가 말했듯이 "새로운 과학적 진리는 반대자들을 설득해 진실을 깨닫게 하기 때문이 아니라 반대자들이 죽음을 맞이해 사라져서 승리한다." 서구 문명의 기적은 과학에 대한 끊임없는 신뢰에 있다. 그 신뢰는 어쩌면 그에 못지않게 중요한 것을 밀어냈는지 모른다. 바로 지적 용기를 북돋는 문화다. 때로는 증거가 없어도 믿음이나 확신을 길러야 하는 게 지적 용기이기 때문이다.

우리는 공적 영역에서 감정이나 가치에 대한 표현을 몰아내는 데 지나치게 열중해왔다. 미국의 교육받은 계층은 "이 나라는 무엇인가? 우리가 지향하는 가치는 무엇인가? 우리는 무엇을 위해 존재하는가?"라는 국가 프로젝트의 본질적 질문들에 관여하지 않은 채 만족해왔다. 전후 미국 사회의 이 대대적인 세속화는 공적 삶에서 종교를 체계적으로 지워나가는 과정이었고, 좌파 지식인들은 이를 포용성의 승리라며 공공연하게든 내심으로든 반겼다. 실제로 어떤 의미에서는 그들의 승리이기도 했다.

그러나 이 종교에 대한 공격이 초래한 의도치 않은 결과로 신념 자체가 설 자리를 잃게 되었다. 우리가 어떤 존재이며, 앞으로 어떤 국가가 되어야 하는지를 놓고 가치나 규범적 아이디어를 이야기할 공간이 완전히 사라진 것이다. 이 나라의 영혼이 포용성을 내세우는 과정에서 내팽개쳐졌다고도 할 수 있다. 문제는 모든 것을 관용하려는 태도가 종종 어떠한 신념도 갖지 않는 상태로 이어진다는 점이다.

우리는 모든 문화, 나아가 모든 문화적 가치를 신성시하면서 자신도 모르게 문화의 모든 측면을 비판할 여지를 스스로 없앴다. 수십 년간의 논쟁 끝에 포스트모더니즘적 충동은 자기 역할을 다했고, 한계를 드러냈다. 프랜시스 후쿠야마는 말했다.

"만약 모든 신념이 똑같이 진리이거나 역사적으로 우연히 형성된 것이라면, 이성에 대한 믿음마저 서구중심주의적 편견에 불과하다면, 우리는 가장 혐오스러운 관행조차 혐오스럽다고 말할 수 없게 된다. 판단할 수 있는 기준이 사라져서다. 당연히 그 논리에 따르면, 포스트모더니즘 자체를 정당화할 인식론적 기반 또한 존재할 수 없게 된다."

전후 미국 사회에서 신념을 억누르려는 움직임은 지나친 반작용이었고, 그로 인해 사회는 취약해졌다. 그렇다면 미국은 세계화되고 교육받은 엘리트들이 부를 쌓기 위한 하나의 수단에 지나지 않았던 걸까?

신념에 대한 지속적인 공격 속에서도 많은 미국인은 이 공격에 대해 실질적으로 양가적인 태도를 보여왔다. 이는 미국인들이 광신자이거나 은밀한 편견이 있어서가 아니다. 오히려 미국인들은 어떤 사안이든 주장하거나 공개적으로 지지할 자유가 제한되고 있는 사실에 대해 정당한 경계심과 회의가 있기 때문이다. 이제 언어와 표현은 누구도 불쾌하게 해서는 안 된다는 새로운 최고 규범을 위반하는

지를 두고, 세속적 전사들에 의해 철저히 감시되기 때문이다. 그래서 특정 삶의 방식이나 가치관을 다른 것보다 우위라고 주장하기가 조심스러워졌다. 형식적으로는 반대 의견이 허용되는 듯 보였지만, 그 관용은 변덕스럽고 실제로는 두께가 얇고 공허했다.

•

미군을 위한 소프트웨어 개발에 자사 기술을 활용하는 데 반대한 구글 직원들은 자신들이 무엇에 반대하는지는 분명히 알지만, 무엇을 지지하는지는 명확히 인식하지 못한다. 여기서 우리가 지적하는 문제는 평화주의나 비폭력에 대한 일관된 헌신이 아니라 근본적으로 어떤 믿음 자체를 포기한 상태이다. 구글은 본질적으로 검색 결과와 함께 표시되는 소비재와 서비스 광고를 정교히 배치하고 이를 수익화하는 엄청난 규모의 시스템을 만들었다. 이 서비스는 매우 중요하며 세계를 바꿔놓았다.

하지만 구글과 구글 직원 중 상당수가 국가의 목적이나 정체성 같은 본질적인 질문에는 참여하지 않는다. 그들은 국가 프로젝트 일환으로 사람들이 무엇을 만들고 싶고, 무엇을 만들어야 하는지에 대해 적극적인 비전을 제시하기보다는 단지 넘지 않을 선을 설정하는 데 그친다. 이들은 검색 기록을 통해 수익 창출에는 만족하면서도 정작 공동체의 안보를 지키는 일에는 나서려 하지 않는다.

구글을 비롯한 실리콘밸리의 빅테크 기업 다수가 미국의 교육

문화와 법적 보호장치, 자본 시장 덕분에 존재할 수 있었다. 개인용 컴퓨터와 인터넷 자체도 DARPA가 1960년대에 군사 자금과 지원을 쏟아부은 결과였다. 유니버시티칼리지런던(UCL)에서 경제학을 가르치는 마리아나 마추카토 교수는 저서 《기업가형 국가》에서 실리콘밸리의 이런 집단적 기억상실을 비판한다.

마리아나 마추카토에 따르면, 오늘날 소프트웨어 산업의 거물들은 역사를 재구성해 자신들을 중심에 두고, 혁신을 육성하고 뒷받침한 정부의 역할은 배제하거나 축소하는 방식으로 미군의 공헌을 "잊어버렸다"라고 한다. 헌신할 만한 더 큰 공동의 프로젝트가 사라지자 많은 사람이 다른 방향으로 관심을 돌리게 되었다. 거물들이 도덕적으로 타락해서가 아니라 본래 문화의 중심이어야 할 교육 기관들이 단순 행정 관리자로 전락한 결과다.

우리가 더 큰 질문에 맞서길 꺼려온 탓에 막대한 재능과 열정이 변방에서 방치되고 있다. 우리 세대 최고의 인재 상당수가 자발적이든 그렇지 않든 극히 제한된 일부 산업으로 흘러 들어갔다. 2023년 하버드대학교 졸업 예정자를 대상으로 한 설문조사에 따르면, 졸업생의 거의 절반이 금융과 컨설팅 분야로 진출할 예정이었다. 하버드대학교 대학신문인 〈하버드 크림슨〉은 1971년 하버드대학교 학부 졸업생 중 금융과 컨설팅 업계에 진출한 이들은 불과 6%에 불과했다고 밝혔다. 이 비율이 1970~1980년대를 거치며 꾸준히 올라갔고, 금융위기 직전인 2007년에는 47%로 정점에 다다랐다.

미국 고등교육의 도구화는 여전히 제재 없이 계속되고 있다. 대

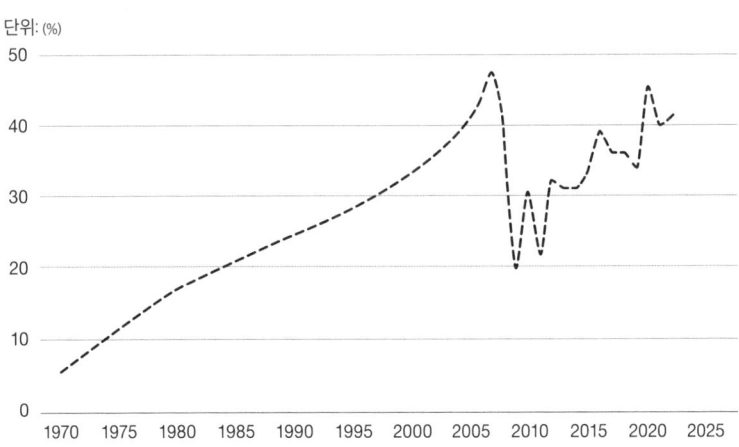

[그림 5] 하버드대학교 졸업생 중 금융 또는 컨설팅 업계 진출 비율(1971~2022)

학 졸업자 중 인문학 전공 비율은 1966년 14%에서 2010년 7%로 줄어들었다. 동시에 지난 10년간 컴퓨터공학과 공학 전공 등록자 수는 꾸준히 늘어나 2014년 5만 1,696명에서 2023년에는 11만 2,720명으로 2배 이상 증가했다. 우리는 단순히 프로그래밍 기술만 뛰어난 엔지니어가 아니라 세상과 역사의 흐름, 모순에 관심을 쏟고 적극적으로 참여하는 엔지니어가 필요하다.

시장이 이미 답을 내렸다고 우리는 스스로에게 말한다. 결국은 유능하고 선의 있는 한 세대의 포부와 지향을 바꿔놓은 이 거대한 변화에 대해 책임을 내려놓고 있다. 물론 일부 졸업생들은 자신들이 더 큰 프로젝트에 참여하고 있다고 믿는다. 그러나 자신을 특정 이념이나 정치 운동과 단순히 연관시키는 것만으로 참여하고 있고 행동하고 있다는 착각이 실제 신념이나 사고인 것처럼 가장되는 일이 많다. 결국 중요한 건 결과다.

헨리 키신저가 말했듯이 국가는 "내부 이념이 아니라 실제로 무엇을 했는가로 평가받아야 한다."* 진정한 교육의 핵심 목적인 자기 신념을 체계적으로 표현하고 탐구하는 일이야말로 우리의 정신이 남의 야망을 실현하기 위한 상품이나 도구로 전락하는 걸 막는 가장 강력한 방어책이다.

●

록히드마틴의 F-35 전투기는 총비용이 2조 달러에 이를 것으로 예상된다. F-35 전투기는 엔진부터 날개까지 미국 50개 주의 거의 모든 지역에서 생산하는 부품을 조립해 만든다. 이 전투기는 부품 약 30만 개로 구성되며 1,100곳이 넘는 업체가 부분별 생산을 맡는다. 애리조나주 피닉스에서 만드는 10만 달러짜리 티타늄과 알루미늄 패널은 동체를 감싸고, 코네티컷주 이스트 하트퍼드의 프랫 앤드 휘트니가 만드는 1,100만 달러짜리 엔진은 동력을 담당하며, 인디애나주 포트웨인의 한 회사에서 만드는 30만 달러짜리 공기 압축기는 폭탄 투하 기능을 지원한다. 이렇게 전국적으로 분산된 공급망과 그에 따른 경제적 혜택이 의회가 계속 F-35 프로그램을 연장하고 예

---

* 세상의 문화와 제도는 실제로 "그들이 맺은 열매", 즉 노력의 산물과 성과에 따라 평가받아야 한다. "비판을 받지 아니하려거든 비판하지 말라"(마태복음 7장 16절).

산을 승인하는 이유 중 하나다.

그렇다면 21세기 전투의 핵심이 될 인공지능 소프트웨어 같은 미래 방위산업 제품이 미국 안에서도 실리콘밸리에만 집중돼 소수의 기업들만 만든다면 어떻게 될까? 국가는 어떻게 이 엔지니어링 엘리트를 공익에 복무하게 하고 책임지도록 만들 수 있을까?

2024년 기준, 세계에서 가장 가치가 높은 50개 기술 회사의 시가총액을 모두 합치면 24조 8,000억 달러였다. 이 중 미국 기업은 21조 4,000억 달러로 전체의 약 86%를 차지했다. 세계 최고 기술 기업들이 창출하는 가치의 10달러 중 약 9달러가 미국에서 비롯된다는 뜻이다. 이 50개 기업 중 애플(3조 5,000억 달러), 마이크로소프트(3조 2,000억 달러), 엔비디아(3조 달러), 알파벳(2조 1,000억 달러), 아마존(2조 달러), 메타(1조 4,000억 달러), 테슬라(8,000억 달러) 등 가치가 높은 회사들은 거의 실리콘밸리나 미국 서부 해안 지역에 뿌리를 두고 있다. 부와 영향력이 이토록 집중된 것은 현대 경제사에서 전례 없는 일이며, 앞으로 더 심해질 전망이다.*

우리는 실리콘밸리를 중심으로 한 기술 관료적 지배 계급이 이 나라에서 형성되고 자리 잡도록 내버려두면서도 그에 걸맞은 실질적인 대가를 요구하지 않는 실수를 범했다. 실리콘밸리의 엔지니어들과 기업가들은 경제의 광범위한 영역에서 막대한 권한을 부여받았

---

* 한 투자은행의 조사에 따르면, 2020년 8월 미국 기술 기업 전체의 시가총액을 합한 규모가 유럽 주식 시장 전체의 가치를 넘어섰다.

[그림 6] 장기 추이: 전 세계 1인당 국내총생산 추정치(AD 1~2003)

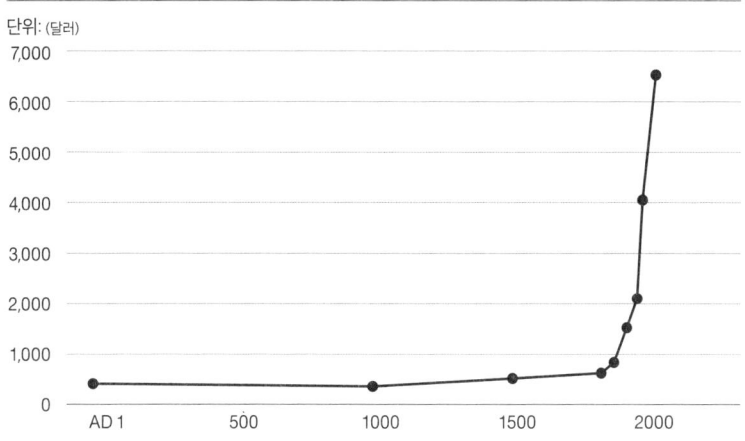

다. 그렇다면 그에 상응해 대중은 무엇을 요구해야 할까? 무료 이메일 따위로는 충분하지 않다.

어떤 나라에서든 엘리트 권력이 굳어져 경직될 위험은 존재한다. 사회학자 디그비 발트첼의 《프로테스탄트 기득권》(1964)에서는 오늘날 이 나라의 지배층 상당수가 불편하게 여길 법한 주장이 나온다.* 발트첼은 어떤 공화국에서든 능력에 기반한 엘리트 계층이 필수적인 특징이라고 봤다. 다만 이 엘리트 계층이 외부에 지속적으로 열려 있는 상태를 유지하게 하고, 인종이나 종교 같은 기준에 따라 폐쇄적

---

* 미국 해안 지역 엘리트나 대서양 양안 엘리트라는 표현에 반감이 있는 이들이라면 1937년 이후 이 나라가 얼마나 먼 길을 걸어왔는지 되돌아볼 필요가 있다. 1937년에 페르디난드 룬드버그가 《미국의 60개 가문》을 출판했다. 이 책에서 저자는 애스터, 뒤퐁, 멜론, 밴더빌트 같은 "미국에서 가장 부유한 60개 가문"이 미국을 "소유하고 지배"하며, 그 뒤를 "조금 덜 부유한 90개 가문"이 지탱하는 구조라고 주장했다.

인 카스트 구조로 퇴행하지 않도록 하는 게 핵심 과제다. 그는 "상류층이 카스트로 전락하면 기존 체제가 지닌 전통적 권위가 심각한 해체 위기에 놓이고, 사회는 성공과 부를 좇는 출세주의자들의 놀이터로 전락한다"라고 적었다.

어떤 조직이든 어떤 국가든 리더들에게 권한을 주되 리더들이 조직의 목표보다 자기 지위나 특권을 지키는 데 몰두하지 않게 하는 방안을 마련해야 한다. 연방 관료제부터 국제기구, 학계, 실리콘밸리의 기술 대기업까지 전 세계 수많은 조직에 형성된 카스트 구조는 반드시 해체해야 한다. 그러지 못한다면 그 조직들은 오래 살아남기 어렵다.

궁극적으로 국가는 단순히 자치를 넘어서 공유된 공동체적 삶을 함께 구성하려는 집단적 시도이다. 그렇기에 실리콘밸리가 자신들이 만든 기술의 힘 외에 다른 무엇을 믿어야 할지를 결정하는 주체 역시 국가가 될 것이다. 참고로 이 국가에 의해 성장한 대부분 기술 기업은 불필요한 주목이나 과도한 관심을 끌 만한 이슈를 능숙하게 피해왔다. 이 기업들의 존재 양식을 규정짓는 특징은 회피이며, 때로는 침묵이다.

오늘날의 침묵은 타인을 불쾌하게 하거나, 자신과 주변 사람들이 실수하는 것을 꺼리는 사회적 분위기를 보여주는 한 징후다. 조지 오웰의 소설 《1984》에는 이와 관련해 섬뜩한 장면이 등장한다. 주인공 윈스턴 스미스는 어느 날, 국가의 감시망을 벗어난 듯한 숲속을 헤매고 있다. 그곳에서도 그는 나무에 숨겨진 마이크를 통해 "작은 딱정벌레 같은 남자"가 "엿듣고 있을지 모른다"라는 상상을 한다. 그런데 이 장면은 완전히 허구만은 아니다. 동독에서는 슈타지라고 불리던 비밀경찰이 사람들의 대화를 엿듣기 위해 베를린 공원 내 탁구대 주변의 나무들에 도청 장치를 설치했다는 소문이 있었다.

조지 오웰과 다른 이들이 상상했던 디스토피아적 미래가 어쩌면 임박했는지도 모른다. 그러나 그것은 국가의 감시나 사생활과 홀로 고요히 있는 시간을 앗아가는 실리콘밸리의 거대 기업들이 만든 기계들 때문만은 아니다. 책임은 기술이 아니라 우리 자신에게 있다. 우리가 자기 자신을 넘어선 어떤 더 큰 존재나 가치를 믿는 급진적 행위를 북돋고 실제로 가능하게 하는 데 실패했기 때문이다. 사람들이 규범을 조금이라도 벗어났거나 잘못했다고 여겨지면 현대 문화는 순식간에 그들을 몰아세우고 비판한다. 그런 광기 어린 응징 문화가 거세질수록 우리가 진리에 다가갈 능력은 그만큼 더 위축된다.

특히 여러 세대에 걸친 교육자들과 정치·경제 지도자들마저 단순히 옳음을 따지는 데 그치고, 좋음에 대한 논의를 주저해왔다. 그랬더니 좌우 양쪽의 선동가들이 공백을 채울 위험이 생겼다.* 이처럼 주저함은 모든 관점과 가치를 포용하고자 하는 열망에서 비롯됐지만, 모든 것을 관용하다 보면 아무것도 지지하지 않게 되기 쉽다.

---

* 자세한 내용은 존 롤스의 글 「The Priority of Right and Ideas of the Good」(Philosophy & Public Affairs 17, no. 4, Autumn 1988, p. 252/256)을 참조하라. 이 글에서 "옳음"은 정의가 요구하는 가장 근본적인 사항을, "좋음"은 인간 삶의 의미와 가치, 목적에 대한 수많은 견해를 다룬다고 설명하고 있다.

현대 담론은 정의에 대한 흔들림 없는 헌신을 보여주지만, 좋은 삶이 무엇인지에 대한 실질적인 입장 표명은 극도로 조심스러워한다. 이는 결국 누군가를 불쾌하게 하거나 소외시키고, 대중의 비난을 받을까 봐 두려워하는 마음에서 비롯된 결과물이다. 1929년 부다페스트에서 태어난 헝가리 철학자 아그네스 헬러가 말하듯 "정의를 넘어선" 어떤 것들이 너무 많이 존재한다. 헬러의 표현을 빌리면 "정의는 골격에 불과하다. 좋은 삶은 그 위에 살과 피를 입힌 것이다." 이 말은 기술부터 예술까지 모든 분야에 큰 시사점을 던져준다.

우리는 좋은 삶에 대한 도덕적 판단을 내리는 일이든, 아름다움에 대한 미학적 판단을 내리는 일이든 똑같이 물러나버렸다. 규범적 주장과 가치 판단을 꺼리는 포스트모던적 경향은 이제 진리에 관해 서술할 수 있는 능력 자체를 약화하며 공동체의 판단 능력 전반을 침식하고 있다.

모리스 버먼은 《미국 문화의 몰락》에서 "해체주의자들의 주장이 일면 타당하다"라고 인정했다. 어떤 텍스트가 쓰인 맥락, 저자의 존재가 중요하다는 점에서 해체주의자들은 옳았다. 실제로 학계와 사회 전반에서 객관적 탐구로 간주하던 많은 작업이 사실은 그렇지 않았던 경우가 많았다.

그러나 모리스 버먼은 곧이어 이렇게 썼다. "문제는 이런 관점을 극단으로 밀고 나아갈 때 생긴다. 진리를 추구하는 것 자체를 포기하고, 진리라는 게 존재하지 않는다고 부정하며, 역사와 지적 전통의 실재성까지도 거부하게 되는 것이다." 오늘날 우리가 발언 자체를 주저하고, 입장이 뚜렷하지 않으며, 진실에서 물러나는 행보를 계속하다 보면 방향 없이 표류할 위험이 크다.

한때 미국 대중은 위스콘신주 초선 상원의원이던 조지프 매카시의 마녀사냥식 추궁과 선동적 언변에 매료되었다. 그러나 자신들이 따르던 목자가 부패했다는 결론에 이르렀다. 오늘날 우리도 현재의 쇠락에 공모해온 정치 지도자들이 아니라 스스로를 돌아봐야 한다. 우리는 저항하지 않았고, 그 결과 미국적 정신이 비어가는 것을 막아내지 못했기 때문이다.

1954년 3월 9일, 당시 CBS의 전설적인 앵커였던 에드워드 머로는 매카시 상원의원을 신랄하게 비판했다. 머로의 발언은 매카시라는 매혹적이면서도 병적인 탄압의 시대에 종지부를 찍는 데 일조했다. 그는 셰익스피어의 희곡 〈줄리어스 시저〉를 인용하며 이렇게 상기시켰다.

"친애하는 브루투스여, 잘못은 우리 별에 있는 게 아니네. 우리 자신에게 있는 거지."

오늘날 우리가 직면한 과제는 한 세기 전에 시작해 지금까지도 영향을 미치는 국가라는 개념, 어쩌면 국민성이라는 개념 자체에 대한 지적 전쟁을 계속할지에 대한 사회적 성찰을 다시금 요구한다. 이 전쟁은 처음에는 더 넓고 포용적인 국가 정체성과 소속감을 찾으려는 숭고한 시도였다. "서구"라는 개념을 그 이상을 실현하고자 하는 모두에게 개방된 것으로 만들려는 시도이기도 했다.

시간이 흐르면서 이 움직임은 집단적 정체성 자체를 거부하는 흐름으로 확장되었다. 그 결과, 의미 있는 일을 이루기 위해 반드시 속해야 할 공동체에 대한 감각마저 사라졌다. 더 넓은 정치적 프로젝트를 부정하는 가운데 우리는 지금 방향을 잃고 표류할 위험에 놓였다.

7장

끈이 끊겨버린 풍선

　1976년 12월 워싱턴 디시에서 열린 미국역사학회(AHA) 연례 회의에서 애머스트대학교 중세 유럽사 교수 프레데리크 셰이에트는 학부생의 필수 과목인 서양문명개론을 폐지해야 한다고 연설했다. 이 수업을 둘러싼 논쟁은 대학에서 수십 년에 걸쳐 격렬해졌으며, 전쟁이 끝난 1950~1960년대 이후로 점점 흐름이 두드러졌다.

　학부생들이 고대 로마와 그리스를 거쳐 유럽에서 근대적 국민국가가 형성된 과정을 지나, 신생 미국 공화국이라는 실험까지 서양 문명에 대해 무엇을 배워야 하느냐, 그리고 과연 배워야 하느냐가 쟁점이었다. 더 근본적으로는 서양 문명이라는 개념 자체가 교육적 맥락에서 실제로 의미가 있을 만큼 충분히 일관되고, 실체적인가 하는 것이었다. 이 과목은 거의 반세기에 걸쳐 대학 안팎에서 역할과 위상을 둘러싼 논쟁 문화를 형성했다. 이는 오늘날까지 이어지는 문화적 분열의 전조이기도 하다.

실리콘밸리의 많은 사람이 잊어버린 이 과목의 몰락 과정은 현재 우리가 처한 곤경의 근원적 뿌리를 짐작하게 해준다. 쟁점은 단지 대학생들이 무엇을 배워야 하는가에 그치지 않았다. 단지 운 좋게 좋은 학교에 다닐 수 있는 이들의 개인적 성장을 넘어서는 교육의 진짜 목적을 묻는 근본적인 질문이 제기되었다.

관용과 타인의 권리에 대한 존중을 넘어 우리 사회가 지닌 가치는 또 무엇인가? 더 넓은 결속감과 공동의 목적을 뒷받침해줄 집단적 정체성을 분명히 하는 데 고등교육이 어떤 역할을 할 수 있고 또 해야 하는가? 훗날 실리콘밸리를 일구고 컴퓨팅 혁명을 이끈 세대들은 국가의 가치 나아가 서구 문명 전체의 가치에 대한 대대적인 재평가가 일어나던 시기에 성장해왔다.

전통주의자들은 대학생들이 자신들이 누리는 자유와 속한 세계 속 위치를 이해하려면 플라톤과 존 스튜어트 밀은 물론 가능하다면 단테나 마르크스도 공부해야 한다고 주장했다. 그 시기에는, 방대하고도 단편적인 역사적·문화적 기록을 하나로 엮어 일관된 서사로 묶으려는 열망이 매우 컸다. 서양 전통에 기반한 핵심 교양 과정을 지지하던 사람들은 꽤 현실적인 입장에서 점차 더 다양한 인구층에서 발탁되는 문화 엘리트들 사이에 공유된 유산 또는 미국적 정체성을 갖출 필요가 있다고 주장했다.

1947년부터 시카고대학교에서 가르친 역사학자 윌리엄 맥닐은 하나의 통일된 고전과 서사가 학생들에게 "공동의 시민 의식, 이성의 공동체에 참여하고 있다는 의식, 재능 있는 사람이라면 누구나 기회가 열려 있다는 믿음, 세대를 거듭하며 더 확장될 수 있는 진리에 대한 신념"을 갖게 해준다고 생각했다. 서양 전통에 기반한 교과 과정의 장점은 서로 분절되고 이질적인 문화적 체험을 통합해 미국이라는 국가 정체성을 성립시키는 데 기여했다는 점이다. 이는 수 세기에 걸친 진리와 역사에 바탕을 두면서도 국가적 과업에 일관성과 기반을 제공하려는 열망을 담은 일종의 시민 종교였다.

애머스트대학교 프레데리크 셰이에트를 비롯해 기존 서양문명 개론 수업에 반대하는 이들은 서구 문명의 흐름과 발전 과정을 다룬 거대 서사 자체가 허구라고 주장했다. 그런 배타적이고 불완전한 교육과정을 학생들에게 강요해선 안 된다고도 했다. 뉴욕대학교 철학 교수이자 "서구"라는 개념 자체에 대한 비평가인 크와메 앤서니 아피아는 훗날 다음과 같이 말했다.

"우리는 아테네 민주정, 대헌장, 코페르니쿠스 혁명을 한데 엮어 장대한 서사를 만들었다. 그런 이야기들을 통해 서구 문화는 본질적으로 개인주의적이고 민주적이며, 자유를 중시하고 관용적이며, 진보적이고 합리적이고 과학적이라는 결론에 도달했다. 비록 그에 반하는 증거가 있음에도 불구하고 말이다."

크와메 아피아와 많은 사람에게 서구라는 이상화된 형태는 박진감 넘치고 때로 매력적일지는 몰라도 역사적 기록에서 자연스럽게 나온 게 아니라 그 위에 억지로 덧씌워지고 짜맞춰진 서사일 뿐이다.

물론 서구가 구체적으로 어디를 가리키는지도 논란이 많았다.

[그림 7] 헌팅턴-월러스 선

어떤 국가를 서구로 분류할 수 있느냐가 문제였다. 1993년 새뮤얼 헌팅턴이 잡지 〈포린 어페어즈〉에 논문 「문명의 충돌」을 발표했을 때, 그는 유럽 지도에 한 줄을 그어 넣었다. 옥스퍼드대학교 연구원 윌리엄 월러스가 말하길, 지도상에 그어진 선은 서방 기독교가 1500년쯤까지 진출한 범위를 보여준다고 했다.

학자들 대부분은 헌팅턴이 세계를 독립된 문명 7~8개로 단순하게 구분하는 게 피상적이라며 반대했다.* 물론 헌팅턴의 틀이 환원주의적인 건 분명하다. 오히려 그 단순함이 주는 명확성이 헌팅턴의 이론이 주는 매력이기도 하다. 그렇지만 헌팅턴을 전면적으로 반발하면서 국제 관계부터 경제 발전까지 다양한 분야에서 문화의 역할에 관한 진지한 규범적 논의 대부분을 밀어내게 되었다.

문화 간의 경계선은 어디인가? 어떤 문화가 국민의 이익을 증진하는데 부합하는가? 국가는 국가 문화라는 정체성을 규정하거나 지키는 데 어떤 역할을 해야 하는가? 이런 질문 자체가 종신교수를 꿈꾸는 학자들에게는 금기 영역이 되고 말았다.

●

1970년대 말이 되자, 전통주의자들은 전쟁 전체는 아니더라도

---

* 헌팅턴이 제시한 "주요 문명 목록"에는 서구, 유교권, 일본, 이슬람, 힌두, 슬라브–정교, 라틴아메리카 문명이 포함되어 있었다. 거기에 아프리카 문명을 추가할 가능성도 있다고 보았다.

전투에서는 패배했다. "단 하나의 역사 같은 건 없습니다. 존재하는 건 수많은 가능한 역사입니다." 셰이에트는 워싱턴에서 열린 미국역사학회 회의에서 동료들에게 이렇게 말했다.

셰이에트는 급진주의자가 아니었다. 그는 1932년 뉴욕에서 태어나 19세기 말에 세워진 펜실베이니아주 사립기숙학교인 머서스버그 아카데미를 졸업하고 프린스턴대학교에 진학했다. 하버드대학교에서 박사 학위를 마친 다음 1963년에 애머스트대학교 유럽사 교수로 부임해 50년간 재직했다.

셰이에트의 연구 관심사는 보수적이면서도 유럽사 중 상대적으로 덜 알려진 영역, 특히 11세기와 12세기 프랑스 중세사에 집중되어 있었다. 이런 점에서 셰이에트는 속해 있던 학계 주류를 스스로 비판하고 나선 인물이기도 했다. 그의 개혁 요구는 서양문명개론 과목이라는 낡은 필수 과정을 해체하려는 움직임이 학계 내에서 폭넓은 지지를 얻고 있었음을 보여준다.

셰이에트를 비롯한 다른 학자들은 서양 문명이라 불리는 역사와 사상의 범주가 신입생 모두가 반드시 수강해야 할 만큼 충분히 일관적이지 않다고 보았다. 당시에 셰이에트는 "보편적인 진리로 여겨졌던 게 사실은 특정 집단의 시각에 불과했다는 자각"이 들었다고 동료 학자들에게 설명했다. 이는 그런 교양 과목들에 대한 지배적인 비판을 명확히 대변하는 것이다.

이런 퇴각은 이미 몇 년에 걸쳐 가속화되고 있었다. 미국 대학에서 서양문명개론 과목의 지배적 지위에 처음으로 본격적인 도전이 제기된 시기는 워싱턴 모임이 열리기 10년 전이었다. 1960년대에 격변을 겪은 이후, 누구의 관점에서 쓰인 역사를 배워왔는가라는 질문이 제기되었다. 당시 이를 지켜보았던 이들의 얘기를 따르면, "이 과목들은 자연사했다, 살해당했다"라는 표현까지 쓰였다고 한다.

스탠퍼드대학교에서는 2차 세계대전 이후 플라톤과 루소부터 마르크스와 한나 아렌트에 이르는 선별한 저작들을 다루는 서양문명사가 수년간 필수 과목이었다. 1968년 11월, 대학 관리자와 교수 10명으로 구성한 위원회에서 이 과목을 폐강하기로 했다. 위원회의 위원들은 보고서에서 컬럼비아대학교와 시카고대학교의 유사 프로그램을 본떠 만든 이 과목이 이미 죽었거나 죽어가는 중이라는 결론을 내렸다.

2차 세계대전이 끝난 뒤, 미국을 포함한 전 세계가 새롭게 재편되고 있었다. 스탠퍼드대학교가 서양문명사라는 상징적인 과목을 폐강하기 불과 몇 달 전에 마틴 루터 킹 주니어와 로버트 케네디가 잇따라 암살당했다. 그해 구정에는 북베트남이 남베트남을 상대로 전면 공격을 감행했는데, 이는 미국이 베트남전쟁에서 손을 떼는 계기가 되었다고 평가된다. 격변의 시대와 실제로 존재했는지조차 불분명한 과거의 유산을 붙들려는 학계의 욕망 사이의 불협화음은 더는 감당할 수 없는 수준에 이르렀다.

스탠퍼드대학교의 서양문명사 과목은 1969년에 폐강되었다. 당시 학교 신문 기사에 따르면 "요란한 폭발이 아니라 미약한 속삭임과 함께 사라졌다." 이 낡은 필수 교과목을 해체하는 데 대학 내 저항은 힘을 발휘하지 못했다. 한 역사가의 지적대로, 1960년대 후반에 교육과정 개편 요구에 탄력이 붙었을 무렵, 학생들은 이미 물러설 준비가 된 교수진을 마주하게 되었다. 비평가들은 서양문명사처럼 야심 찬 과목에 사용할 도서 목록을 편집하는 과정이 지극히 자의적이라는 점만으로도 폐강할 이유가 충분하다고 봤다.

UC버클리대학교 철학과장이던 조지프 터스먼은 1968년 발표한 에세이에서 "플라톤은 있는데 아리스토텔레스는 왜 빠졌는가? 왜 에우리피데스를 더 많이 다루지 않는가?《실낙원》은 되는데 단테는 왜 안 되고, 존 스튜어트 밀은 되는데 마르크스는 왜 안 되는가"라고 반문했다.

그러나 이런 교과 과정 편집을 둘러싼 분쟁은 정전 전쟁(Canon war)이 드러낸 더 근본적인 문제를 가려버렸다. 수십 년간 이 교양 과목은 학계와 학생들에게 더 넓은 역사적 맥락에서 미국을 이해할 필요가 있다는 전제에 기반해 개설된 것이다. 미국의 정치와 문화가 발전해온 과정을 유럽과 고대의 역사적 전통에 연결하는 작업이라고 볼 수 있다.

1890년대 미국역사학회가 조직한 교수심의위원회의 한 교수는, "유럽 역사를 통해 고정하지 않으면 미국 역사는 공중에 떠도는 풍선일 뿐"이라고 말했다. 이제 그 풍선의 끈이 끊겨버리고 말았다.

●

우리는 어떻게 여기까지 오게 되었을까? 고대에 뿌리를 두고 현대까지 이어지는 일련의 문화적·정치적 가치를 의미하는 오늘날의 "서구" 개념은 19세기 말부터 형성되기 시작했다. 그 의미는 이후 세월이 흐르며 변하고 발전했지만, 대규모 공동체가 함께 살아가는 것을 가능하게 하고 또 견딜 수 있게 해주는 일련의 공유된 관행과 전통 중심으로 점차 통합되었다.

1938년 영국 브리스톨대학교에서 윈스턴 처칠은 문명이란 "시민의 의견에 기반한 사회를 의미"하며, "폭력, 전사들과 전제적인 족장들의 지배, 병영과 전쟁, 폭동과 폭정은 법을 제정하는 의회와 오랫동안 그 법을 유지하는 독립된 사법부로 대체된다"라고 연설했다. 처칠에게 문명의 발달은 대중에게 "더 자유롭고 덜 억압적인 삶"을 가능하게 하는 것이었다.

많은 사람이 "서구"라는 개념 전체를 폐기해야 한다고 주장해왔다. 서구라는 개념 자체가 불완전해 늘 쉽게 변할뿐더러 제국주의적 지배 이론이나 우월주의, 식민지 지배의 역사에 얽혀 압도되어버린다는 것이다.*

크와메 앤서니 아피아는 "서구 문명이라는 개념"을 폐기해야 한다고 주장했다. 그에 따르면 이 개념은 "최선의 경우 기껏해야 큰 혼란의 원천"이었고, "최악의 경우 우리 시대의 주요한 정치적 과제들을 직시하는 데 장애물"이 되어왔다. 아피아를 비롯한 많은 사람에게

---

* 프랑스 인류학자 클로드 레비스트로스는 자신이 관심을 두었던 토착 사회들, 즉 그에게는 "인류의 순수한 일부"였던 이들 사회에 서구 문명이 초래한 "괴물 같고 이해 불가능한 대재앙"에 대해 탄식했다.

서구는 도덕적 경멸의 대상이 되었고, 역사의 이해를 방해했으며, 역사의 해석 작업을 복잡하고 무거운 서사 구조로 짓눌러 오히려 역사를 가리는 역할을 했다. 이들은 이 구조물을 철저히 허물어야 한다고 주장한다.

서구 문명을 단일하고 일관된 개념으로 보는 관점을 해체하고 비판하는 움직임은 1960년대에 본격적으로 시작되었지만, 1978년 에드워드 사이드의 《오리엔탈리즘》 출간으로 절정에 이르렀다. 이 책이 나온 지 40년이 지난 2019년, 〈런던 리뷰 오브 북스〉의 미국판 편집자 애덤 샤츠는 《오리엔탈리즘》을 "전후 지성사에서 가장 영향력 있는 책 가운데 하나"라고 평했다. 이미 몇 해 동안 학계에서 힘을 얻어온 여러 비판적 흐름은 사이드의 책을 매개로 하나로 결집했다. 그 결과 이 책은 학계 전반을 새롭게 재편하는 매개체가 되었다.

이 책이 지닌 문화적 영향력은 엄청났다. "오리엔탈리스트"라는 용어 자체는 새로 부상한 문화 엘리트 계층의 일부에게 일종의 모욕적 표현이었다. 또 논의를 중단시키는 무기로 기능하며, 아이러니하게도 대학 캠퍼스에서 새로운 정체성을 규정하고 권력을 행사하는 수단이 되었다.

애덤 샤츠의 표현대로 에드워드 사이드가 대중화한 지 거의 반세기가 지났음에도 "오리엔탈리즘"이라는 용어는 여전히 "자유주의적 성향의 캠퍼스에서 대화를 차단하는 단어가 되었다. 오늘날 그 누구도 자신이 '오리엔탈리스트'로 불리는 것을 인종차별주의자, 성차별주의자, 동성애 혐오자, 트랜스젠더 혐오자라 불리는 만큼이나 꺼린다."

이 책이 남긴 유산은 훨씬 더 복잡하다. 식민주의적 시각에 뿌리를 둔 교조주의는 곧 다른 형태의 교조주의로 대체되었다. 그들 또한 새로운 통설에 어긋나는 역사와 문학에 대한 관점을 무시하거나 폄훼하곤 했다. 마치 19세기와 그 이전의 오리엔탈리스트들이 일부 문화나 민족을 주류 문명보다 뒤떨어져 있고 기여할 것도 없는 존재로 취급했던 것처럼, 1980~1990년대 학계 주류도 에드워드 사이드의 여파 속에 특정 견해를 비판적으로 다룰 가치조차 없는 것으로 규정하고 배제하며, 나아가 그것들을 '타자화'하는 자신들의 방식과 수단을 갖게 되었다.

이 책은 미국을 비롯해 전 세계 인문학과 내부의 구조와 권력 구도를 바꿔놓았다. 작가 판카지 미슈라에 따르면, 《오리엔탈리즘》은 "학계 경력을 수천 개 만들어줬다." 실제로 이 책은 식민주의적 시각 대신 새로운 방식으로 세계를 이해하려는 연구 흐름을 미국 대학가에 정착시키는 데 큰 역할을 했다.

동시에 미슈라는 "지식인 이민자들, 즉 대체로 남성이며 각국의 지배 계층 출신으로 심지어 식민 통치 시절에 번영을 누린 계급에 속했던 사람들" 중 일부가 자기 입지를 강화하는 수단으로도 이용했다고 지적했다. 그는 이를 두고 "더 상류 계층에 속한 오리엔탈 출신들에게 서구 오리엔탈리즘을 비판하는 건 서구 학계에서 종신교수직을 얻는 하나의 방법이 됐다"라고 말한다.

《오리엔탈리즘》이 문화에 미친 영향은 굉장히 철저하고 완전하며, 전면적이었다. 오늘날 특히 실리콘밸리의 많은 사람은 이 책이 현대 담론과 자신들의 세계관을 형성하고 구조화하는 데 막대한 영향을 끼쳤음에도 그 영향이 깊이 스며들어 거의 인식하지 못할 정도이다. 에드워드 사이드를 다룬 전기 《머물 수 없는 마음》에서 티모시 브레넌은 "1990년대 후반을 기점으로 탈식민 연구는 더는 단순한 학문적 영역이 아니었다"라고 말한다.

그것은 오히려 하나의 세계관으로 자리 잡았고, 여기에는 "타자(The other)", "혼종성(Hybridity)", "차이(Difference)", "유럽중심주의(Eurocentrism)" 같은 특정한 전문 용어들이 포함되었다. 이 용어들은 "이제 연극 팸플릿, 출판사 도서 목록, 박물관 전시 도록, 심지어 할리우드 영화에까지 퍼져 나갔다".

실제로 미국의 광범위한 지식인 집단과 작가·언론인을 포함한 학계 주변의 인사들 다수는 에드워드 사이드의 책에 기반해 자신들의 정치적 입장을 형성했다. 이 정치적 입장은 1990년대부터 21세기까지 특히 실리콘밸리를 포함해 미국의 엘리트들이 공유하는 주류 사상이 되었다. 하지만 그 엘리트 중 상당수는 이 책을 읽어본 적조차 없었고, 어떤 엘리트는 이 책의 존재조차 알지 못했다.

《오리엔탈리즘》이 거둔 가장 큰 성과는 역사를 서술하는 일이 단순히 여기저기 흩어진 사실과 정보를 정리하는 중립적인 행위가 아니라 세계에서 권력을 행사하는 수단이라는 사실을 밝혀낸 데 있다. 사이드는 1994년에 쓴 책의 후기에서, "어떤 사회에서든 정체성을 형성하는 과정은 권력과 무권력의 분배와 밀접한 연관이 있다. 이는 결코 단순한 학문적인 공상이 아니"라고 강조했다. 이처럼 사이드의 연구 대상은 역사학과 인류학의 생산 메커니즘과 움직이는 동력이었다.

그가 보기에 분할하고 "우리"와 "타자"를 구분하려는 성향 자체가 관찰이라는 행위의 결과이자 불가피한 특성이었다. 사이드는 영국 역사가 데니스 헤이의 말을 인용하며, "유럽이라는 개념은 '우리' 유럽인들과 비유럽인들을 구분 짓는 집합적 관념"이라고 밝혔다. 오늘날엔 아주 당연해 보이지만, 1970년대 당시엔 학계를 뒤흔들 만큼 급진적인 이야기였다.

오늘날 인문학의 핵심으로 여겨지는 많은 이론이 에드워드 사이드가 강조한 누가 말하는가가 무엇을 말하는가보다 더 중요할 수 있다는 핵심 주장에 기반을 두고 있다. 이처럼 이야기를 전하는 사람과 이야기 그 자체, 궁극적으로는 정체성과 진실의 관계를 다시금 바라보게 만드는 재해석은 매우 깊고도 지속적인 영향을 남겼다.

하지만 그 주장들이 극단적으로 확장되면서, 오히려 해로운 결과도 생겨났다. 사이드의 핵심 주장이 과도하게 확장되면서 이후 수십 년간 해체주의 운동에 힘을 실어주었고, 이 운동은 마침내 말의 내용보다 말하는 사람의 정체성을 더 중시하는 데 성공하게 된다.*

---

* 에드워드 사이드의 탁월한 핵심 사상을 지나치게 확대 해석하고 과도하게 적용해온 사람들도 있다. 실제로 에드워드 사이드가 동양에 대해 제대로 아는 게 불가능하다고 주장했다고 오해하는 경우가 적지 않다. 그러나 그는 그런 의미의 포스트모더니스트가 아니었다. 사실은 분명히 존재하고 찾아낼 수 있지만, 그 작업을 수행하는 사람들의 동기와 이념이 무엇인지 드러내야만 결과물도 제대로 평가할 수 있다는 게 사이드의 요지였다.

에드워드 사이드에 대한 비판이 사방에서 쏟아졌다. 맨 먼저 사이드는 동양 내부에서도 다양한 하층 계급을 지배하기 위해 만들어진 "권력-지식" 체계가 존재했다는 점은 제대로 다루지 않았다는 지적을 받았다. 판카지 미슈라는 "이 책은 이전부터 아시아, 아프리카, 라틴아메리카의 사상 전통 속에 존재했던 방대한 자료, 이를테면 인도에서 브라만들이 자신들의 지배를 자연스럽고 정당하게 보이도록 고안한 카스트 이론 같은 비서구 엘리트의 담론에 대한 인식이 전혀 없었다"라고 지적했다.

또 다른 이들은 사이드의 핵심 주장으로 여겨지는 부분을 더 직접적으로 공격하려 했다. 윌리엄 맥닐은 시카고대학교에서 서양문명개론 수업의 교양 필수 과정을 옹호해오다가 1960년대 그 과목이 서서히 폐강하는 과정을 지켜본 인물이다. 그는 20세기 후반에 부상한 도덕적 상대주의가 다문화주의라는 보기에만 좋아 보이는 이름 뒤에 숨어 있다며, 이에 맞서 저항하는 대담함을 보였다.

윌리엄 맥닐은 1997년에 쓴 에세이에서 세계사 과목을 만들려는 노력조차 "모든 문화 전통이 똑같이 가치 있다"라고 주장하는 명백히 잘못된 주장을 받아들임으로써 "자주 오염되었다"라고 비판했다. 맥닐이 사이드에게 직접 대응하지는 않았지만, 그 무렵 사이드와 맥닐의 논지가 워낙 널리 영향력을 끼쳐서 그 주제에 발을 들여놓는 누구든 결국 사이드와 맞닥뜨릴 수밖에 없었다.

오늘날 같은 분위기에서는 맥닐처럼 말하는 순간 대중이나 언론의 거센 반발에 부딪혀 매장당할 위험성까지 생기기도 한다. 문화에 대해 규범적 주장을 내놓으면서 특정 문화의 장점이나 부족한 점까지 거론하는 역사학자 유형은 20세기가 끝날 무렵 멸종되었다. 약 5세기에 걸쳐 유럽과 그전의 제국들 사이에 나타난 경제 생산력과 군사력 차이를 조심스럽게 지적하는 시도조차 문화 담론의 중심에서 밀려나고 말았다. 역사가 니얼 퍼거슨에 따르면, 16세기에 부상하기 시작한 서구 열강들은 1910년대에 이르러 전 세계 경제 생산의 74%를 차지했다.

그런 사실을 언급하는 것만으로도 오늘날에는 도발적이라고 여겨지곤 한다. 이는 우리 문화가 진실 자체에 불편함을 느끼며, 나아가 어쩌면 사실관계 주장과 가치판단 주장을 구분하는 능력을 상실

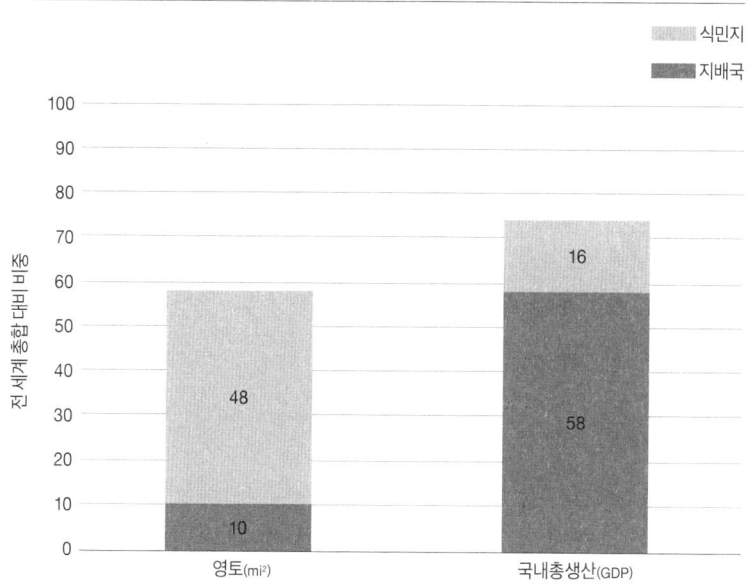

【그림 8】 서구 제국(1913) : 영토와 전 세계 경제 생산 비중

했을 수도 있음을 시사한다. 어떤 국가 집단이 세계 무대에서 압도적 영향력을 행사하게 되었다는 경험적 사실을 지적하는 것과 그 결과가 정당하다는 가치판단을 주장하는 건 전혀 다른 이야기이다.

그러나 서구에서는 많은 사람이 이런 우위의 원인과 이유를 깊이 파고들려 하지 않는다. 그저 외면하라고, 화제를 바꾸라고 학습되어 왔다. 미국과 동맹국이 절대적으로 우세하다는 사실관계 진술이 참인지 여부만 판단한다. 그로 인한 가치판단을 잠시 유보할 능력은 저널리스트이자 여론 분석가인 네이트 실버가 "디커플링"이라 부른 것의 한 형태라고 할 수 있다.

"화자의 정체성에 대한" 자신의 판단이나 그런 진술이 담고 있는 함의에 관한 판단을 잠시 제쳐두고, 주장 자체의 진위를 파악할 수 있어야 한다. 아쉽게도 오늘날 그런 능력이 너무 많은 사람 사이에서 사라졌다. 다시 말해 누가 말했는지 모르더라도 진술이 사실인지 아닌지는 판단할 수 있어야 한다.

자신과 대립하는 이들의 의견이 못마땅하더라도 지적 존중심을 유지하는 건 엄청난 강점이 될 수 있다. 특히 상대방을 진지하게 다루기보다 깎아내리기에 익숙해진 문화에서 더욱 그렇다. 정치든 비즈니스든 많은 사람이 상대와 적절한 감정적 거리를 두지 못해 탁월한 경쟁자들이 보여주는 명료하고 관대한 태도로 상대를 대하는 데 실패한다.

가장 효과적으로 사고하는 사람은 적의 장점과 능력을 깊이 이해하고, 분노나 도덕적 격분에 사로잡힌 종교 전쟁 같은 싸움을 피하는 이들이다. 도덕적 우월감에 대한 지나친 자기 확신은 판단력을 흐리게 한다. 바네바 부시는 1949년에 쓴 글에서 나치 독일이 폭탄이 표적에 닿기 직전에 폭발하도록 하는 근접신관을 제대로 개발하지 못한 건 무능력이 아니라 오만 탓이라고 지적했다. 그는 독일인들은 "빌어먹을 미국 놈들"이 "자신들이 실패한 것"을 성공했다는 사실을 도저히 믿지 못했다고 썼다.

●

20세기 후반, 서구의 역사와 정체성, 더 나아가 미국이라는 프로젝트가 실제로 무엇이었으며 무엇이어야 하는지를 둘러싼 체계적인 도전은 커다란 공백을 남겼다. 어쩌면 한 시대를 지배하던 지식 체계는 정당하게 해체되었다. 그러나 그 자리를 대체할 무언가는 마련되지 않았다. 1960년대 이후 대학에서 본격화된 정전 논쟁과 뒤따른 학계의 서구 그 자체에 대한 도전은 단지 미국의 정체성이 무엇이어야 하는지를 둘러싼 논쟁이 아니라 정체성 자체가 과연 필요한지를 묻는 보다 근본적인 싸움이었다.

미국 공동체에 속한다는 개념을 얕게 보면, 서로의 권리를 존중하고 자유무역과 시장 기능을 중시하는 신자유주의 경제정책을 대체로 지지한다는 정도다. 반면 깊이 들어가 보면, 미국이라는 프로젝트가 과거에 무엇이었고 지금은 어떤 모습이며 앞으로는 무엇이 될 것인지에 관한 이야기이다. 즉 공화국을 세우고 가꿔가는 거칠고도 대담한 실험에 참여한다는 게 무엇을 의미하는지에 대한 서사를 요구했다.

오늘날 미국뿐 아니라 많은 나라에서 국민 공동체에 속한다는 의미는 언어와 대중문화를 공유하는 정도의 느슨하고 불완전한 소속감으로 축소될 위기에 처해 있다. 그리고 많은 사람이 이런 후퇴를 옹호해왔다. 1970년대가 끝날 무렵, 한 세대 전체가 국가라는 더 큰 정체성이나 공동 과업에 회의적인 시각을 갖게 되었다. 이들 중 상당수는 훗날 실리콘밸리를 세워 컴퓨팅 혁명을 주도했는데, 이 세대는 시선을 다른 곳으로 돌렸다. 국가의 존재 이유와 전체 계획이 철저히 의문시되는 시기에 정부의 잘못된 모험을 더는 이어가려 하지 않고, 개인 소비자를 주목하기 시작했다.

8장

결함 있는 시스템

1970년 1월, 〈타임〉지는 "중산층 미국인들"을 올해의 인물로 선정했다. 이는 특정 개인과 업적을 주로 다루던 이 잡지의 관행에서 벗어난 결정이었다.

미국 본토의 중심부에 살던 중산층 미국인들은 1960년대 내내 기존 질서를 뒤흔든 급진주의의 격변을 겪은 뒤, 이제 자신들이 이 나라에 대한 통제력을 잃고 있는 게 아닌가 두려움을 느낀다고 〈타임〉지는 전했다. 이어서 "자유주의자나 급진주의자, 반항적인 젊은 세대 같은 다른 부류들이 나라를 장악하는 것처럼 보였다. 아무도 중산층 미국인들을 치켜세우지 않았고, 지식인들은 중산층의 전통을 진부한 것으로 치부해버렸다"라고 전했다.

이 점은 오늘날에도 마찬가지다. 1970년대 초, 이미 싹트기 시작한 이 분열이 반세기 뒤 현대 미국 사회의 균열로 이어지고 미국 정치를 규정하게 되었다. 〈타임〉지가 미국을 중심부와 주변부로 구분한 건 아무리 좋게 보더라도 지나친 단순화였다. 나쁘게 보자면 다양한 소수자와 이민자 집단을 포용하기 전 백인 중심의 미국 정체성 개념에 의도적으로 호소한 것이었다.

그럼에도 이 단순한 구분은 향후 수십 년간 미국 정치를 지배하게 될 균열을 정확히 포착했다. 이 균열은 정책 차이에 국한된 게 아니라 근본적으로 문화와 정체성에 관한 것이었다. 당시 서구 문명이라는 개념, 특히 모든 이에게 평등을 외치면서도 남부 전역에서 차별적 법을 시행한 미국 프로젝트의 모순을 비판하는 흐름이 갈등을 더욱 고조시켰다. 끝이 보이지 않던 베트남전쟁, 불의에 무감한 체제의 안일함에 정면으로 도전한 시민권 운동의 부상은 강력한 반문화와 기성 체제 전반에 대한 도전을 끌어냈다.

이런 시대적 배경 속에서 소프트웨어, 개인용 컴퓨팅, 나아가 인공지능이라는 디지털 혁명의 초기 모습이 나타났다. 1960년대와 1970년대, 훗날 개인용 컴퓨터로 이어질 기술을 개발하던 선구자들은 정부 권위에 회의적이었다. 이 선구자들은 주로 국가에 대한 반대 입장 속에서 정체성과 자아 개념을 형성해왔다.

1945년 펜실베이니아주 필라델피아에서 태어나 캘리포니아주 멘로파크로 이주한 리 펠젠스테인은 초창기 기술자 그룹인 홈브루 컴퓨터 클럽을 결성했다. 이 그룹은 개인용 소형 컴퓨터의 초기 모델을 만드는 데 주력했다. 리 펠젠스타인은 "우리는 정부든 기업이든 제도적 구속에서 벗어나기 위해 개인용 컴퓨터가 꼭 필요하다고 생각했다"라고 썼다.

펠젠스테인 같은 선구자들에게 개인용 컴퓨터는 정부와 협력하는 게 아니라 정부로부터 해방되는 수단이었다. 잡지 〈홀 어스 카탈로그(WEC)〉를 공동 창립한 스튜어트 브랜드는 1995년에 쓴 글에서 "중앙집권적 권위를 경멸하던 반문화의 태도가 중앙통제자가 없는 인터넷은 물론 전체 개인용 컴퓨터 혁명의 철학적 토대를 제공했다"라고 했다.

1970년대에 이르러 오늘날 개인용 컴퓨터로 발전하는 신기술들과 소프트웨어 전반은 국가의 이익을 증진하는 도구가 아니라 개인이 국가 권력에 맞서 힘을 얻는 수단으로 재탄생했다.

당시 실리콘밸리의 혁신은 중앙 정부에 대한 불신, 국내의 진보적 개혁 지연으로 인한 좌절감, 국제 무대에서의 무모한 실험과 군사적 실패에 대한 불신과 피로감이 쌓이면서 오히려 불이 붙었다. 이는 기술을 미국이라는 국가적 프로젝트를 실현하고 확장하는 데 사용한 바네바 부시나 오펜하이머 방식의 기술 혁명과 달랐다. 이 새로운 기술 산업이 주목한 핵심 대상은 국가가 아니라 개인이었다. 더 구체적으로는 소비자였다.

1984년 작가이자 저널리스트인 스티븐 레비는 《해커 그 광기와 비밀의 기록》을 출간했다. 이 책은 소프트웨어와 개인용 컴퓨팅 분야가 막 싹트던 시기의 혁신을 기록한 중요한 저작이다. 레비는 당시의 정신이 제도나 국가 권력에 깊은 회의감을 품고 있다고 명확히 표현했다. 그는 "기업이든 정부든 대학이든 관료제는 결함 있는 체계"

이다. 이런 체계는 "권력을 집중하려고 설계한 것이다. 그래서 진정한 해커의 탐구적 충동을 위협으로 간주한다"라고 썼다.

정부가 만든 인간 중심의 체계는 지나치게 경직되어 있었다. 따라서 논리와 규칙에 기반한 새로운 체계가 선출된 정치인의 변덕스러운 지시에 따른 체계를 대체해야 했다. 레비와 동료들이 비판한 대상은 경직되어가던 미국의 기업문화였다.

레비는 당시의 IBM을 "해커 정신을 이해하지 못하는 덩치만 큰 둔한 회사"로 묘사했다. 이 대기업에 대한 반감은 윤리적 관점만이 아니라 미학적 차원에서도 컸다. 그는 "IBM 사람들은 보기만 해도 알 수 있다. 단정한 흰색 버튼다운칼라 셔츠, 깔끔하게 묶은 검은색 넥타이, 흐트러짐 없이 고정된 머리, 손에는 펀치카드 묶음이 들려 있었으니까"라고 썼다. 그리고 그런 제도화된 획일성이야말로 이들 조직이 변화를 이끌지 못하는 핵심 이유로 여겨졌다.

전쟁 이후 미국의 대기업주의와 정부 체계는 해커 세대가 보기에 혁신을 막는 세력이었다. 펠젠스테인과 여러 인물이 실리콘밸리에서 개발하고 있던 초기 컴퓨터 장치와 소프트웨어는 국가 권력을 강화하기 위해서가 아니라 국가 권력에 도전하기 위한 수단이었다. 그들은 국방·정보기관용 소프트웨어 시스템을 만들지 않았고, 폭탄 같은 무기는 더더욱 만들지 않았다.

그러나 이 혁명도 이전의 다른 혁명들처럼 본래 지녔던 이상주의를 상당 부분 포기하게 된다. 더 큰 문제는 "우리"라는 미국의 공동체 의식이 지나치게 도전받고 해체되어, 결국 한 세대의 기술자들이 개인 소비자에게로 시선을 돌리게 되었다는 점이다.

특히 스티브 잡스는 미국에서 쇠퇴해가던 반문화 운동의 산물이다. 잡스는 1960년대의 갈등과 격동이 잦아든 이후 삶의 목적과 방향을 찾고 있던 인물이었다. 훗날 인류 역사상 가장 가치가 높은 기업으로 평가받을 애플을 이끌게 되는 잡스는 리드 칼리지 학부생 시절 캘리그래피 수업에 빠져들었다. 이 경험에 대해 전기 작가 월터 아이작슨에게 "세리프와 산세리프체, 서로 다른 글자 조합 사이의 간격을 조절하는 방법, 뛰어난 타이포그래피를 위대하게 만드는 요소들"을 배웠다고 했다.

잡스가 글자의 형태에 몰두한 건 핵심 관심사에서 어긋나는 일이 아니라 오히려 관심의 결과였다. 잡스는 "아름답고, 역사적이고, 예술적으로 미묘해서 과학으로는 담아내기 어렵다는 점이 정말 매력적이었다"라고 회상했다. 예술적 감각과 엔지니어링의 융합은 잡스의 디자인 감각을 상징하게 되었다. 아이작슨은 이를 두고 "잡스가 의도적으로 예술과 기술이 만나는 교차점에 자신을 위치시킨 또 하나의 사례"라고 평했다.

분명 잡스는 미래를 내다보고 실제로 구현해낸 급진적이고 창의적인 천재였다. 그의 야망은 세상의 주변부를 고치는 게 아니라 세상 전체를 새롭게 만드는 것이었다. 펩시코 사장이던 존 스컬리를 애플 CEO로 영입하려 설득할 때, 잡스는 그에게 이렇게 물었다고 전해진다. "설탕물이나 팔면서 남은 인생을 보낼 건가요, 아니면 세상을 바꿀 기회를 얻고 싶은가요?"

그러나 잡스가 이끈 혁명은 본질적으로 매우 개인적인 것이었다. 그는 기업이나 정부라는 거대한 틀에 기대지 않고도 개인을 자유로워질 수 있게 해줄 제품들을 만드는 일에 주력했다. 평생을 곁에 두고 살게 된 휴대전화도 포함된다. 그리고 그는 실제로 그 일을 해냈다.

잡스의 관심사는 국가적인 대의를 진전시키거나 기술 산업과 국가 협력을 끌어내는 게 아니었다. 실제로 애플은 범죄 수사와 관련해 FBI 등 정부기관이 자사 아이폰의 잠금을 해제하려 할 때 반대 입장을 분명히 했다. 잡스와 애플이 만든 제품들은 개인의 창의성과 역량에 주목한 것이다. 결과적으로 휴대전화, 손목시계, 개인용 컴퓨터, 마우스 등 개인의 자아를 확장해주는 도구가 되었다.

1980년대 초 애플에 개인용 컴퓨터란 정부와 국가 권위를 수용하기보다는 오히려 도전하는 수단이었다. 회사의 상징적 광고 "1984"는 획일화된 디스토피아를 그려냈다. 무표정한 군중 수백 명이 거대한 화면 앞에 모여 권력자의 지시를 멍하게 듣고 있는 장면이었다. 그 순간 밝은 오렌지색 운동복 차림의 한 여성이 군중 사이를 가로질러 질주하며 손에 든 해머를 던져 화면을 부순다. 이는 시청자에서 대중의 해방을 상징적으로 암시한다. 리들리 스콧이 연출한 이 TV 광고는 매킨토시가 가진 해방의 잠재력을 당시 지배적 존재였던 IBM과 정면으로 맞붙게 했다. IBM은 방 하나를 가득 채우던 거대한 메인프레임 컴퓨터를 생산해온 회사였다.

이 거대하고 움직일 수 없는 메인프레임 컴퓨터들은 우리 모두가 국가에 예속을 앞당길 뿐이라고 애플은 암묵적으로 주장하고 있다. 반면 매킨토시는 무게가 약 7.7킬로그램에 불과했다. 매킨토시는 위쪽에 손잡이가 달려 있어 개인이 혼자서 들고 짧은 거리는 옮길 수 있었다.

초기의 광고 초안에는 "대기업이나 정부에 숨어 있는 거대한 컴퓨터들이 숙박했던 모텔부터 은행 잔고까지 개인 정보를 모조리 파악하고 있다"라는 섬뜩한 경고가 담겼다. 메시지는 분명했다. 새로 등장한 이 개인용 컴퓨터는 개인을 희생해 정부와 산업의 이익을 더하는 대신 제도적 권력에 맞서는 균형추가 될 것이었다.

말하려는 핵심은 하나다. 현대 미국을 비롯해 전 세계 소비자의 욕구와 필요에 막대한 관심과 자본이 집중된 게 결코 불가피했던 건 아니라는 점이다. 이는 초기 창업자들의 성향과 본능, 성장한 사회문화적 환경이 만든 결과였다. 초기 창업자들은 야망이 있었다. 하지만 대부분의 관심은 개인, 개인의 고민과 필요에 쏠려 있었다.

이런 개인의 욕구에 대한 강박적인 집중과 욕구를 해결하기 위해 만들어진 기기와 소프트웨어 제품 덕분에 21세기 초반 등장한 다음 세대의 창업자들이 소비자 인터넷을 구축할 길이 열렸다. 온라인 광고, 사진 공유 앱, 음식 배달 제국의 시대가 도래하고 있었다. 이 새로운 혁신가 세대는 이전 세대보다 한발 더 나아가 기술의 해방 가능성 같은 더 넓은 정치적 기획에 대한 명분조차 완전히 포기했다. 대신 혁신가 세대는 훨씬 더 직접적으로 돈벌이에 몰두하는 식으로 이 시대의 물질문화를 떠받치기로 했다.

9장

장난감 나라에서 길을 잃다

1996년 월트 디즈니 컴퍼니에서 기업전략기획 부사장을 맡고 있던 토비 렌크는 디즈니 테마파크 사업부를 이끌어달라는 제안을 받았다. 이 부서는 1955년 캘리포니아주에 디즈니랜드를, 1971년 플로리다주에 디즈니월드를 개장한 전설적인 곳이었다.

당시 미국 기업계에 몸담은 수백 명과 마찬가지로 렌크 역시 가정과 소비자 문화를 빠르게 잠식해가던 또 다른 마법의 세계인 인터넷에 매료되었다. 매사추세츠주 프레이밍햄 출신인 렌크는 보든 칼리지를 졸업한 뒤 하버드대학교 경영대학원에서 MBA를 취득했다. 그는 상대적으로 안정적인 디즈니 제국을 떠나 장난감을 온라인으로 판매하는 신생 회사를 창업하기로 마음먹었다.

그 회사가 이토이즈다. 이 회사는 잠시나마 실리콘밸리의 부러움을 한 몸에 받았다. 1997년 창업한 뒤 불과 2년 만인 1999년에 전성기를 맞아 상장했는데, 당시 시가총액이 100억 달러에 달해서다. 당시 렌크 개인의 자산 평가액도 한때 8억 5,000만 달러에 달한다고 추정되었다.

한 기자는 벤처 붐으로 "월스트리트 자금이 새내기 창업가들에게 쏠리는 상황에서, 렌크가 어른스러운 존재감을 지녔기에 돋보였다"라고 평했다. 새롭게 부상한 벤처 자본가들과 대중의 열띤 관심은 끊임없이 이어졌다. 누구든 상거래 방식이 역사적으로 바뀌고 있음을 감지했다. 그리고 온라인으로 물건을 파는 경쟁이 본격화되었다.

당시 스타트업 사이에 퍼져 있던 분위기를 고려하면 토비 렌크가 내세운 구상은 결코 이단적이지 않았다. 그는 1998년 6월 잡지 〈애드버타이징 에이지〉와의 인터뷰에서 "우리는 브랜드를 키우려고 의도적으로 빨리 적자를 보는 중"이라고 말했다.

전통적인 회계 규칙과 수익성이라는 목표조차 대담하게 무시하는 태도는 어떤 이들에겐 자만으로 비치기도 했다. 그러나 또 다른 이들에겐 렌크와 이토이즈가 새롭게 받아들이려 했던 시간의 스케일이 오히려 인상적으로 느껴졌다.

인터넷의 등장은 세계 상거래의 질서를 완전히 뒤흔들었다. 변화의 결과는 몇 달이나 몇 년이 아니라 세대를 거쳐 서서히 나타난다는 관점이 확산되고 있었다. 따라서 지금이야말로 투자를 늘리고, 적자도 감수해야 할 시기라는 게 렌크의 논리였다. 이토이즈의 전략은 반려동물용품을 파는 펫츠닷컴(Pets.com)이나 의류 판매를 하는 부닷컴(Boo.com), 식료품과 비디오 게임을 배달하는 코즈모닷컴(Kozmo.

com) 같은 스타트업과 거의 같았다. 시장을 잡는 게 먼저이고 이익은 그다음이었다. 닷컴 버블의 절정기에는 기업 약 5만 개가 2,560억 달러를 조달한 것으로 추산된다.

이토이즈의 강점은 별다른 상상력이 필요 없는 사업 모델이란 점이었다. 회사가 성장하던 시기에 〈월스트리트저널〉에 실린 기사를 보자. "나무 기차를 찾는 사람에게 이토이즈는 온라인 버전의 동네 장난감 가게처럼 보이고, 스타워즈 신제품을 찾는 사람에겐 복잡한 인파 없이 언제든 원하는 장난감을 살 수 있는 거대한 장난감 가게처럼 보인다"라고 소개했다. 장난감을 온라인에서 판매하는 일의 장점은 투자 대중을 포함한 모두에게 명확해 보였다.

1999년 5월, 이토이즈는 상장을 한 달 앞두고 미국 증권거래위원회에 제출한 S-1 서류에서 많은 부모가 겪는 오프라인 쇼핑의 불편을 12단계로 정리해 제시했다. 그중에는 "주차 공간을 찾으려고 주차장 4바퀴 돌기", "바비 인형 코너에서 아이 한 명 잃어버리기", "집에 돌아오기", "집에 도착해서야 포장지가 필요하다는 사실 깨닫기" 같은 내용도 포함돼 있었다. 회의적인 시각도 일부 있었지만, 렌크는 개의치 않았다.

1999년 렌크는 다소 허풍 섞인 특유의 자신감으로 "토이저러스가 어떻고, 월마트가 어떻고, 말들이 많지만 다 별 얘기 아니다. 이토이즈는 선두 주자로서 이점이 있고, 아이들을 위한 새로운 웹 영역을 열었다. 완전히 새로운 방식을 만들고 있다"라고 선언했다. 그의 주장은 새로운 유형의 창업가들이 사용하는 언어와 정확히 맞아떨어졌다. 점진적 성장보다는 기존 기업을 과감히 붕괴시키고 새로운 독점 체계를 구축하는 데 초점을 맞춘 새로운 형태의 투자 방식을 예고하는 것이기도 했다.

아무리 야심 차고 혁명적인 말을 내세워도 이토이즈는 어디까지나 장난감 회사였다. 핵심 고객은 소비자였고, 사업 모델도 새롭다기보다는 동일 상품을 다른 유통 경로로 더 많이 판매하는 게 전부였다. 여기서 소비자 시장을 공략하는 게 잘못됐다는 걸 비판하려는 게 아니다. 문제는 그렇게 소비자에게만 전념한 탓에 훨씬 더 넓고 더 본질적인 과업들이 희생되고 말았다는 점이다. 소비와 욕망 자체를 순수함이나 깨달음의 적으로 몰아가고, 비물질적 삶을 이상화하려는 것도 아니다. 장난감이라 할지라도 무언가를 원하는 건 인간다움의 표현이며, 욕망을 느낀다는 건 자신을 세상 속에 자리매김하는 행위이기 때문이다.

영화감독 리처드 링클레이터가 연출한 로맨스 3부작 중 2번째 작품인 〈비포 선셋〉에는 이런 인간적 욕망이 특히 인상적으로 드러나는 장면이 있다. 줄리 델피와 에단 호크가 연기한 두 인물은 전형적 방랑자를 떠올리게 하듯 맑은 날씨 속 파리 거리를 함께 걸으면서 장난스럽고도 길게 이어지는 대화를 주고받는다. 제시(에단 호크)는 소비와 물질적 욕망의 함정에 정면으로 도전장을 던진다. 제시는 아련하게 말한다.

"난 모든 것에 조금씩 불만족하도록 태어난 것 같아. 한 가지 욕망을 채우면 또 다른 욕망이 올라오거든."

그러자 셀린(줄리 델피)은 이렇게 답하며 대화를 주도한다.

"난 뭔가를 원할 때 정말 살아 있음을 느껴. 다른 사람과의 친밀감이든 새 신발 한 켤레이든, 욕망하는 마음 자체가 멋지다고 생각해. 난 우리가 매번 새롭게 생겨나는 욕망을 지닌 존재라는 게 좋아."

이토이즈 같은 회사들의 문제는 사람의 욕구나 필요를 충족시킨다는 데 있지 않았다. 이 회사들의 야망이 얕고, 순간적인 가벼운 쾌락을 넘어서는 모든 것을 포기했다는 데 진짜 문제가 있었다. 그 시대의 에너지는 창업을 꿈꾸던 사람들이 일상에서 느낀 불편을 해결하는 데 집중되었다. 국가적 프로젝트라는 개념이 크게 흔들리면서, 그들은 물질문화에 맞춰 문제를 찾고 해결하는 쪽으로 방향을 잡았다.

누구든 일상에서 불편함이나 개선점을 발견할 수 있으니, 누구든 창업가가 될 수 있었다. 인터넷과 웹사이트, 쏟아지는 앱 덕분에 새 아이디어로 기존 기업에 도전할 기회가 누구에게나 열리게 됐다. 이는 이 시대의 가장 강력하면서도 지속적인 여파 중 하나였다. 이를테면 렌크는 1999년 어느 인터뷰에서 장난감 판매 말고도 관심을 두었던 사업 구상이 있었다고 했다.

"골프를 즐기는데, 개인 회원권이 없는 사람은 연습하기 어렵더군요. 퍼팅할 공간도 없고요. 그래서 모두가 사용할 수 있는 고급 퍼팅 연습장을 만들까 생각했죠."

이런 퍼팅 연습장의 대중화 구상은 그 시기의 분위기를 상징적으로 보여준다. 막대한 자본이 흘러넘쳤지만, 이를 모을 국가적이거나 공동체적인 대의나 목표가 없었다. 사람들은 자기만의 사소한 일상 문제를 해결하려는 데 창업 에너지를 쏟았다. 그 가운데 많은 경우 생활 속 자질구레한 불편함이나 자존심에 상처가 되는 소소한 문제들을 다루는 일이 주류가 되었다.

파괴할 게 너무 많았던 시대였다. 그 결과 파괴라는 말 자체가 진정한 의미를 잃고 말았다. 무분별한 파괴와 가벼운 창업가들의 시대가 도래한 것이다. 전 세계 컴퓨터를 연결할 수 있는 획기적 기술 위에 구축된 진짜 창조의 물결은 점차 모방적인 것으로 퇴화했다. 1980년대에 순수 예술의 경계를 다시 그려야 한다고 말하듯 도전장을 던졌던 장 미셸 바스키아는 그라피티와 스트리트 아트의 요소를 작품에 통합했다.

하지만 바스키아의 회화를 독창적으로 만든 수많은 요소는 나중에 새로움의 단편조차 탐욕스럽게 소비하려는 문화에 의해 끊임없이 재활용되고 재조립됐다. 그중에는 새롭고 참신한 차용도 있었지만, 대부분은 그렇지 않았다. 1990년대 말 젊은 인터넷이 급부상하던 시절도 이와 비슷했다. 실제로 뛰어난 예술을 선보이던 바스키아 같은 창업가도 있었지만, 회사 대부분은 생동감 없는 모방작에 불과했다.

●

2010년대를 기점으로 오늘날까지 이어지는 이후 세대의 창업가들은 경제적으로 여유 있는 사람들이 택시를 부르고, 음식을 주문하며, 친구들과 사진을 공유할 때 느끼는 불편함을 발명 아이디어의 주된 원천으로 삼았다. 한 세대의 기업가 정신은 본질적으로 방향을 바꿔 라이프스타일 기술을 개발하는 데 집중되었다. 이 기술은 이 회사들을 이끌거나 앱의 코드를 작성하는 고학력 계층이 실제보다 더 많은 수입이 있는 것처럼 느끼게 해주기 위한 것이었다.

그러나 이 세대가 겪은 인지부조화는 심각했다. 이 세대는 문화적·교육적 계보로 보면 거의 귀족 같은 자산을 보유했지만, 정작 통장 잔고는 그러지 못했다. 이 세대는 이전 시대의 세습 엘리트나 명문가 출신이 아니었다. 미국이 자랑하는 능력주의와 가장 신성시되던 고등교육기관들의 문을 새 세대의 재능 있는 젊은이들에게 개방했던 급진적 실험의 산물이었다.

역사학자 피터 터친은 저서 《국가는 어떻게 무너지는가》에서 "출생이나 신분이 아니라 고등교육을 통해 새 엘리트 계층을 만들려는 미국의 전략은 엘리트의 "과잉 생산"이라는 결과를 낳았다. 이는 너무 많은 유자격자가 너무 적은 자리를 놓고 경쟁하는 구조를 만들었다"고 지적했다.

자신이 마땅히 누려야 할 기회를 빼앗겼다고 느끼는 사람들의 좌절과 분노는 가장 강인한 정신조차 압도할 수 있다. 1902년 콜로라도주 스프링스에서 태어난 미국 사회학자 탤컷 파슨스는 대부분의 성인 남성이 "특히 성향이 예민한 경우, 스스로 불만족스럽다고 느낄 수밖에 없는 삶을 살아가도록 운명지어졌다"라고 주장했다. 성인 남성들은 자신에게 정당하게 주어졌어야 할 유산을 박탈당했다고 느끼기 때문이다. 파슨스는 이론적 사회학자 세대의 마지막 인물이다. 그의 연구는 경험적 조사에 구애받지 않았다. 비평가들은 그가 경험적 근거를 충분히 갖추지 않았다고 평하기도 했다.*

그럼에도 파슨스의 통찰은 종종 날카로웠다. 그는 1947년에 쓴 논문 「인간의 공격성」에서 "사회 구조에 깊이 뿌리 박힌 불의와 실제보다 더 많은 불의가 있다고 믿는 편집증적 심리가 결합해 많은 남성이 부당한 대우를 받고 있다고 느낀다"라고 설명했다. 한 걸음 더 나아가 파슨스는 이 부당한 대우를 받고 있다는 감정이 불만을 달래는 데 그치지 않고, 실패를 정당화하는 구실을 만든다고 덧붙였다.

실리콘밸리 엔지니어들의 창의적 에너지는 자신들의 문제를 해결하는 데 집중되었다. 엔지니어들이 겪는 문제 가운데 상당수는 지적 재능 덕분에 당연히 보장받을 것이라고 여겼던 삶, 즉 풍요롭고 모든 욕망이 충족되는 삶과 실제 자신이 받는 비교적 소박한 수입 사이의 근본적인 괴리에서 비롯된 것이었다.

이 세대는 다음 시대의 거물이 될 거라는 말을 듣고 자랐지만, 정작 물려받을 건 별로 없었다. 그래서 이들은 택시 호출, 식당 예약, 휴가용 숙소 예약 같은 일상적 수고를 휴대전화 화면을 몇 번 터치하는 것만으로 간단히 처리할 수 있는 앱과 서비스를 만들기 시작했

---

* 1962년 미국 잡지 〈코멘터리〉에 실린 한 글에 따르면, 파슨스는 드물게 자조적인 어조로 "경험주의자들이 득세하던 지적 환경 속에서도 난 순수 이론만으로도 학계를 무사히 버텨낼 수 있었다"라고 말하기도 했다.

9장 | 장난감 나라에서 길을 잃다 **145**

다. 이를 통해 자기 자신과 또래에게 풍요로운 삶을 누리고 있다는 환상을 제공하려 했던 것이다.

1990년대 후반의 초기 닷컴 버블은 터지고 말았다. 이토이즈의 매출이 부진해지자 시장은 점점 등을 돌렸다. 2001년 2월 한때 85달러까지 올랐던 이토이즈의 주가는 주당 9센트로 폭락했다. 그달에 이토이즈는 파산 신청을 했다. 이로써 소비자 인터넷 분야의 스타트업 한 세대가 모조리 쓸려 나갔다.

2000년 12월 24일 〈뉴욕타임스〉 사설은 "불과 1년 전만 해도, 간단히 외출할 때조차 주식 정보를 얻을 정도로 투자 열기가 뜨거웠는데, 1년이 지나니 이렇게 모든 게 달라졌다"라고 했다. 신문은 이토이즈와 프라이스라인 같은 월스트리트의 총아였던 회사들이 정점에 비해 주가가 99% 넘게 폭락했다고 보도했다. 렌크는 이토이즈가 이렇게 빠르게 무너진 원인을 당시의 광기와 거품 탓으로 돌렸다. 당시의 통념은 자본 시장과 벤처캐피털이 붕괴의 주범이라는 것이었다.

2001년 5월 하버드대학교 경영대학원의 퀸 밀스 교수는 닷컴 붕괴 사태를 분석했다. 그 글에서 "이 새로운 유형의 스타트업에는 전통적 사업계획과 재무 지표를 적용하지 않았으나, 투자자들은 여전히 기존의 잣대를 들이대며 과도한 전략적 구체성과 무모할 정도의 실행 속도를 요구했다"라고 지적했다. 당시의 흥분을 부추긴 요인들은 역사적으로 유례없는 조합이었다고 할 수 있다.

영국 〈가디언〉지는 "기술주 광풍에는 붐에서 폭락으로 이어지는 롤러코스터에 필요한 모든 요소가 들어 있었다. 투자자들이 잘 알지 못했던 매혹적 제품들, 탐욕, 호황 경제, 매력적인 젊은 창업가들, 비즈니스 규칙이 새롭게 쓰이고 있다는 말을 퍼뜨리던 증권사와 언론 등이 그것이었다"라고 꼬집었다. 그렇게 한 시대가 막을 내렸다. 실리콘밸리의 많은 사람은 어마어마한 파괴 규모에 그저 놀라움을 금치 못했다.

당시 초창기 인터넷 스타트 세대에 대한 비판은 주로 그들의 절제력 결여와 무분별한 지출, 투자자들의 방임과 무비판적 투자에 집중되었다. 더 근본적인 문제는 자본과 인재라는 자원을 잘못 배분한 데 있었다. 초기 인터넷 시대가 실패한 이유는 국가나 공공의 필요를 희생하면서까지 소비자 요구에만 몰두했기 때문이다. 이 경향은 지금까지도 계속되고 있다.

요즘에도 스타트업의 야망 없는 모습은 여전하다. 지나치게 많은 자금과 지적 자원이 변덕스럽고 금방 식어버리는 후기 자본주의 대중의 욕구를 충족하는 데만 쓰이고 있다. 이에 대해 다른 이들도 비슷한 비판을 제기해왔다. 데이비드 그레이버는 이렇게 썼다.

"왜 우리는 아직도 날아다니는 자동차를 못 봤을까? 투명 방어막이나 트랙터 빔, 순간이동 장치, 반중력 썰매, 휴대용 진단장치, 죽지 않는 약, 화성 식민지 같은 20세기 중후반에 자라난 아이들이 지금쯤 존재할 거라 믿었던 기술들이 왜 아직도 나타나지 않았을까?"

그레이버의 관심은 서구가 스스로 내세워온 끊임없는 과학과 기술의 발전이라는 신화적 약속을 왜 이행하지 못했는지 구조적 이유를 밝히는 것이었다. 무정부주의자를 자처한 그에게 기술 산업과 미국 문화는 이미 존재하던 콘텐츠와 혁신을 단순히 재조합하고 재활용하는 일종의 "짜깁기"로 전락할 위기에 놓여 있었다. 혁신의 끝이 보이기 시작한 셈이다.

대규모로 만들어지는 앱, 게임, 영상 공유 플랫폼들은 막대한 자본과 인재를 빨아들이면서 더 의미 있는 프로젝트를 뒷전으로 밀어내고 있었다. 그러면서도 앱, 게임, 영상 공유 플랫폼들은 심지어 안전하지도 않았다. 특히 이 새로운 화면 기반의 주의력 경쟁이 아이들에게 미치는 장기적 영향과 해악은 이제야 비로소 조금씩 드러나기 시작했을 뿐이다.

●

1996년 12월, 워싱턴 디시에서 열린 로비스트와 경제학자들 모임에서 앨런 그린스펀은 시장에 나타난 "비이성적 과열"을 경고했다. 이 발언은 당시의 지나친 열기를 상징하는 말이 되었고, 이를 둘러싼 연구와 논쟁도 줄곧 이어졌다. 하지만 이런 신생 기업 주식을 사모으던 투자자들이 완전히 틀렸던 건 아니다. 단지 시기상조였을 뿐이다.

그 시절에 탄생한 스타트업 중 아마존, 구글, 페이스북은 전 세계에서 가장 강력한 상업적 기업으로 성장했다. 그 시기의 과잉은 비이성적이었다기보다 무분별했던 면이 컸다. 온라인 쇼핑에 대중의 관심이 집중되는 사이, 기업용 소프트웨어나 군사용 방위 정보 시스템 같은 분야는 제대로 주목받지 못했다. 군중과 시장이 미처 보지 못한 엄청난 기회가 여전히 남아 있었던 것이다.

실리콘밸리는 정부가 안고 있는 과제들에 무관심했다. 진입장벽은 너무 높았고, 예산 집행 주기는 너무 길었으며, 정치는 지나치게 복잡했다. 그런 과정에서 창업가들은 의도치 않게 자신들이 만든 소프트웨어보다 더 가치 있는 무언가를 발견했다. 바로 개인들의 재능을 모으고 끌어내는 새로운 조직문화와 방식이었다.

수많은 기업이 결국 무너졌지만, 경제적 파탄 속에서도 남은 건 조직문화, 곧 한 집단의 노력을 조직하는 새로운 엔지니어링 사고방식이었다. 어쩌면 엔지니어링 사고방식이야말로 이 시대가 남긴 가장 지속적이고 혁신적인 산물일지도 모른다.

Part III

엔지니어링 사고방식

10장
에크 벌떼

1951년 6월 26일 오후 1시 30분쯤, 독일 뮌헨의 한 공원에 벌들이 무리를 짓기 시작했다. 이 작은 꿀벌 떼가 동물의 지능과 지시 없이 이뤄지는 협동 능력에 대한 새로운 통찰을 여는 데 기여하게 된다. 당시 뮌헨대학교 동물학연구소 연구원이던 마르틴 린다우어는 벌떼의 행동과 수백수천 많게는 수만 마리가 어떻게 협업하는지 연구하기 위해 이 벌떼를 관찰하고 있었다. 그는 서양꿀벌의 행동에 깊이 매료되어 새로운 둥지를 찾고 결정하는 과정에서 벌집 안의 개체들이 어떻게 책임을 나누는지 밝히고자 했다.

린다우어는 1918년 독일 바이에른주 남부에서 태어났다. 아버지는 양봉업을 하던 농부였고, 자녀가 무려 15명이나 됐다. 히틀러가 권력을 잡고 전쟁이 유럽 전체로 번지는 시기에 린다우어는 독일군에서 3년간 복무했다. 1942년 러시아 전선에서 부상을 입고 군에서 제대했다.

린다우어의 연구를 오랫동안 다뤄온 코넬대학교 생물학과 토머스 실리 교수에 의하면, 린다우어는 전역을 한 후 복귀한 과학계에 대해 인간성이 살아 있는 또 하나의 새로운 세계라고 묘사했다. 린다우어에게 자연 세계에 대한 탐구는 일종의 안식처였으며, 그는 과학 속으로 숨어들 듯이 깊이 빠져들었다.

린다우어는 유전자 기반 연구가 점차 부상해 주류가 되기 전 세대의 동물학자였다. 19세기와 20세기에 걸쳐 한동안 린다우어 같은 생물학자들이 동물의 마음을 파악하는 데 쓸 수 있었던 최선의 방법은 겉으로 드러나는 행동을 관찰하는 일이었다. 한 종의 고유한 특성에 다가가는 열쇠로서 유전자의 힘과 작동 방식을 완전히 이해하기에는 아직 기술이 미치지 못했던 시기였다.

프랑스 심리학자 알프레드 비네를 포함해 자연 세계를 탐구한 초기 세대의 과학자들은 야외 현장에서 활동하는 관찰자들이었으며, 매우 예리한 관찰자들이기도 했다. 이 과학자들이 연구했던 동물과 인간 행동의 기저에 깔린 수수께끼들은 대부분 사람에게는 보이지 않았지만, 적어도 충분히 오랫동안 세심하게 들여다볼 수 있는 사람들에게는 분명히 포착 가능한 것들이었다.

거위든, 잎꾼개미든, 말이든, 참새든 간에 동물들이 새 둥지를 찾을 때 대개는 혼자 또는 짝을 이뤄 적합한 서식지를 찾아 나선다. 그런데 서양꿀벌의 방식은 전혀 다르다. 린다우어는 다른 대부분의 동물은 각자 환경을 탐색하지만, 꿀벌은 "2~3만 마리나 되는 대규모 집단이 한 번에 새로운 둥지로 옮긴다"라고 기록했다. 이 과정은 엄청난 협력과 조화가 뒷받침되어야만 하는 일이지만 중심에서 명령을 내리는 여왕벌 같은 지도자 없이 이뤄진다. 어떻게 수만 마리에 달하는 개체들이 스스로 조직화해 잠재적인 둥지 후보지를 탐색하고, 여러 후보 중 한 곳을 최종적으로 골라 한꺼번에 이주하는 걸까? 린다우어와 당시 연구자들에겐 그야말로 신비 그 자체였다.

    1951년 어느 여름 오후, 린다우어가 관찰하던 꿀벌 떼는 처음에 규모가 작았다. 벌떼는 근처 분수에서 물 위로 솟아오른 삼지창을 든 바다의 신 넵튠 석상 가까이 모이기 시작했다. 린다우어가 꿀벌 군집을 연구할 수 있도록 허가해준 뮌헨대학교 동물학연구소는 19세기 초에 지어진 식물원이 자리한 공원에 있었다. 연구소 주변의 나무와 덤불 사이에는 매력적인 둥지 후보지가 많았다. 그날 오후 3시쯤 구름이 끼기 시작했고, 린다우어는 꿀벌들이 인근 덤불로 들어가 하룻밤을 보냈다고 기록했다. 이튿날, 구름이 걷히고 해가 뜨자 꿀벌들은 다시 새로운 둥지를 찾는 작업을 이어갔다.

    이 같은 둥지 탐색 작업은 매우 복잡했다. 정찰벌이 수십 마리에서, 많게는 수백 마리가 돌아다니며 잠재적 후보지를 살폈다. 그 후 정찰벌은 무리로 돌아와 몸을 앞뒤로 흔드는 "춤 언어"라는 독특한 동작을 했다. 춤 언어라는 개념은 린다우어 동료이자 나중에 이 연구로 노벨상을 받은 오스트리아 태생의 동물학자 카를 폰 프리슈가 규명한 것이다. 정찰벌이 둥지 후보지까지의 거리나 방향을 다른 벌들에게 알리는 의사소통 수단이다.

[그림 9] 에크 벌떼에서 꿀벌들의 춤이 가리키는 잠재적 둥지 위치

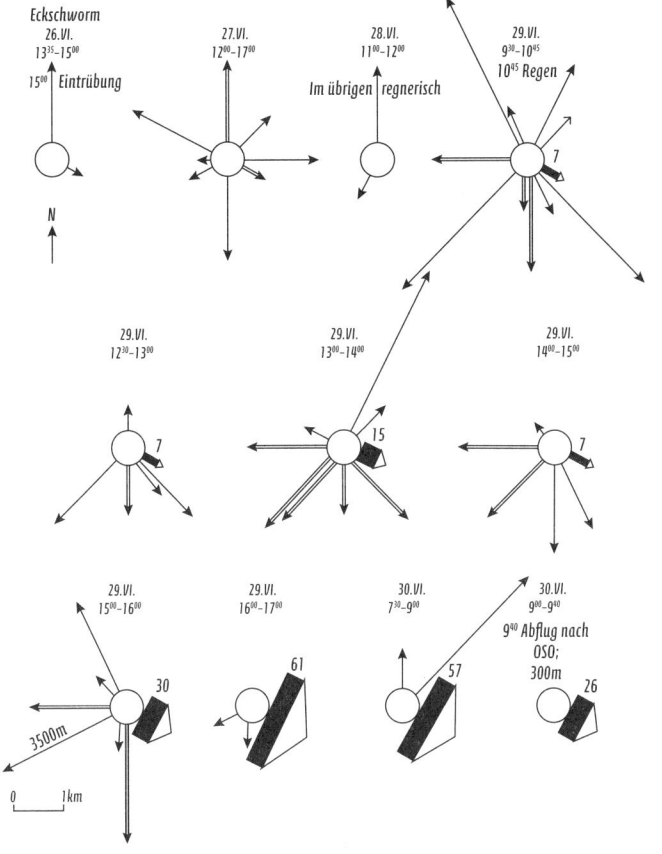

춤으로 움직이는 거리가 1센티인지 2센티인지에 따라 새 둥지 후보지까지의 거리가 비례적으로 늘어났다. 춤을 추는 각도는 해의 위치를 기준으로 후보지 방향을 가리켰다. 그날 오후 정찰벌들은 창틀 위 틈, 딱따구리가 뚫은 구멍, 나무 속 작은 구멍 등 둥지 후보지를 총 8곳 발견하고 무리로 돌아와 정보를 전달했다. 프리슈와 린다우어는 각각의 정찰벌은 자신이 찾은 후보지를 지지하는 춤을 추고,

춤을 추는 벌의 수가 늘어나면 군집 전체가 투표하듯 최적의 장소를 선택한다는 사실을 깨달았다.

린다우어에게 꿀벌들은 자연계에서 전혀 다른 무언가를 보여주는 존재였다. 그가 지켜보던 벌떼는 단순히 개별 동물들의 집합이 아니었다. 놀라울 정도의 정교한 협업과 중앙 명령 없이 이뤄지는 행동 패턴은 꿀벌이 하나의 독립적이고 조화로운 전체를 이루고 있다는 사실을 보여주었다.

이런 전체로서의 꿀벌 군체가 보여주는 환경을 인지하고 적응하는 능력 덕분에 앞으로 수십 년에 걸쳐 "유기체란 무엇인가"에 대한 정의를 제고해야 한다는 주장이 제기될 정도였다.

린다우어는 이 광경을 섬세하면서도 경외심 어린 어조로, "후보지 8곳 중 두 곳이 약간 더 인기를 끌고 있지만, 아직 합의에 이르지는 않았다"라고 묘사했다. 다음 날, 정찰벌들이 북쪽 후보지에 별다른 열의를 보이지 않는 듯하다고 언급했다 아마도 밤사이에 비가 많이 내려 둥지를 사용할 수 없게 되어서라고 추정했다.

벌떼는 이에 맞춰 빠르게 움직였다. 정찰벌들이 새롭게 찾아낸 둥지 후보지 가운데 몇 곳은 오직 춤 한 번으로만 소개되어 무리 전체의 관심을 받지 못했고, 다른 후보지들은 더 많은 주목을 받았다. 그 후 몇 시간 동안 벌들은 자신들이 선호하는 둥지 후보지를 향해 계속 춤을 추었다. 이는 수천 마리 개체가 새로운 둥지의 최종 후보를 놓고 서로 협상하며 궁극적으로는 투표하는 듯한 치열하고 역동적인 광경이었다.

결국 300미터쯤 떨어진 특정 지점을 가장 선호하는 곳으로 결정했다. 다른 후보를 지지하던 꿀벌들도 마침내 물러났다. 이튿날 오전 9시 40분쯤, 벌떼는 여러 가능성을 놓고 협의한 끝에 결정한 보금자리로 전부 이동했다고 린다우어는 기록했다.

이후 에크 벌떼라 불리게 된 이 관찰은 꿀벌의 행동과 의사소통 능력을 이해하는 데 매우 중요한 전환점이 되었다.* 그러나 린다우어의 연구는 여기서 더 나아가, 개체 수가 매우 많은 동물 집단이 특정 문제를 중심으로 스스로를 조직하고 변화에 대응하는 방식에 대한 근본적인 통찰을 제시했다.

한 연구진은 꿀벌을 비롯한 동물들의 집단적 의사결정이 간호사나 의사 같은 의료 현장의 인간 조직에도 시사점을 준다고 언급하며, 꿀벌의 사회 구조를 "중앙 통제 없이도 조율된 행동"을 보여주는 사례로 꼽았다.

이상적인 형태의 스타트업은 벌떼와 같아야 한다. 과도한 중앙집중식 통제 없이 이뤄지는 협업과 움직임은 미국의 스타트업과 엔지니어링 문화가 공유하는 가장 핵심적인 특징 중 하나다.

린다우어와 이후의 연구자들이 관찰한 벌들은 거대한 집단 행동 문제를 해결하는 과정에서 계층적인 위계를 구축하지 않는다. 대신 가능한 한 많은 자율성을 조직 주변부에 있는 정찰벌에 부여한

---

* 당시 관찰된 여러 벌떼의 이름은 주로 뮌헨에 있던 위치에서 유래했다(예 : "Fence", "Elm", "Hedge" swarms). 에크 벌떼(Eck Swarm)에서 Eck는 독일어이며, 영어로는 "Corner(구석)"라는 뜻이다.

다. 정찰벌들은 잠재적인 둥지 후보지의 적합성에 대한 최신이자 가장 유용한 정보를 보유하고 있으며, 변하는 상황을 고려한다. 벌들은 춤을 통해 투표하며, 벌들의 행동을 전체의 의사결정에 반영한다. 벌 떼는 당면한 문제를 중심으로 스스로 조직해 나간다.

다른 종들도 이와 비슷한 행동 양식을 보인다. 이탈리아 물리학자 조르조 파리시는 여러 해 동안 찌르레기를 연구해왔다. 그는 찌르레기들이 어떻게 그렇게 빠르게 정보를 주고받으면서 마치 하나의 유기체처럼 회오리치며 집단 비행을 할 수 있는지에 관심이 있었다.

2005년 12월, 파리시는 로마 중심부에 있는 국립로마박물관이 들어선 건물인 팔라초 마시모 옥상에 카메라 3대를 설치했다. 각 카메라는 광장 위를 주기적으로 맴돌며 소용돌이치는 찌르레기 떼를 매초 10장씩 촬영했다.

파리시는 일반 관찰자들에게는 이상한 형태의 공처럼 보이는 찌르레기 떼가 실제로는 원반 형태와 더 비슷하다는 사실을 발견했다. 매초 10장씩 찍힌 사진과 찌르레기들의 움직임을 3차원으로 재구성한 덕분에 파리시 연구팀은 특정 무리 속 각 찌르레기의 정확한 위치를 지도처럼 기록할 수 있었다.

꿀벌과 마찬가지로 찌르레기 떼 역시 주로 무리의 가장자리에 있는 찌르레기들이 무리 전체의 움직임을 시작한다. 지도자나 우두머리여서가 아니라 외부 세계와 잠재적 포식자를 가장 잘 볼 수 있어서다. 이후 바깥에서 안쪽으로 한 마리씩 차례대로 메시지를 전달하면서 수백 마리에 이르는 찌르레기가 순식간에 같은 방향으로 날아가게 된다. 파리시는 이 모습을 두고 "마치 믿기 어려울 정도로 빠른 입소문과도 같다"라고 표현했다.

●

정부 관료 조직에서 대기업까지 대부분의 인간 조직에서는 개개인의 에너지와 재능이 자리다툼, 성과에 대한 기여 주장, 실패에 대한 책임 회피에 주로 소모된다. 일을 수행하는 데 가장 중요하고도 희소한 창의적 역량마저 종종 자기 이익을 위한 위계를 만들거나, 누가 누구에게 보고하는지를 감시하는 데 잘못 쓰이고 만다.

그러나 꿀벌 떼에서 정찰벌들이 둥지로 돌아왔을 때, 정찰벌들이 얻은 정보가 중간에서 걸러지거나 가공되는 과정은 없다. 찌르레기 떼 역시 비행 방향이 바뀔 때, 상관에게 허락을 구할 필요 없이 옆에 있는 개체에게 신호를 보낸다. 중간 관리자에게 제출해야 할 주간 보고서도 없고, 더 높은 의사결정권자를 위한 프레젠테이션도 없다. 다른 회의를 준비하기 위한 회의나 전화 회의 같은 것도 없다.

꿀벌 떼와 찌르레기 떼는 개별 하위 그룹을 지휘하고 상사의 인식을 관리하는 수많은 부사장과 부부사장 계층이 없다. 오직 무리 자체만 있을 뿐이다. 그리고 그렇게 역동적으로 움직이는 군집 속에서만 비로소 어떤 즉흥성이나 유연함이 자연스럽게 발휘될 수 있다.

11장

즉흥적인 스타트업

　수년간 팔란티어의 신입 직원들은 1970년대 후반 영국의 연출가 겸 극작가인 키스 존스턴이 쓴 다소 생소한 즉흥 연극에 관한 책을 받았다. 존스턴은 미국에서 즉흥연기의 이론적 토대를 정립한 인물로 알려져 있다. 즉석에서 상황에 반응하며 연기를 만들어가는 이 새로운 연기 방식은 여러 면에서 영화와 TV 문화에서 통용되는 현대적 유머 감각을 바꾸어놓았다. 이 얇은 책은 컴퓨터 과학이나 기업용 소프트웨어 개발과는 거의 무관해 보인다. 그래서 신입 직원들은 이 책을 받았을 때 종종 의아해하곤 했다.

　하지만 즉흥 연극과 스타트업을 창업하거나 그곳에서 일하며 막막한 도전에 뛰어드는 것 사이에는 공통점이 많다. 무대 위에서 자신을 드러내고 캐릭터에 몰입하는 일은 우연성을 받아들이고 심리적 유연성을 기르는 걸 필요로 한다. 이런 자질은 기존 시장의 요구만 충족하기보다 새로운 시장을 개척하고, 나아가 그 시장을 만들어가려는 회사가 성장하는 과정에서도 필수적이다.

기술을 만들어가는 과정에는 숨이 막힐 듯한 즉흥성이 깃들어 있다. 코미디언 제리 사인펠드가 "코미디에서는 될 듯하면 뭐든지 해본다. 뭐든지"라고 말했는데, 기술 분야도 마찬가지다. 소프트웨어와 기술 개발은 이론이 아닌 관찰에 기반한 예술이자 과학이다. 이렇게 해야 한다는 고정관념을 끊임없이 버리고, 실제로 효과가 있는 것을 찾아나가야 한다. 관객, 대중, 고객에 대한 그런 민감성이야말로 무언가를 만들 수 있게 하는 원동력이다.

존스턴의 책은 현대 기업문화가 지닌 주요 특징 중 하나를 드러낸다. 그 특징은 스타트업의 핵심 요소인 엔지니어링 사고방식이 자라나지 못하도록 막는 요소이기도 하다. 존스턴은 1933년에 영국 남서부 해안 지역인 데번주에서 태어났다. 아버지는 약사였으며, 가족은 약국이 있는 건물에서 살았다. 1979년에 출간한 《즉흥연기》는 즉흥 코미디 입문자들 사이에서 컬트 클래식이 되었다.

이 책에서 존스턴은 배우 지망생, 즉흥 코미디언들과 함께한 연극 워크숍에서 사용한 다양한 연습을 검토하며 연기와 인간 심리에 대해 논한다. 특히 지위에 대한 논의가 주목할 만하다. 그는 지위를 주어진 상황에서 두 사람 간의 상대적 힘의 관계로 정의한다. 이 개념은 단순히 복잡하고 자기중심적인 위계를 만들고 그 안에 안주하기보다 실질적인 성과에 초점을 맞춘 유연한 엔지니어링 문화를 구축하는 데 중요한 통찰을 제공한다.

존스턴이 발견한 핵심 통찰 중 하나는 지위도 다른 성격 요소처럼 어느 정도 연기되는 것이라는 점이다. 배우와 즉흥 코미디언은 존스턴이 지위의 거래와 협상이라고 부른, 두 사람이 세상에서 서로 마주칠 때 발생하는 미묘한 상호작용에 대한 감수성을 키우고 다듬을수록 자신의 연기력을 높일 수 있다는 점이다.

연기 수업에서 존스턴은 무대 위 두 사람의 미묘한 몸짓과 신호인 서로 눈을 피하는 태도, 가벼운 고개 끄덕임, 상대 말을 가로막으려는 시도 등이 모두 서로 간 지위를 협상하고 주장하는 방식이라고 설명한다. 현실이든 무대 위든 지위란 결코 고정되거나 타고나는 게 아니라 다른 목적을 위해 활용하고 사용해야 할 수단적 속성 또는 자원으로 이해해야 한다는 게 중요하다.

존스턴은 지위와 드러나지 않는 서열 구조를 밝혀내는 데 관심을 두었다. 이는 오스트리아 출신 동물학자 콘라트 로렌츠의 영향이 컸다. 특히 1949년에 출간된 《솔로몬왕의 반지》의 영향을 받았다. 까마귀나 까치의 친척인 갈까마귀부터 늑대까지 다양한 동물의 사회적 행동을 관찰해 엮은 이 책에서 로렌츠는 "갈까마귀 무리에서 가장 지배적인 개체는 무리의 하위 계층을 대단히 하찮게 여기며, 특히 가장 낮은 계층을 발아래 먼지처럼 여길 정도로 모멸한다"라고 말한다.

전통적인 기업 내부 문화에서도 비슷한 경직성이 보인다. 층층이 쌓인 위계질서가 개인의 야심과 아이디어가 올라가는 것을 막는다. 존스턴에 따르면 "모든 억양과 움직임은 지위를 암시하며, 그 어떤 행동도 우연이나 특별한 '동기 없이' 일어나지 않는다." 특히 "내 지위와 내가 연기하는 지위"를 분리하는 능력이야말로 무대에서나 실제 사회에서나 효과적으로 처신하는 데 필수적이다.

다시 말해 사업적·사회적 관점에서 다른 이들이 내 행동을 제한하려는 시도에 구애받지 않기 위해서 또는 최소한 그런 지배 시도를 더 명확히 인식하고 대처하기 위해서이다. 그리고 조직에서 인식을 제한하는 억압적 필터인 지위라는 가리개가 거둬지면 조직 안에 숨어 있는 재능과 의욕을 훨씬 더 쉽게 찾아낼 수 있다.

전통적인 미국 기업문화가 겪는 가장 큰 어려움은 조직 내부에서 자신이 실제로 가진 지위와 사회적으로 연기하는 지위를 하나로 통합하길 요구하는 데 있다. 한 회사의 수석 부사장이라면 회사 내부에서 거의 모든 상황과 맥락에서 수석 부사장으로 행동해야만 하는 경우가 많다. 그리고 그 사람의 지위는 다른 사람들과의 관계 속에서 일관된 우위를 요구하게 되는데, 이런 우위는 실제로 회사의 목표 달성에 도움이 될 수도 있고 되지 않을 수도 있다.

이런 경직되고 체계화된 경향은 2차 세계대전 이후 미국 기업문화 전반에 나타났다. 이를 보여주는 대표적인 사례가 1892년에 설립된 전자제품 제조사 필코다. 1960년대에 이르러 필코는 임원 직급에 따라 사무실에 둘 수 있는 가구 종류까지 명시한 규정집을 둘 정도로 계층화된 위계 구조를 만들었다. 이런 수준의 경직된 모습은 린다 우어가 말한 벌떼와 당연히 거리가 멀다.

팔란티어는 존스턴의 《즉흥연기》에 나오는 발상을 바탕으로, 지위를 본질적인 가치가 아닌 다른 목표나 목적을 달성하기 위해 활용할 수 있는 도구적 가치로 보는 문화를 지향해왔다. 팔란티어뿐 아니라 실리콘밸리에 뿌리를 둔 기업에 관한 흔한 오해 중 하나는 이런 기업들이 수평적이거나 계층 구조가 아예 없다고 생각한다는 것이다.

실리콘밸리의 거대 기술 기업도 사람이 모인 조직인 이상 어떤 식으로든 사람을 조직화하는 구조가 있다. 이런 조직 구조는 종종 누군가를 남들보다 더 높은 위치로 올리는 걸 필요로 한다. 결정적인 차이는 구조의 경직성에 있다. 그 구조를 얼마나 유연하게 해체하거나 재배치할 수 있는지, 그 구조를 유지하거나 그 안에서 자기 과시에 소모되는 창의적 에너지가 얼마나 큰지가 중요한 차이를 만든다.

팔란티어 내부에도 확실히 일종의 "그림자 위계"가 존재한다. 겉으론 잘 드러나지 않지만 실제로 작동하는 권력 구조가 있다는 뜻이다. 물론 조직 체계가 겉으로 드러나지 않으면 내부 직원은 물론이고 누가 책임자인지 알고 싶어 하는 외부 파트너들까지도 업무를 파악하고 조율하는 데 드는 비용이 커지게 된다. 그러나 많은 사람이 직원 수천 명 사이에서 지위를 나타내는 내부적 신호나 상징을 줄임으로써 만들어질 수 있는 열린 공간의 크기를 과소평가한다.

예컨대 스칸디나비아 지역의 상업 영업 책임자가 누구인지 다소 불분명하다는 점은 그 역할을 맡아야 할 사람이 당신일 수도 있다는 것이다. 미국 중서부의 주정부나 지방정부와의 협력 업무 역시 마찬가지다. 우리가 경험한 바로는 조직 안에서 비어 있거나 비어 있다고 여겨지는 자리들은 비용보다 이점이 더 많았다. 야심 있고 유능한 리더는 스스로 기회를 찾아 그 자리를 메우려 들기 마련이다. 만약 모든 책임과 권한이 이미 고정돼 있었다면 남의 영역을 침범하는 게 두려워 누구도 도전하지 못했을 테니까 말이다.

●

미국과 유럽을 비롯한 전 세계 대기업에서는 이제 매주 20명, 30명, 심지어 50명이 넘는 인원이 참석하는 회의들이 흔해졌다. 어떤 곳에서는 하루에도 여러 차례 이런 규모의 회의가 열린다.

그러나 이런 회의들은 대부분 기업 내부 엘리트들이 지위와 자원을 놓고 경쟁하는 장치일 뿐이다. 허울뿐인 발표와 논점들은 정치적으로 능수능란한 인물들의 이익을 증진할 뿐이다. 이런 사람들이 기업의 생산성에 기여하는 부분은 측정하기가 극도로 어려울 수 있다. 게다가 이 길고 지루한 회의들은 종종 그보다 더 많은 사전 회의로 이어진다. 이는 회의에 참석하기 위해 또다시 회의를 준비하는 상황을 만든다.

회의 산업 복합체(Meeting-industrial complex, 군산복합체를 패러디한 표현으로 대기업의 과도한 회의 문화와 그로 인한 구조적 비효율을 비판하는 용어-옮긴이)에 질린 사람들은 극심한 스트레스에 시달리고, 심지어 자해 충동까지 불러일으킨 것으로 보인다. 하버드대학교 경영대학원 연구진이 기술 분야부터 컨설팅까지 다양한 업종의 임원 182명을 인터뷰한 결과가 있다. 현대 기업문화에서 끝없이 이어지는 회의에 질식당하고 있다는 공통된 목소리를 확인할 수 있었다.

한 임원은 회의 도중에 견디기가 힘들어 비명을 지르는 대신 연필로 자기 다리를 찌르기까지 했다고 고백했다. 이렇게 열리는 대규모 회의는 야심 많은 자기 과시형 인물들이 조직 내에서 지위와 권력을 과시하는 수단으로 쓰이고 있고, 재능은 있으나 정치적 책략에 능숙하지 않은 동료들은 결국 물러서게 된다. 이는 조직 전체에 큰 비용을 초래한다.

오늘날 기업문화의 가장 본질적인 한계는 회사 내부의 위계나 조직 구조가 지나치게 경직되어서 새로운 과제나 변화에 유연하게 대응하기 어렵다는 점이다.

1988년 1월 GE부터 IBM까지 대규모 조직의 운영 방식을 연구한 경영학 이론가 피터 드러커는, 〈하버드 비즈니스 리뷰〉에 기고한 글에서 미국 기업과 대규모 조직에 곧 새로운 경영 모델이 등장할 거라고 예견했다. 이는 매우 예리한 통찰이었다.

드러커는 오케스트라를 예로 들어 설명했다. 당시 통용되는 조직 구조 이론대로라면 오케스트라는 "그룹 부사장 지휘자 여러 명과 부문 부사장 지휘자 대여섯 명"을 갖춰야 할 것이라고 했다. 그러나 오케스트라에 다층적인 체계는 없다. 드러커가 설명했듯이 "오직 지휘자(CEO)만 있고, 모든 연주자는 중간 관리자 없이 지휘자를 직접 상대한다. 게다가 연주자 각각은 고도의 전문성을 갖춘 예술가다."

드러커가 제시한 핵심 통찰은 오케스트라에서 지휘자와 연주자가 서로 눈을 맞추는 모습을 보여주듯 기업의 리더와 조직 내 창의적 생산자 간에 직접적인 연결이 필수적이라는 점이다. 우리의 경험으로 볼 때, 세계적인 수준의 소프트웨어 엔지니어들은 화가나 음악가처럼 예술가와 다름없다. 불필요하게 복잡한 조직 구조는 이런 인재들을 조직의 목표와 멀어지게 만들어 결국 막대한 손실을 초래한다.

미국 기업문화의 결함이자 비극은 대부분 직원의 근무시간과 에너지가 생존과 내부 정치에만 쓰인다는 사실에 있다. 내부 권력자들 사이에서 조심스럽게 자신을 지키고, 위협을 피하며, 이런저런 친구와 동맹을 맺느라 에너지가 소진되는 것이다.

우리 같은 기술 스타트업들은 이런 미국 기업 모델에 실망하거나 문제점을 미리 알아차린 젊고 재능 있는 많은 사람으로부터 수혜를 받았다. 미국의 전통적 기업문화는 지식과 창의성을 착취하는 데 주저함이 없는 시스템이자 종종 희소한 지적·창의적 에너지를 내부 권력 다툼과 정보 접근을 둘러싼 내부 경쟁에 돌리도록 한다.

이런 맥락에서 실리콘밸리로 모여든 젊은이들은 일종의 문화적 망명자다. 그중 상당수는 분명히 특권을 누리고 역량을 지녔다. 그럼에도 주류와 어울리지 않는 이질적 존재들이며 그래서 망명자일 수밖에 없는 이들이다. 이 젊은이들은 자본주의의 지배적인 기업 형태에서 스스로를 떼어내고, 비록 완벽하지 않고 복잡하긴 해도 인간 조직의 새로운 가능성을 제시하는 다른 방식을 택했다.

앞으로 미국을 비롯한 많은 나라가 맞닥뜨릴 과제는 우리 시대

최고의 인재들이 국가 전체에서 분리되어 자체적인 하위문화나 공동체를 형성하지 않도록 하는 것이다. 또 그 인재들이 찾아낸 둥지를 사회 안으로 포섭하는 것이다.

•

지난 100년간 우리는 문화를 마치 지나치게 구체적이고 배타적인 것으로 치부해왔다. 그러나 실리콘밸리에서는 특정 문화에 기반한 실천이 막대한 가치를 창출하는 장면들을 공공연하게 관찰할 수 있었다. 이를 단지 실리콘밸리만의 특성으로 치부하지 말고 정부 운영 방식이나 공공 서비스의 개선을 위한 기초 아이디어로 생각할 필요가 있다.

왜 민간 부문만이 그 혜택을 누려야 하는가? 많은 사람이 실리콘밸리의 부상을 마치 멀리서 관찰하는 듯한 태도를 보인다. 실리콘밸리에서 만든 장치와 서비스를 즐겨 쓰면서도 동시에 거대 권력이 집중되는 모습에 분개하기도 한다. 결국은 거리를 두며 지켜볼 뿐이다. 우리는 과연 실리콘밸리가 이뤄낸 성과를 가능하게 한 문화적 가치를 적극적으로 받아들이고, 적극적으로 차용하려는 열망과 긴급함이 있는가?

기술 산업의 부상을 지켜보는 사람들이 흔히 범하는 가장 큰 오해는 이 기업들이 소프트웨어를 잘 만들어서 현대 경제를 장악하게 되었다고 결론짓는 일이다. 실상은 반대다. 그런 소프트웨어가 나올 수 있도록 만들어주는 문화적 성향과 관행, 규범이야말로 이 업계가 성공을 거둘 수 있었던 근본 이유다.

실리콘밸리의 핵심 통찰은 단지 가장 우수하고 똑똑한 사람을 뽑는 데서 그치는 게 아니라 실제로 우수한 존재로 인정하며 창작할 수 있는 유연성과 자유, 공간을 보장해주는 데 있다. 가장 생산적인 소프트웨어 회사들은 예술가 공동체와도 같아서 기질적으로 까다롭고 재능 넘치는 영혼들로 가득 차 있다. 그리고 이들이 지닌 권력에 순응하거나 굴복하지 않으려는 의지야말로 가장 가치 있는 본능이다.

12장

집단의 압력

1951년 펜실베이니아주 스워스모어 칼리지 심리학과 솔로몬 애쉬 교수는 집단의 압력 앞에서 인간이 얼마나 쉽게 순응하는지 알아보는 겉보기엔 단순한 연구를 진행했다. 이 실험은 훗날 인간 정신의 취약성에 대한 훨씬 더 광범위한 성찰을 불러오는 계기가 되었다. 또 이 연구는 2차 세계대전 후 초기 시기에 진행된 여러 연구 중 하나로서 회사를 세워 나가는 과정에서 극복해야 할 인간 심리의 중요한 특징을 보여주기도 했다.

애쉬는 1907년 당시 러시아 제국에 속해 있던 바르샤바에서 태어났다. 13세 때 가족과 함께 뉴욕으로 이주해 시티 칼리지에 다녔으며, 이후 컬럼비아대학교에서 박사 학위를 받았다. 그의 동조 실험은 집단의 압력에 맞서려는 인간의 의지력이 얼마나 제한적인지 대중에게 널리 드러낸 연구였다.

[그림 10] 애쉬의 동조 실험

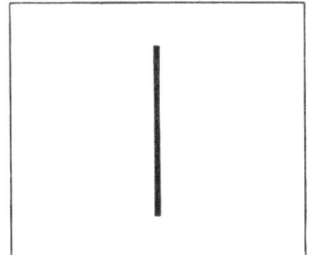 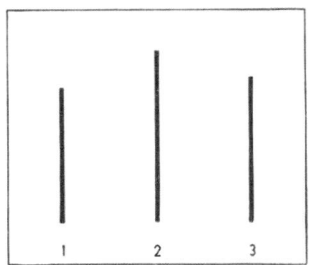

강의실에서 한 강사가 기준선과 함께 높이가 다른, 번호가 각각 다르게 매겨져 있는 선 3개를 8명에게 보여주었다. 이 8명 중 실제 실험 대상자는 1명뿐이고, 나머지 7명은 실험의 공모자였다. 8명에게 번호가 붙은 선 3개 중 몇 번째 선이 기준선과 길이가 같은지 물어봤다. 【그림 10】의 상황이라면 왼쪽의 기준선과 길이가 같은 건 2번이라고 대답해야 했을 것이다.

이 과제는 겉보기엔 간단해 보인다. 그렇지만 많은 참가자가 사전에 틀린 답을 말하도록 지시받은 공모자들 다음에 질문을 받자, 그들 중 상당수가 명백히 더 길거나 짧은 선을 선택하며 틀린 답에 동조했다. 물론 피험자들은 정답을 알고 있었다. 그러나 주변 사람들 전부가 다른 답을 내놓는 상황을 당혹스러워했다. 일부 사람들에게는 불일치가 감당하기 어려울 정도로 강력한 심리적 압박을 주었다.

애쉬는 훗날 "이 실험 대상자는 아마도 난생처음 한 집단에 의해 자신의 감각이 주는 명백한 증거를 전면 부정당하는 상황에 직면하게 되었다"라고 묘사했다. 정답을 잘 알고 있음에도 불구하고 잘못된 선택을 일제히 하고 있는 7명 옆에 앉아 있는 상황은 피실험자에게 분명 고통스럽고 불편한 순간이었을 것이다.

애쉬와 많은 연구자에게 지적이고 선량한 젊은이들마저 흰 것을 검다고 말할 만큼 집단 압력에 쉽게 흔들릴 수 있다는 사실은 심각한 문제였다. 이는 곧 우리 사회의 교육 제도와 우리가 공유해온 가치관 전반에 근본적인 의문을 던지게 했다.

집단 압력과 동조 현상을 다룬 애쉬의 실험은 1930년대 독일에서 나치당이 부상한 후에 제기된 인간 본성에 대한 물음, 특히 타인에게 해를 가할 가능성에 대한 문제와 깊이 맞닿아 있었다. 훗날 애쉬의 친구이자 동료였던 한 사람은 집단 압력에 굴복한 참가자들을 "순응자"라고 불렀다. 그는 그 수가 예상보다 훨씬 많다는 사실을 확인한 후 "결과를 받아들이는 법을 배워야 했고, 나치가 성공한 이유도 받아들일 수밖에 없었다"라고 회상했다. 애쉬의 실험은 몇 년 뒤 예일대학교에서 스탠리 밀그램이 진행한 다른 실험들과 더불어 독일 국민을 압도했던 집단 심리의 압력에, 미국인의 정신이 어떻게든 면역되어 있을 것이라는 막연한 희망을 완전히 종식시켰다.

애쉬의 실험은 2차 세계대전 이후 사회심리학의 황금기를 여는 시작점이었다. 오늘날에는 인간을 대상으로 하는 연구를 면밀하게 심사하는 기관윤리위원회가 있지만, 당시에는 이런 제도가 존재하지 않아 각 학과가 자체적으로 연구를 검증했다. 그 결과, 상당한 정도의 속임수를 요구하는 실험을 포함해 인간을 대상으로 한 각종 실험이 자주 허용되곤 했다. 이후에 많은 사람이 속임수와 조작의 정도를 문제 삼아 윤리적 문제를 제기했지만, 이 실험들은 사회심리학과 집단심리학 분야에서 그 어느 때보다 가치 있는 연구 성과를 낳았다고 평가되기도 한다.

애쉬의 제자였던 밀그램은 1961년 프린스턴대학교에서 복종 실험을 진행했다. 이는 10년 전 애쉬의 선 길이 비교 실험보다 훨씬 극단적인 실험이었다. 당시 밀그램은 예일대학교에서 심리학 조교수로 재직하고 있었다. 밀그램은 피실험자들이 단순히 선의 길이를 비교하는 지각 과제에서 집단 압력에 굴복하는지를 알아보는 데 그치지 않았다. 명백한 권위를 갖춘 사람의 지시에 따라 무고한 타인에게 실제로 해를 가할 의지를 보이는지 알아보고자 했다.

1933년 뉴욕 태생인 밀그램은 헝가리 출신 이민자로 제과업을 하던 아버지와 어린 시절 루마니아를 떠나온 어머니 사이에서 자랐다. 밀그램의 실험은 코네티컷주 뉴헤이븐 지역 주민 수백 명을 모집하는 방식으로 진행됐다.

참가자들은 이 실험이 예일대학교에서 하는 학습과 처벌에 관한 심리학 실험이라고 안내를 받았다. 자원봉사자를 모집한다는 광고를 지역 신문에 게재하고 지역 전화번호부에서 무작위로 선정한 이들에게도 편지를 보내 참가자를 모았다. 각 참가자에게 실험 참여 대가로 4달러와 왕복 택시비 50센트를 지급했다.

참가자들은 이 실험에서 "교사" 역할을 맡게 된다. 역할은 학습자라 불리는 또 다른 참가자에게 전기 충격을 가하는 것이다. 전기 충격이 "Blue-Box"나 "Wild-Duck" 같은 무작위 단어 쌍을 더 정확하게 암기할 수 있도록 도와주는지를 평가하기 위한 실험을 진행하게 된다고 안내받았다.

전기 충격 장치는 손잡이와 불빛, 경고음 등 진짜처럼 꽤 그럴듯하게 위협적으로 보이도록 만들었다. 손잡이를 돌려 전압 단계를 높이면 어떤 세기가 가해지는지 명확히 표시해두었다. 그리고 각 세션을 시작하기 전, 교사 역할인 실험 참가자에게 직접 전기 충격을 살짝 주어 이 장치가 진짜라는 확신을 심어주었다. 물론 학습자 역할을 맡은 사람은 실험 기획을 알고 있는 협력자였다. 47세의 회계사가 학습자 역할을 맡았다.

이 전기 충격 장치는 소리와 불빛을 내보냈지만, 실제로는 누구에게도 해를 입히지 않는 장치였다. 하지만 세션이 진행되며 전압이 점점 올라가자, 학습자는 고통을 호소하며 비명을 지르고 소리치기 시작했다. 교사와 관리자 모두에게 실험을 멈춰달라고 애원했다. 이 실험의 핵심은 학습자가 점점 더 절박하게 중단을 요청하는 데도 교사들이 어디까지 명령을 따르는지 보는 것이었다.

수십 명이 참여한 이 실험에서 무려 3분의 2가 무고한 사람에게 실제로 해가 될 만한 전압을 가하라는 관리자의 지시에 순응했다. 이 실험 결과는 미국 사회에 큰 충격을 안겼다. 권위자의 지시에 따라 인간이 타인에게 얼마나 쉽게 해를 가할 수 있는가에 대한 뜨거운 논쟁을 촉발시켰기 때문이다.

실험에서 가장 잊기 힘든 세션 중 하나는 밀그램이 훗날 "지극히 평범한 사람"이라고 묘사한 50세 참가자의 사례다. 이 참가자는 강도를 점차 높여 전기 충격을 가하라는 요구에 처음에는 가볍게 항의했다. 그러나 전압이 위험해 보이는 단계에 이르고, 학습자가 고통을 호소하며 이 실험을 멈춰달라고 계속 외치자, 이 참가자는 180볼트 충격을 가하라는 관리자의 지시를 따르지 않고 관리자를 설득하려고 했다.

> 참가자 : "못 하겠어요. 저 사람을 죽일 순 없잖아요. 저 사람이 비명 지르는 거 들리시죠?"
> 관리자 : "이미 말씀드렸듯이, 충격이 고통스러울 순 있지만…."
> 참가자 : "근데 저 사람이 계속 비명을 지르잖아요. 저 사람 못 견딜 거예요. 저 사람 어떻게 되는 거 아니에요?"
> 관리자 : (차분하고 사무적인 목소리로) "선생님, 이 실험은 계속 진행해야 합니다. 학습자가 싫어하든 말든, 우린 계속 해야 해요."

물론 그 참가자는 계속했다. 그 후 몇 분간 참가자는 학습자의 극심한 비명과 항의에도 불구하고 전압을 점차 높이며 전기 충격을 가했다. 대화 기록을 살펴보면 그 장면이 몹시 충격적이다. 자신이 다른 사람을 죽음 직전까지 몰아간다고 알고 있으면서도 상대적으로 차분하고 예의 바른 말투를 유지해서다. 밀그램은 이를 두고 "정중함과 존대를 끝까지 지키는 모습"이라고 표현했다.

실험 참가자와 관리자의 차분한 대화, 학습자의 절규와 고통스러운 외침이 공존하는 이 극단적인 인지부조화는 오직 타락한 이들만 무고한 이에게 해를 끼친다라는 통념을 뒤흔들었다. 밀그램은 훗날, 이 실험 참가자가 "자신이 누군가를 죽이고 있다고 인지하고 있으면서도 티 타임에서나 나올 법한 말투를 쓰고 있다"라고 기록했다.

아마도 2차 세계대전 때 벌어진 잔혹한 파괴 행위가 일부 소수의 타락한 가해자가 저지른 만행일 뿐이라고 생각하고 싶었는지 모른다. 밀그램의 실험은 인간의 파괴적 능력이 생각보다 흔한 것이고, 심지어 평범하기까지 하다는 불편한 진실을 우리 앞에 내놓았다.

물론 밀그램의 실험 참가자들 모두가 이렇게 순응적이었던 건 아니었다. 특히 1930년대 나치당이 부상하던 시기에 독일에서 성장기를 보낸 의료 기술자 출신의 한 여성은 확연히 다른 반응을 보였다. 전기 충격 장치의 전압 세팅이 210볼트에 가까워지자, 그녀는 잠시 멈추고 "계속해야 하나요?"라고 물었다.

관리자는 모든 단어 쌍을 완벽히 학습할 때까지 계속해야 하며, 충격은 고통스럽더라도 위험하지 않다고 재차 강조했다. 그러자 그녀는 "글쎄요, 이 정도로 충격을 계속 주면 위험하다고 생각해요. 저 사람에게 그만두고 싶은지 물어보세요. 그도 자유의지가 있잖아요"라며 반응 수위를 한 단계 더 높였다. 그녀의 저항 행위는 마치 아무렇지도 않은 듯 보였다.

그러나 그 안에는 흔들림 없는 단호함이 깃들어 있었다. 잠시 후, 그녀는 더 강한 전기 충격을 가하지 않겠다고 말한 뒤 실험실을 떠났다. 밀그램은 "그녀의 솔직하고 공손한 태도, 긴장감 없는 모습"은 그녀의 저항을 마치 "간단하고 합리적인 행동"처럼 보이게 했다고 평했다.

그 여성이 보여준 심리적 탄력성은 밀그램이 대부분 참가자에게 기대했던 것이었다. 그러나 그의 기대는 빗나갔다. 실험에 참가한 많은 사람은 실험을 멈춰달라고 절규하는 참가자에게 높은 전압의 전기 충격을 가하고 있다고 믿으면서도 계속 충격을 가했다. 이렇게 많은 사람이 비이성적 지시에 쉽게 복종했다는 사실은 인간이 지닌 한계를 적나라하게 드러냈다고 볼 수 있다. 또 앞으로 나아갈 길을 제시하거나 비즈니스에서 새로운 무언가를 만들려 할 때 맞닥뜨릴 수밖에 없는 심리적 장애물들도 드러내 주었다.

●

복종하려는 본능은 정치 운동에서 예술 사조, 기술 스타트업까지 기존 질서를 흔드는 파괴적인 조직을 만들려고 할 때 큰 걸림돌이 될 수 있다. 물론 실리콘밸리에서 성공한 기술 대기업 중에는 건설적인 불복종이라 부를 만한 문화가 있는 곳도 있다. 조직의 최고 리더가 제시한 창의적 방향성은 대다수 구성원에게 내면화되지만, 때로는 실행 담당자가 더 나은 결과를 위해 이를 수정하고 이의를 제기하기도 한다. 조직 내의 특정한 대립은 실질적인 무언가를 구축하기 위해 꼭 필요하다.

책임을 완전히 저버리는 건 단순히 조직의 발전을 저해할 수 있다. 하지만 위로부터의 지시를 아무런 의심 없이 그대로 실행하는 것

역시 조직의 장기적인 생존에 똑같이 위험하다. 문제는 대다수 기업에서 경영진과 관리자들이 직원을 뽑고 보상할 때, 생각 없는 순종을 선호하고 장려한다는 점이다. 이런 순응주의는 창업자의 변덕을 단순히 실행하는 수준을 넘어서는 기업을 구축하는 데 해로운 영향을 미친다.

애쉬와 밀그램 등이 진행한 이 실험들은 오늘날 실험 사회심리학의 고전으로 자리 잡았다. 이 실험들은 한 세대 전체의 학자들에게 권위의 압력에 저항할 수 있는 개인의 능력에 대해 의문을 가지게 했다. 인간의 본성에 대한 오래도록 지속되는 암울한 평가를 남겼다는 말이다. 일부 사람들은 유럽에서 일어난 일이 예외적 상황이었기를 바랐다. 다른 국가들이 같은 상황에 처했다면 더 강력하게 저항해 전체주의 지배에 굴복하지 않았을 거라고 기대했던 것이다.

그러나 애쉬의 제자인 컬럼비아대학교 심리학과 하워드 그루버 교수는 훗날 당시 한 연구들이 "동조 현상이 전 세계적으로 나타난다"는 사실을 분명히 확인시켜주었다고 회상했다. 미국은 예외적인 국가였을 수 있다. 그러나 모든 면에서 그랬던 건 아니다.

한편, 일종의 사회적 청각 장애라 부를 수 있는 태도가 소프트웨어 구축 맥락에서는 생산적으로 작동하기도 한다. 주변 신호나 규범에 굳이 동조하지 않으려는 성향이 기술 분야에서는 오히려 강점이 될 수 있다. 조직이 성장하는 특정 시점에 외부 세계의 의견과 거리를 두고, 우리만의 방식을 고수하려는 의지가 지난 20년간 팔란티어를 구축하는 과정에서도 대단히 중요했다.

일부 영역에서 장애로 여겨지는 것들이 다른 영역에서는 오히려 의미 있는 역할을 하기도 한다. 1922년 9월 클로드 모네는 몇 달간 시력이 급격히 떨어진 끝에 백내장 진단을 받았다. 프랑스 파리의 안과 주치의에 따르면, 모네의 왼쪽 눈 시력은 10분의 1 수준으로 떨어졌고 오른쪽 눈은 빛을 식별하고 방향만 알아볼 정도에 불과했다. 세상이 주황빛으로 보이다가 얼마 뒤에는 파랗게 보이는 등 시야가 수시로 변했다.

이후 수술과 독일산 렌즈 덕분에 시력 문제는 어느 정도 개선되었지만, 장애로 인해 모네의 후기 작품들은 사실적인 재현에서 더욱 벗어나는 양상을 띠게 되었다. 이를테면 연작 〈수양버들〉의 캔버스에는 청록색과 진홍색이 함께 배어 있다. 한 미술 비평가는 이에 대해 "움직임이 있는 선들이 이미지를 흐릿하게 만들어 추상으로 이어지는 느낌을 준다"라고 평했다. 이후 2022년 파리에서 열린 모네와 조안 미첼의 공동 회고전은 모네가 그가 사망한 후 수십 년간 미술계를 지배하게 될 추상표현주의의 부상에 결정적인 영향을 미친 인물이었다는 점을 시사했다.

베토벤 역시 20대부터 청각이 약해지기 시작했다. 베토벤은 작곡가로서 음악을 듣는 능력에 문제가 생긴 점을 처음에는 극도로 숨기려 했다. 1801년 베토벤은 한 바이올린 연주자 친구에게 "청력을 잃어가고 있다는 사실을 비밀로 해달라"고 편지를 썼다. 그러나 세월이 흐르며 난청 사실이 점점 알려지자, 사람들은 베토벤의 조카가 삼촌에게 쓴 편지처럼 "이런 고통에도 불구하고" 초인적인 작곡 실력을 발휘하는 그의 모습에 매료되었다.

그렇다면 이 장애가 과연 정말 장애였던 걸까? 베토벤이 명곡을 만든 건 장애를 극복한 결과였을까? 아니면 오히려 장애 덕분이었을까? 일부 사람들은 베토벤의 청력 상실이 창작 과정을 다른 방식으로 돌렸을 뿐 아니라 오히려 강화했다고 주장한다. 작곡을 전적으로 악보에 의존하도록 한 결과 그가 "소리의 기억만이 아니라 시각에도 의지"하면서 기존과는 완전히 다른, "새로운 소리의 세계"를 만들 수 있었다는 것이다.

●

우리는 주변 사람들이 하는 행동과 규범을 따른다. 남들에겐 아주 자연스러워 보이는 능력들을 나 역시 갖추고자 하는 본능을 지니고 있다. 이런 적응적 본능은 개인은 물론 인류 전체의 생존에도 매우 유익하다. 그러나 이렇게 강력한 동조 욕구는 창의적인 결과물을 만들어야 할 때는 오히려 걸림돌이 된다.

애쉬의 실험에서 선의 길이에 대해 명백히 잘못된 의견을 반복할 때마다 매번 집단의 압력에 굴복하는 사람들이 있었다. 반면, 주변의 압력에도 아랑곳하지 않고 항상 길이를 정확히 판단하는 무리도 있었다. 이런 특정한 사회적 판단에 대한 둔감함, 집단에 쉽게 동조하지 않는 저항성이 실리콘밸리의 엔지니어링 문화가 부상하는 데 결정적인 역할을 했다고 할 수 있다.

13장

군을 위해 더 나은 무기를 만들다

2011년 9월 28일, 미군 병사 24명으로 구성된 소대가 아프가니스탄 남부 헬만드 지역에서 순찰하고 있었다. 소대는 지역 지도자들과 협력 관계를 구축하려는 특수부대 요원을 지원하고 있었다. 중앙아시아에 있는 이 지역은 지난 3000년 동안 수많은 제국이 충돌하고 경쟁하던 지정학적 교차점이었다. 기원전 4세기 알렉산더 대왕 시절부터 반복적으로 침략을 겪어오기도 했다. 알렉산더 대왕도 동쪽의 카이바르 고개에서 서쪽의 페르시아로 진군하던 중, 아프간 궁수가 쏜 화살에 기습을 당해 부상을 입었다고 전해진다.

그해 9월 어느 날 오후, 소대가 순찰을 멈추고 차량에서 해병 2명이 내려 주변을 살폈다. 아프간 반군이 도로변에 설치했을지 모르는 폭탄의 흔적을 찾고 있었을 것이다. 잠시 후 폭탄이 터졌고, 해병대원들은 심각한 부상을 입고 쓰러졌다. 인디애나주 포터 출신의 21세

육군 위생병 제임스 버츠는 헬멧이나 소총을 챙길 새도 없이 곧장 달려가 이 대원들을 구하려 했다. 그때 2번째 폭발이 이어졌다. "군인 2명이 쓰러졌을 때, 지미는 망설이지 않았다"라고 버츠의 아버지는 훗날 회상했다. 버츠와 해병대원 둘 모두 그날 목숨을 잃었다.

아프가니스탄 곳곳에서 미군과 연합군을 겨냥해 길가에 매설한 폭탄인 IED 공격이 대폭 늘었다. 2012년까지 미국 병사 3,000명 이상이 반군이 도로 밑에 숨기거나 매설해 원격으로 터뜨리는 이 수제 폭탄으로 목숨을 잃었다. 2012년 한 해에만 미군과 연합군을 상대로 전국적으로 IED 공격이 총 1만 4,500건 발생했다. 쉽게 구할 수 있는 농업용 비료를 이용해 제조한 이 폭탄들은 아프가니스탄 전역의 마을에서 민병대와 협력 관계를 맺어야 했던 미군에게 점점 더 큰 위협이 되었다. 이 임무를 수행하려면 끊임없이 민간인들과 교류하며 여러 지역을 이동해야 했기 때문이다.

수년간 폭탄을 탐지하고 해체하는 임무에 투입되었던 미국 해군 장교는 "IED 때문에 미군 병사들이 무거운 장갑차에 갇혀 빠른 속도로 이동하거나 아예 도로를 피해 농부들의 밭을 가로질러 갈 수밖에 없게 되었다"라고 회상했다.

미군은 2006년부터 2012년까지 제작비가 300달러에 불과한 이 조악한 IED에 맞서려고 250억 달러가 넘는 예산을 투입했다. 아프가니스탄 곳곳을 돌아다니며 병력을 수송하는 장갑차는 특히 IED에 취약했다. 방어 장갑이 얇아 도로 곳곳에 매설된 폭탄의 폭발을 견디지 못했으니 말이다.

그래서 미국 육군은 더욱 견고한 세라믹 복합 소재로 장갑을 갖춘 신규 차량을 대거 주문했다. 2012년 10월까지 2만 4,000대가 넘는 장갑차를 생산해 아프가니스탄과 이라크 전장으로 보냈다. 그러자 반군들은 이에 대응해 더 크고 위력적인 폭탄을 만들기 시작했다. 멀리 떨어진 거리에서도 원격으로 폭파할 수 있는 기폭 장치를 개발한 것이다. 현장의 병사들은 더 크고 무거운 장갑차조차 손쉽게 파괴하는 이 폭탄을 버팔로 킬러라고 불렀다.

2011년 무렵이 되자, 미군 내부에서 특정 도로나 이동 경로의 안전성을 평가하고 폭탄 제조자를 찾아내 체포하려면 더 나은 정보가 필요하다는 게 명확해졌다. 현장에서 수많은 군인과 정보 요원들이 느꼈던 좌절감은 필요한 정보를 이미 다 가지고 있다는 사실 때문이다. 이전 공격 기록과 공격 위치, 사용한 폭탄 재료 종류, 체포한 반군들의 지문 스캔과 휴대전화 번호, 미국 정보기관이 포섭한 비밀 정보원의 보고서 등 활용 가능한 데이터는 수도 없이 많았다.

이런 정보들은 여러 정부 시스템에 분산되어 있었고, 적절한 보안 인가만 있으면 누구든 접근할 수 있었다. 문제는 이런 정보를 하나로 엮어 현장에서 즉각 활용할 수 있는 실질적이고 유용한 형태로 만드는 일이었다. 순찰대가 이웃 마을로 가는 최적의 경로를 계획하거나, 어떤 포로를 심문하고 어떤 정보를 얻을 수 있을지 결정하는 데 즉각적으로 활용 가능한 형태로 정보를 가공하는 작업은 불가능에 가까웠다.

메릴랜드주 베데스다에 있는 록히드마틴의 프로그래머를 비롯해 당시 육군의 소프트웨어 시스템을 설계한 이들은 실제 사용자들인 현장의 병사들과 정보 분석가들에게서 너무 멀리 떨어져 있었다. 한마디로 현실과 단절되어 있었다. 사용자와 개발자 사이에 벌어진 간극이 너무 커져서 사용자의 피드백을 바탕으로 빠르게 수정하고 개선하는 게 불가능했다. 군사용 소프트웨어 시스템을 포함한 어떤 기술을 개발하는 데도 설계자와 사용자 간의 긴밀한 연결인 정서적이고 때로는 물리적인 거리의 근접성이 필수이다.

그러나 워싱턴 디시 근교 버지니아와 메릴랜드 교외에 자리 잡은 정부 계약 업체들에 이런 긴밀한 협력은 아프가니스탄 반군처럼 낯선 세계였다. 다른 시대에는 달랐다.

2차 세계대전 당시 미군 전투기 조종사들은 종종 뉴욕주 롱아일랜드섬 베스페이지에 있던 노스롭그루먼을 찾아가 생산 중이던 F6F 헬캣 등 전투기의 설계와 제작에 대한 제안을 직접 전달하곤 했다. 아서 허먼 작가에 따르면, F6F 헬캣이 태평양 지역의 공중전에서 결정적인 역할을 했다고 한다. 그로부터 반세기가 더 지난 아프가니스탄에서는 병사와 군수물자 공급업체 사이의 직접적 연결이 거의 사라졌다. 어쩌면 완전히 끊어졌다고 해도 과언이 아니다.

아프가니스탄에 배치된 미군을 위한 소프트웨어 개발 당시, 얽히고설킨 하청과 재하청 구조, 수년씩 걸리는 조달 절차 때문에 록히드마틴은 사용자들의 피드백을 신속하게 받아 시스템에 반영할 기회를 박탈당했다. 이렇게 진행된 군사용 소프트웨어 프로젝트는 점차 소프트웨어는 이래야 한다는 추상적 개념을 뒤쫓는 형태로 변질되었다. 밤새 랩톱으로 다음 날 특수부대의 작전을 준비해야 하는 칸다하르의 병사에게 정말로 쓸모가 있을 만한 기능과 작업 흐름, 인터페이스 같은 핵심 요소는 뒷전이 되고 말았다.

2011년 11월 아프가니스탄에 주둔 중이던 82공수사단 소속의 한 정보 장교가 미국 육군 산하의 신속장비지원부대에 지원을 요청했다. 이 부대는 2002년에 만들었다. 전방 병사들에게 필요한 새로운 무기와 장비, 소프트웨어 플랫폼을 신속하게 개발하려고 만들어진 조직 중 하나였다. 이 부대의 공식 목표는 병사들이 실제로 필요로 하는 것을 3~6개월 안에 확보하거나 자체 개발하는 것이었다. 이는 신무기 개발에 보통 수년에서 수십 년씩 걸리는 방위산업 분야에서 매우 파격적인 일정이었다.

이 정보 장교는 버지니아주 육군 병기부에 공식 요청서를 보냈다. 그리고 아프가니스탄 현장에서 점점 커져가는 IED 위협에 대응하기 위해 팔란티어의 소프트웨어를 도입해 현장 정보를 분석할 수 있게 해달라고 요구했다. 요청서에 팔란티어 소프트웨어를 쓰지 못해서 "작전 기회를 놓쳤고, 병력이 불필요한 위험에 처하게 되었다"라고 적었다.

2012년 초가 되자, 아프가니스탄에 있던 미군 병사들로부터 팔란티어 소프트웨어를 요청하는 사례가 부쩍 늘어났다. 일부는 기존의 복잡하고 느린 조달 절차를 우회하고자 노트북과 소프트웨어를 직접 고위 장교에게 요청하기도 했다. 2012년 1월에 한 정보 장교는 육군 조달 담당자들에게 이메일을 보내 "육군의 데이터 분석 시스템은 일을 더 편하게 해주지 못하지만, 팔란티어는 정보 우위를 확보하도록 돕는다"라고 주장했다.

2012년 2월 25일에도 정보 장교는 팔란티어 소프트웨어 도입을 거듭 요구했다. 그리고 효과적인 소프트웨어 없이 전쟁을 치르는 것의 위험성과 현장 병사들의 커지는 좌절감을 강조했다. 그는 "치열한 교전 상황에서 사상자가 발생하고 있는데, 비효율적인 정보 시스템을 쓰며 허비하고 있을 수는 없다"라고 썼다.

〈포춘〉지의 보도에 따르면, 훗날 국방부 장관이 되는 제임스 매티스의 부관 중 한 명도 국방부 내부에서 팔란티어 소프트웨어를 요청하는 문서를 작성했다. 요청서에는 "오늘 살아 있는 해병대원들은 이 시스템이 보유한 능력 덕분"이라고 적혀 있었다고 한다.

전장에서 멀리 떨어진 이들에게조차 병사들을 지구 반대편 전장에 투입해놓고, 막상 그 병사들이 생존을 위해 더 나은 장비가 필요하다고 말할 때 주저하는 건 터무니없는 일로 보였다. 더 근본적인 문제는 전쟁이 길어지고 사상자 수가 늘면서 아프가니스탄에 대한 미국의 개입에 대한 대중의 환멸감이 커지게 됐다. 그로 인해 병사들의 임무 수행에 필요한 자원 제공에 대한 논의마저 왜곡되기 시작했다는 것이다.

그러나 하나의 국가로서 우리는 해외 군사 개입의 정당성에 대한 논의를 지속하는 한편, 위험 속으로 보낸 이들에게 한 치의 흔들림도 없이 책임을 다해야 한다. 만일 해병대원이 더 나은 소총을 요청한다면 그 소총을 만들어야 한다. 그리고 원하는 것이 소프트웨어

일 때도 마찬가지다.

　이보다 훨씬 더 근본적인 문제는 아프가니스탄의 정책 방향을 결정하는 정치 엘리트 계층 자체가 정작 지구 반대편까지 날아가 목숨을 걸어본 적이 전혀 없다는 점이었다. 20년에 걸친 아프가니스탄 분쟁으로 미군 약 2,500명이 사망했고, 아프가니스탄 민간인 약 7만 명이 목숨을 잃었다.

　브라운대학교 소속 연구기관의 추산에 따르면, 이 전쟁에 투입된 총비용은 20년에 걸쳐 총 2조 달러, 매일 약 3억 달러를 쏟아부은 셈이다. 미국이 베트남전 막바지였던 1973년에 징병제를 폐지한 지도 50년이 훌쩍 넘었다. 그 후로 정치 엘리트 세대는 다른 누군가를 해외로 보내 자신들의 전쟁을 대신 치르게 해왔다.

　2006년 8월 기준으로 미국 상·하원 의원 총 535명 중 자녀가 군 복무 중인 사람은 3명에 불과했다. 1950년대 한국전쟁에 참전했던 찰스 랭글은 징병제 부활을 꾸준히 주장해온 거의 유일한 인물이다. 그는 1971년부터 2017년까지 거의 50년간 뉴욕시를 대표했다. 랭글은 최근 수십 년간 최소 일곱 차례 이상 법안을 발의해 징병제 부활을 촉구했다. 그는 해외 전쟁이 "정말로 불가피하다면, 우리 모두 하나가 되어 국가를 지원하고 방어해야 한다"라고 했다.

　현재의 방식은 결코 지속 가능하지 않다. 우리 사회는 자원병에만 의존하는 군 체제에서 벗어나는 것을 진지하게 고민해야 한다. 다음 전쟁은 사회 전체가 위험과 비용을 동등하게 나누는 조건에서만 전쟁을 수행해야 한다.

[그림 11] 미국 의회 의원 중 군 복무 경험이 있는 비율

아프가니스탄에서 어떤 정보 분석 소프트웨어 플랫폼을 사용할지를 두고 벌어진 논쟁은 수년간 이어졌다. 결국 더 나은 시스템이 절실했던 현장 병사들과 정보 분석가들, 기존에 쓰던 플랫폼에 대한 비판에 제때 대응하지 못한 육군의 무관심한 태도가 이 논의의 흐름을 바꾸기 시작했다.

미국 시스템은 결점이 많지만, 지미 카터 대통령의 정치 고문이었던 패트릭 캐델이 말했듯 "일이 되도록 하는 건 권력이고, 그 권력은 대중의 지지에서 나온다." 현장의 병사들은 자신들에게 무엇이 필요한지 명확히 알고 있었고, 결국 병사들의 목소리는 세상에 닿게 되었다. 그러나 잘 알려지지 않은 한 연방법이 이 균형을 무너뜨리는 데 큰 역할을 했다. 다른 시대, 다른 전쟁을 계기로 제정했지만 이후 거의 20년간 주목받지 못했던 그 법이 흐름을 바꾸는 데 결정적인 역할을 하게 되었다.

●

1990년대 초 미국이 이라크에 대한 공습을 시작하고 쿠웨이트를 방어하려고 병력을 파견한 직후, 공군 지휘부는 예상치 못한 긴급한 문제를 발견했다. 세계에서 가장 강력하고, 역사상 가장 앞선 전투기와 대륙 간 사거리를 지닌 로켓 추진 미사일을 보유한 미국 공군이지만, 정작 단순하고 값싼 장비 하나가 부족했다.

사담 후세인이 쿠웨이트를 침공한 이후 쿠웨이트에 대거 투입된 미국 공군 병력은 미국이 새로 구축 중이던 군 기지들 사이에서 신속한 의사소통에 필수적인 양방향 휴대용 무전기가 턱없이 부족했다. 건설 현장이나 캠핑에서도 쓰이는 이 무전기는 미국 내 매장에서 누구나 20달러 미만에 구매할 수 있는 물건이었다.

이를 해결하기 위한 공군 측의 해법은 간단해 보였다. 필요한 만큼 더 사들이면 그만이었다. 당시 성능이 가장 좋은 모델은 1928년에 일리노이주 샴버그에서 설립된 전자업체 모토로라가 만든 제품이었다. 모토로라의 일본 자회사는 미국 공군이 필요로 하는 무전기를 충분히 보유하고 있었다. 미국 공군은 수천 대에 이르는 긴급 주문을 모토로라 자회사에 넣었다.

그러나 모토로라는 미국 정부 측이 요구한 긴 조건 목록을 보고 망설였다. 여기엔 회사 입장에서 과도하고 불필요해 보이는 무전기 생산 비용에 관한 자료를 제출하라는 요구 사항이 있었다. 이 요구 사항은 당시 군수물자 조달 절차에서 흔히 있는 일이었다. 정부가 물건을 정당한 가격에 구매하기 위해서라는 명목상의 목적에 따른 절차였다. 모토로라로서는 숨길 게 없었지만, 문제는 미국 정부가 요구하는 특정 회계방식에 맞춰 제조원가를 추적할 시스템을 갖춰놓지 않았다는 점이다. 그래서 모토로라는 이 무전기를 합법적으로 미군에 판매할 수 없었다.

미국 공군은 곤란한 상황에 놓였다. 이라크에서 전쟁이 고조되고 있는데, 군에서 가장 기본 도구라 할 수 있는 휴대용 통신 기기가 충분치 않아서다. 이 상황은 황당하기 그지없어 보였다. 미국 정부가 예산 낭비를 방지하려고 마련한 여러 규정 탓에 정작 가장 중요한 전쟁 한가운데에서조차 필요한 물건을 시장에서 구매하지 못했기 때문이다.

공군 측은 규정을 우회해서라도 다른 방식을 찾아보려고 했다. 무전기 확보를 담당한 브래드 오턴 중령은 법에서 요구하는 원가 공개 의무를 피할 "새로운 대안을 만드는 데는 시간이 필요했을 것이다. 그러나 우리는 그럴 여유가 없었다"라고 회고했다. 결국 오턴을 비롯한 관계자들은 정부의 규제를 완전히 우회하는 방법을 택했다. 일본 정부에 연락해 일본 측이 직접 모토로라 휴대용 무전기 6,000대를 구매해서 쿠웨이트에 주둔하는 미국 공군에 보내달라고 요청했다. 이렇게 해서 무전기를 확보했다.

이 일화는 미국 정부의 조달 프로세스가 내부적으로 얼마나 비효율적이고 복잡하게 꼬여 있는지를 상징적으로 보여준다. 전쟁 중임에도 불구하고 누구나 동네 전자 매장에서 간단히 살 수 있는 물품을 군은 사지 못했다. 문제는 전반적인 구조에 있었고, 뿌리는 깊었다. 1971년부터 30년간 델라웨어주를 대표했던 윌리엄 로스 상원의원은 "연방정부가 누구나 월마트나 K마트에서 쉽게 살 수 있는 제품조차 사는 데 어려움을 겪고 있다는 건 정말 말도 안 되는 일"이라고 지적했다.

미국 정부의 조달 체계가 비대해지면서 권한과 영향력은 엄청났다. 그 결과 보통 사람들처럼 일반 시장에서 물품을 구매하는 대신 필요한 모든 물품을 맞춤 제작 방식으로 조달하는 데 익숙해진 게 문제의 핵심이었다. 미군에 물자를 공급하는 연방정부의 조달 담당자들은 하청 업체와 공급 업체 수천 곳을 좌지우지할 수 있었다. 필요한 모든 물품을 처음부터 새로 만들라고 지시할 수 있었다는 말이다. 정부가 직접 제품 디자이너를 고용하거나 공장을 소유하지는 않았지만, 제작을 통제하며 어떤 가격이든 지불할 수 있는 입장이었다.

당시 부통령으로서 정부 조달 개혁을 추진했던 앨 고어는 미국 정부는 "필요한 거의 모든 물품을 '맞춤 제작'하다 보니 대체로 너무 많은 돈을 쓰는 경향이 있었다"라고 1998년에 썼다. 미국 육군은 1990년대 당시, 쿠키를 어떻게 구워야 하는지를 명시한 700쪽이 넘는 사양 문서를 작성해 납품업체에 보내기도 했다. 이 방식은 이미 시중에서 제조, 판매 중인 대형 제과업체와 단순히 협력하는 방식보다 훨씬 비효율적이었다.*

이런 구조적 문제와 낭비적인 정부 지출에 대한 국민의 불만은 거의 한 세기에 걸쳐 점차 쌓여왔다. 1905년 시어도어 루스벨트 대통령이 설치한 한 위원회는 미국 정부가 펜 278종, 연필 132종, 잉크 28색을 구매하고 있다는 사실을 밝혀냈다. 이 위원회에서 활동한 루스벨트의 절친 기퍼드 핀쇼는 미국 정부는 "수 세대에 걸쳐 정치권력의 입김에 타락했다. 전통적인 관료 절차인 레드 테이프의 수렁에 빠지게 됐다"라고 지적했다. 여기서 레드 테이프란 과거 정부기관에서 서류를 묶는 데 사용한 붉은 천 테이프에서 유래한 표현이다.

현대에 들어와 군 조직과 민간 부처를 막론하고 정부 내 인사의 지속적인 순환 배치는 아무것도 하지 않거나 현실에 안주하는 분위기를 조장했다. 1980년대 초 미국 정부가 일상적인 생활용품에 엄청난 비용을 지불했다는 일련의 보도들이 전 국민의 관심을 끌었다. 이에 따라 개혁 요구도 커졌다.

1983년 〈뉴욕타임스〉 보도에 따르면, 미국 해군은 "평범한 망치" 하나에 435달러, 전투기 조종석에서 쓰는 "엄지 크기의 플라스틱 손잡이" 1개에 400달러를 지불한 것으로 알려졌다.

물론 대중의 이목을 끌었던 이 가격 중 일부는 실제보다 과장

---

* 1980년대 쿠키에 대한 군 규격 목록 중 하나는 다음과 같았다. "이 문서의 5.4.1.1과 5.4.1.2 조항에 따라 쿠키를 구워야 하며, 최종 제품은 윗부분이 튀어나오지 않아야 한다. 부드럽고 바삭한 쿠키여야 한다."

되었을 가능성도 있다. 망치의 실제 청구서는 망치 1자루당 가격을 435달러로 명시했다. 그러나 이는 400개가 넘는 다른 예비 부품과 장비를 만드는 데 드는 인건비와 간접비를 나눠서 모든 납품 항목에 균등하게 배분한 결과였다. 망치를 포함한 여러 물품에 간접비를 똑같이 나누는 회계방식 때문에 실제 단가가 부풀려진 것이다.

그럼에도 국민이 느낀 문제의식은 정당했다. 정부 시스템은 지나치게 비대하고 복잡해 개혁 자체가 불가능해 보이는 상태였다. 이로 인해 대중은 워싱턴 정치권이 공익과 상식을 내팽개친 채 오직 안위에만 몰두하고 있다는 불신을 품게 되었다. 그 불신은 거의 반세기가 지난 오늘날 다시 떠오르고 있다. 1984년 한 기자는 로널드 레이건 행정부 시절 국방부 감사관으로서 연방 조달 체계를 단속하던 조셉 셰릭을 가리켜 "펜타곤 내의 부실 경영과 남용이라는 늪을 순찰하는 악어"라고 묘사하기도 했다.

●

1990년대 초가 되자 개혁파들이 논쟁에서 승기를 잡았다. 국민 역시 연방정부의 지출 규모를 줄이는 데 호의적이었다. 1992년 대통령으로 당선된 빌 클린턴은 스스로를 실용적인 개혁가로 내세웠다. 클린턴은 정부를 확장하기보다 축소하겠다고 약속한 민주당 후보였다. 첫 임기 중 국정연설에서 "모든 문제에 꼭 맞는 정부 프로그램이 있는 건 아니다"라며 연방정부 관료제에 회의적인 입장을 표명했다.

1993년 9월 클린턴은 국가성과평가(NPR)에 대한 계획을 발표하는 기자회견 자리에서 "정부가 고장 났고 고치려 한다"라고 선언했다. 연방 관료 시스템에 대한 전면 개혁의 의지를 보였다. 이 메시지는 여야를 막론하고 국민의 광범위한 지지를 받았다.

당시 〈뉴욕타임스〉 정치부 기자였던 데이비드 로젠바움은 다음 날 기사에서, "메디케어 청구서를 써본 적이 있거나, 국세청이나 사회보장국에 전화를 해본 적이 있거나, 정부 계약을 따내려 시도한 적이 있는 사람, 즉 연방정부의 관료주의라는 레드 테이프에 한 번이라도 묶여본 적이 있는 사람이라면 누구나 클린턴 대통령의 진단에 동의할 수밖에 없다"라고 썼다.

클린턴 대통령은 수개월 동안 여야 의원들과 함께 연방 조달 절차를 개혁하는 새로운 연방법을 준비하고 있었다. 1993년 10월 26일 오전 10시, 클린턴은 부통령 앨 고어와 함께 백악관 옆에 있는 구 행정부 청사에서 개혁안의 주요 내용을 미리 소개하고 연방 프로그램 예산을 삭감하는 계획을 발표했다.

걸프전 당시 공군이 모토로라 무전기를 구매하는 데 겪은 어려움과 이를 해결하기 위해 일본 정부와 맺은 이상한 거래는 왜 미국 의회가 신속히 조달 체계를 전면 개편해야 하는지를 명확히 보여준 사례였다. 클린턴은 "이런 일이 다시는 일어나선 안 된다"라고 했다. 곁에 서 있던 앨 고어 역시 "정부 조달 규정이 터무니없어서 다른 나라 정부가 대신 미군 물자를 구매해주는 상황이 일어났다는 건 분명히 경종을 울려야 하는 일"이라고 덧붙였다.

클린턴 대통령과 다른 인사들이 준비한 입법 초안은 정부가 구매 결정을 내릴 때 훨씬 더 많은 재량권을 행사할 수 있게 하는 내용을 담고 있었다. 기존의 규제 체계는 가격에 주안점을 두는 바람에 실제 업무 수행에 적합한지 여부와 관계없이 최저가를 제시한 입찰자가 계약을 따내는 결과를 자주 초래했다.

새로운 법안은 비용이 아니라 가치를 우선시하도록 초점을 바꿨다. 정부가 공익에 부합한다고 판단하면 구매 결정을 보다 폭넓게 내릴 수 있는 재량을 부여했다. 또 이 법안에는 이후 20년 넘게 거의 쓰이지 않게 될 새로운 조항이 있었다. 1994년에 제정한 연방조달간소화법(FASA)이라 불리는 이 법은 정부가 처음부터 새 물건을 제작하려 하지 말고, 양방향 무전기든 장갑차든 상업적으로 유통하는 제품을 우선 검토해야 한다는 조항이 있었다.

FASA는 당시 별다른 주목을 받지 못했다. 언론에 대대적으로 노출되거나 화제를 몰고 올 만한 이슈도 아니었다. 정치적 이득이 크게 따르지 않는 막후 행정의 산물이었기 때문이다. 이런 형태의 입법은 최근 들어 점점 설 자리를 잃고 있다. 이 법안을 발의한 사람은 전직 우주 비행사이자 당시 오하이오주 상원의원이었던 존 글렌이었다.

1921년 오하이오주 케임브리지에서 태어난 존 글렌은 2차 세계 대전 당시 미국 해병대 전투기 조종사로 참전했었다. 미국이 초창기에 배출한 가장 유명한 우주 비행사 중 한 명이기도 하다. FASA를 준비하던 시점에는 4선 상원의원이어서 대중에게 자신의 가치를 증명해야 할 필요도 없었다.

1994년 2월 24일 상원 청문회에서 이 법안을 논의하자 존 글렌은 이 법안이 "결코 화려하지 않다"라고 분명히 밝혔다. 오히려 그는 이 법안이 "정부가 매일매일 제대로 돌아가게 하고, 효율적으로 운영되게 하는 고된 작업"을 다루는 것이라고 설명했다. 모두가 기존 시스템이 잘못되었다는 걸 알고 있었으나 실질적인 진전은 좀처럼 내딛지 못했다.

글렌은 "해마다 같은 문제와 씨름해왔지만, 의미 있는 개혁을 이뤄내지 못했다"라고 지적했다. 그러면서 공직자들의 전략은 "파장을 일으키지 않는 것, 즉 자기 커리어에 해가 될 만한 어떤 행동을 하지 않고 문제를 일으킬 만한 행동은 피하는 것"이라고 덧붙였다. 실제로 그렇게 문제를 일으키고 싶어 하지 않는 사람이 대다수였다

1970년대 말 월간지 〈아메리칸 로이어〉를 창간한 저널리스트 스티븐 브릴은 연방정부 조달 체계가 얼마나 비대한지 취재했다. 이 체계에 정부의 각종 조달 업무를 관리하기 위해 고용한 연방 직원만 20만 7,000명이 있었다. 브릴은 이를 두고 "비대하다는 걸 결코 부정할 수 없다"라고 썼다.

1994년 10월 FASA는 대통령 서명을 거쳐 정식으로 법제화되었다. 서명식에서 클린턴은 이 법안의 서명이 심야 코미디 프로그램에서 정부의 비효율을 조롱하는 소재를 빼앗는 일일까 봐 망설여졌다며 이렇게 말했다.

"제이 레노는 이제 뭘 놀려먹어야 하죠? 500달러짜리 망치도,

600달러짜리 변기 시트도, 10달러짜리 재떨이도 없을 겁니다."

이 새 연방법은 《미국연방법전》 제10편(군대법) 제2377조에 처음 규정되었다. 정부가 시장에서 쉽게 구할 상업용 제품이 있다면 "실현 가능한 최대한의 범위"에서 "상업용 제품"을 먼저 구매하라고 요구했다. 법의 최종 내용이 워낙 폭넓고 이의를 제기하기 어렵게 작성하다 보니 실제로 큰 변화를 불러일으킬 수 있을지 회의적인 시각도 있었다. 이 법은 단지 연방정부가 새로운 물자를 주문하거나 제작하기 전에, 시판 상품의 구매 가능성을 고려하도록 요구했을 뿐이다. 이렇게 20년 후에 펼쳐질 법적 다툼을 위한 무대가 마련되었다.

●

아프가니스탄에서 팔란티어의 소프트웨어는 특히 미국 특수부대 내에서 강력한 지지층을 확보했다. 특수부대는 정보가 핵심이다. 작전을 앞두고 여러 데이터베이스를 신속히 검색하고 맥락을 연결하는 역량이 매우 중요하다.

하지만 전 세계에 걸쳐 현역 병력을 수십만 명 보유한 육군 전체로 보면 팔란티어를 전면 도입하는 데 여전히 저항이 있었다. 육군은 이미 10년 넘게 개발해오던 자체 소프트웨어 프로그램을 보유하고 있었고, 개발 작업은 아직 진행 중이었다. 이런 상황에서 때마침 20년 전 제정된 FASA의 민간에서 구매할 수 있는 제품을 먼저 고려하라는 규정이 새로운 해결책이 될 것처럼 보였다.

2016년 팔란티어는 워싱턴 디시 소재 연방청구법원에 소송을 제기했다. 육군이 자체 데이터 분석 플랫폼을 고집하며 시중에서 구매할 수 있는 대안을 검토조차 하지 않았다는 주장이었다. 이런 형태의 소송은 전례가 없었다. 정부기관을 고객으로 삼는 회사들은 정부를 상대로 소송을 벌이는 걸 꺼려 할 수밖에 없어서다.

그러나 팔란티어의 시각은 달랐다. 연방법에는 분명히 정부가 새로운 물건을 만들기 전에 시판 제품을 최소한 검토하라고 적혀 있었다. 2016년 11월에 이 사건을 맡은 마리안 블랭크 혼 판사는 104페이지 분량의 판결문에서 "육군은 해당 조달 사안에 대해 기관의 요구 사항에 맞는 상업용 제품이 있는지 제대로 판단하지 않았다"라고 결론지었다. 또 "육군은 자의적이고 일관성 없는 방식으로 행동했다"라고 지적했다. 요약하면 우리가 이겼다.

2018년 3월 미국 육군은 레이시온과 팔란티어 중 한 곳을 차세대 정보 플랫폼 구축 업체로 선정하겠다고 발표했다. 전직 해군 장교이자 애리조나주 상원의원이었던 존 매케인은 30억 달러라는 예산을 쏟아붓고도 결과가 미흡했으니 "이제 다른 길을 모색할 때"라며 이 결정을 옹호했다.

이듬해인 2019년 3월에 육군은 팔란티어가 전체 사업권을 획득했다고 공식 발표했다. 미군이 기술 산업 쪽으로 방향을 전환하고, 아마도 마지못해 이 시스템 구축을 맡을 신생 스타트업을 받아들인 건 "정부가 기존 군수업체가 아닌 실리콘밸리 소프트웨어 회사를 공식 방위 사업의 주관사로 선정한 첫 사례였다"고 일간지 〈워싱턴 포스트〉는 보도했다.

이런 전환은 미국 국방부가 소프트웨어와 기술 산업 쪽으로, 다시 말해 수차례에 걸쳐 미국과 그 군을 외면하고 수익성이 높은 소비자 시장에 무한한 열정을 쏟아온 산업을 향해 방향을 튼 사건이었다.

2011년 팔란티어는 엔지니어들을 칸다하르로 파견하고 미군과 동맹국 정보기관을 위한 더 강력한 분석 소프트웨어를 개발하느라 분주했다. 이때 벤처 투자자와 창업가들로 가득한 실리콘밸리의 시선은 아프가니스탄의 산길과 사막에서 한참 벗어나 있었다. 그 무렵 실리콘밸리에서 주목받던 곳은 비디오 게임 회사 징가였다.

징가는 땅을 일구고 가축을 키우는 과정을 경쟁적으로 즐기는 소셜 네트워크 게임 〈팜빌〉을 통해 이용자를 많이 끌어모았다. 2011년 12월, 징가의 기업 가치는 70억 달러를 인정받으며 기업공개(IPO)를 했다. 월가의 열광적인 반응 속에서 수십억의 클릭과 이용자 수를 수익화하는 것에 대한 기대감이 커졌다. 징가의 IPO 전날, 한 증권사 애널리스트는 〈뉴욕타임스〉에 "이건 하나의 혁명"이라고 말하기도 했다.

그 시점에서 아프가니스탄의 먼지 가득한 도로에서 숨겨진 폭탄을 제거하는 외롭고도 치명적일 수 있는 임무는 이 세계와는 너무나도 멀게 느껴졌다.

온전히 소비자 시장에 열정을 갖고 초점을 맞춘 기업은 징가뿐만이 아니었다. 그해 가장 주목받았던 IPO 중 또 하나는 그루폰이었는데, 벤처 투자 업계가 특히 사랑했던 기업이었다. 그루폰은 지역 소매점에서 소비자들이 할인 혜택을 받을 수 있도록 도와주는 서비스를 제공했다. 기업 가치는 250억 달러로 평가되었으며, 그해 미국 경제 전문지 〈포브스〉는 이를 두고 "벤처 투자 기업 가운데 역사상 최대 규모의 IPO가 될 것"이라고 보도했다. 그러나 현재 그루폰은 간신히 존속하고 있다. 상장 당시와 비교하면 가치가 거의 바닥 수준에 머물러 있다.

그루폰과 징가는 전 세계의 관심을 독차지했다. 반면 팔란티어는 소비자 시장과 거리를 둔 채, 많은 사람이 보기에 올바른 길과는 전혀 다른 방향에서 팔란티어만의 모험을 이어갔다. 일부 직원은 어리석다고 생각했고, 또 다른 직원은 소비자 시장을 겨냥한 신생 스타트업에 취업하려고 팔란티어를 떠났다.

초기 엔지니어 중 한 명은 팔란티어 주식은 결코 돈이 되지 않을 것 같다며, 고급 오디오를 사기 위해 주식 대신 현금을 받고 싶다고도 했다. 당시 시장의 메시지는 분명했다. 그 메시지에 의문을 제기하는 건 시대에 뒤처진 생각처럼 보였다.

기술 산업은 군과 등을 돌렸다. 비대해진 관료 체계를 상대하는 데 관심이 없었고, 국내 여론도 애매하거나 심지어 노골적인 반감을 드러내기도 했기 때문이다. 이들에게는 정복해야 할 더 크고 수익성 높은 소비자 시장이 있었다. 그러나 갈등에 대한 감내와 어쩌면 어느 정도의 선호, 어떤 것이든 작동하는 걸 향한 끈질긴 추구라는 엔지니어적 본능이 팔란티어에 발판을 마련해주었다.

14장

세상은 구름일까 시계일까

　20세기 초에 벽화를 그렸던 미국 화가 토머스 하트 벤턴은 당시 모더니즘이 직관적으로 쉽게 이해되는 예술 양식을 몰아내던 시기였음에도 재현적 접근 방식을 포기하지 않았다. 그는 아트 스튜던트 리그 오브 뉴욕에서 오랫동안 가르쳤다. 그의 가장 유명한 제자였던 잭슨 폴록은 스승의 영향에 대해 다소 양면적인 태도를 보였다. 두 사람은 오랜 시간 복잡하게 얽힌 우정을 이어갔다.

　1944년 폴록은 잡지 〈아트 & 아키텍처〉와 한 인터뷰에서 벤턴에 대해 마지못해 칭찬을 남겼다. "별로 저항하지 않는 성격을 가진 사람보다는 그와 함께 일해본 게 낫긴 했다." 반면 벤턴은 폴록의 그림을 "물감 쏟기식 혁신" 정도로 여겼으며, "오랜 시간 가치가 있을 가능성이 없는 작품"이라고 평했다.

현대 조직은 이런 마찰을 너무 성급하게 회피하려 한다. 오늘날 기업문화는 지나칠 정도로 원만하고 편안함을 중시하게 되었다. 이로 인해 조직은 창의적 성과와 멀어질 수도 있다. 기업이나 정부 내에서 갈등의 징후가 조금이라도 드러나면 곧바로 덮으려는 성급함이 만연한데, 오히려 잘못된 방향이다. 그 결과 많은 사람에게 마치 편안한 삶이 기다리고 있다는 잘못된 인상을 심어주고, 타인의 인정을 가장 중요하게 여기는 이들이 오히려 보상을 받는 구조가 만들어진다. 코미디언 존 멀레이니가 말했듯이 "호감도는 감옥일 뿐이다."

대다수 조직이 과거 방식을 그대로 고수하거나 변화와 혁신이 필요한 시기에 오히려 위험을 배제하며, 충돌을 회피하는 등 평균으로 회귀하려는 유혹에 빠진다. 그러나 학생이나 직원을 무조건 감싸고 그들의 주관적 경험을 전적으로 수용하는 문화는 일부 사람들이 느끼는 불만과 고통을 오히려 부추기는 결과로 이어졌다.

지난 10여 년간 좌파 트리거 워닝, 즉 불쾌감을 줄 수 있는 내용에 대한 사전 경고를 비롯한 순응의 형태를 열성적으로 지지해왔다. 그러나 이 전략은 실제로는 피해가 없는 데도 사람들에게 피해 의식을 조장함으로써 오히려 역효과를 낳았다.

웨일코넬의과대학 임상정신의학과 리처드 앨런 프리드먼 교수는 한 인터뷰에서 2016년 전후로 "익숙하지 않거나 불편한 것 때문에 피해를 입었다"라고 주장하는 학생들의 사례가 증가했다고 밝혔다. 그는 학생들이 수업 중 발언을 듣고 느낀 불편함을 표현할 때 사용하는 언어가 "실제 발생할 수 있는 피해 정도에 비해 과장된 면이 있었다"라고 지적했다.

이것은 하나의 불만 산업이라고 할 수 있다. 한 세대로부터 세상에서 온전히 제 몫을 다하려고 필요한 강인함과 균형 감각을 앗아갈 위험이 있다. 무언가 의미 있고 독창적인 것을 이루고자 한다면 어느 정도의 심리적 회복탄력성과 다른 사람들의 의견에 무관심할 수 있는 태도가 꼭 필요하다.

예술가와 창업가는 종종 "광기 어린 사람들"이라고 할 수 있다. 잭 케루악은 소설 《길 위에서》에서 이들을 "살기 위해, 말하기 위해, 구원받기 위해, 모든 걸 동시에 갈망하며 미쳐 있는 사람들"이라고 표현했다. 물론 문제는 가장 매력적이고 진정으로 틀에 얽매이지 않는 예술가나 기존 통념을 깨뜨리는 우상 파괴자들은 대체로 함께 일하기에 무척 까다로운 동료가 된다는 점이다.

기술 스타트업이나 예술 운동처럼 창의성을 요구하는 환경에서 인간 욕망의 백지상태는 근본적인 도전을 제기한다. 우리는 본능적으로 무엇이 바람직한지에 대한 지침을 서로에게서 찾는다. 그 결과 다른 사람의 의도가 아무런 비판 없이 수용되어 우리 안에 자리 잡는 경우가 많다.

프랑스 인류학자 르네 지라르는 원숭이 한 무리가 똑같은 바나나 여러 개 중에서 단 1개를 고르는 장면을 두고 일어나는 충돌과 경쟁을 관찰했다. 그는 1983년 한 인터뷰에서 "문제가 된 바나나는 특별한 게 없었다. 다만 누군가가 우연히 그 바나나를 먼저 골랐다는 이유로 모방적 욕망이라는 연쇄 반응이 일어나 그 바나나가 다른 것보다 좋아 보이게 된 것"이라고 설명했다.

사람은 처음 배움을 접할 때부터 모방을 통해 익히지만, 어느 순간 이런 모방이 오히려 창의성을 해치기도 한다. 어떤 이들은 일종의 창의적 유아기를 벗어나지 못한다. 실리콘밸리에서 흔히 혁신이라고 불리는 것 가운데 상당 부분은 그렇지 못하다. 실상은 과거에 잘됐다고 알려진 방식을 그대로 복제하려는 시도에 가깝다. 물론 이런 모방이 때로는 성공적인 결과를 낳을 수 있지만, 대부분은 파생적이고 퇴행적이다.

뛰어난 투자자와 창업가들은 이런 차이를 정확히 알아채고, 과거의 성공을 어설프게 흉내 내려는 충동을 적극적으로 거부하기에 살아남는다. 백지에 시를 쓰든, 캔버스에 그림을 그리든, 컴퓨터 화면에 코드를 짜든 무에서 유를 창조하는 이 반항적인 행위는 본질적으로 이전에 있던 것들을 거부하는 과정이다. 이는 새로운 게 꼭 필요하다는 일종의 각성과도 연결된다. 창작 행위에 내재한 오만함, 즉 지금까지 인류가 생산한 모든 게 현재 필요한 건 아니라고 단언하는 확신이 모든 창업가와 예술가의 마음속에 자리 잡고 있는 셈이다.*

스타트업이든 기존 강자를 무너뜨리려는 조직이든 현대 상업 사회에서 흔히 볼 수 있는 무비판적 동조, 즉 대중의 불만을 두려워하

---

* 오스트리아 출신 정신분석학자 에른스트 크리스는 예술 창작이 각각 별개의 과정을 거친다고 보았다. 하나는 "충동과 욕구"를 끌어내는 과정이고, 다른 하나는 아이디어를 구체화하는 데 필요한 "헌신과 집중"을 요구하는 과정이다. 크리스는 1952년에 쓴 글에서 첫 단계를 이렇게 설명했다. "이끌린다는 느낌, 황홀경의 경험, 외부의 힘이 창작자를 통해 작용한다는 확신으로 특징지어진다."

는 태도는 치명적일 수 있다. 1841년 랄프 왈도 에머슨은 종교적 교조주의를 비판한 에세이 《자기 신뢰》를 발표하면서, 제도적 압력 앞에서 개인이 보이는 취약함을 신랄하게 지적했다.

에머슨은 "사회나 관습의 틀에 순응하지 않으면 불쾌하다는 이유로 세상이 당신을 채찍질한다"라고 상기시킨다. 주변 사람들에게 순응하려는 욕구뿐 아니라 과거의 견해에 집착하려는 욕구 또한 우리의 사고를 제한하고 속박할 수 있다고 확신했다. 오늘날 인터넷에 우리의 생각과 글이 영구히 남고, 대중은 과거 발언과의 모순을 찾아내려 혈안이 되어 있기에 더욱 과거의 자신에게 갇혀버리기 쉽다. 그러나 에머슨은 이렇게 묻는다.

"왜 이리저리 떠돌던 기억이란 시체를 질질 끌고 다니는가? 혹시라도 어느 공적 자리에서 말한 바를 스스로 부정하게 될까 봐 두려운가? 요셉이 창녀의 손에 외투를 버려두고 달아났듯 당신의 이론을 버리고 도망쳐라."

우리 역시 그런 식으로 수없이 도망쳐 왔다. 진척이 없다고 판단된 프로젝트를 며칠 만에 과감히 접거나 제 기능을 하지 못하는 팀을 해체했다. 특정인이나 프로젝트에 들인 노력과 비용이 아까워서 이미 내린 결정을 선뜻 뒤집지 못할 때도 있다. 이런 후퇴나 방향 전환, 계획 수정, 시행착오에 대중과 투자자들은 매우 가혹하다.

그러나 의미 있는 건 직선 경로로 만들어지지 않는다. 따라서 상황에 맞춰 생각을 유연하게 바꿀 수 있는 탐욕스러울 정도의 실용주의가 필요하다. 다시 말해 증거를 왜곡하는 게 아니라 증거에 맞춰서 사고방식을 유연하게 바꿀 수 있는 의지가 필요하다.

•

이사야 벌린이 《고슴도치와 여우》라는 글을 썼던 1953년, 컴퓨터 혁명은 아직 먼 미래의 일이었다. 그러나 실리콘밸리의 급격한 부상, 나아가 미국 전체의 부상은 샌프란시스코 남쪽 작은 지역에서 자리 잡은 거의 무자비할 정도의 실용주의 문화 때문이었다는 점에는 의심의 여지가 없다.

벌린은 세상 사람들 사이에 "거대한 간극"이 존재한다고 보았다. 한쪽은 고슴도치로 세상의 모든 것을 하나의 중심 비전, 다소 일관되거나 명확한 체계에 연관시켜 이해하고 사고하며 느끼는 사람들이다. 다른 한쪽은 여우로 서로 관련 없거나 심지어 모순될 수도 있는 여러 목표를 동시에 추구하며, 만약 그 목표들이 연결되어 있다면 오직 실질적인 상황에서만 그런 사람들이다.

"여우는 많은 걸 알지만 고슴도치는 큰 것 하나만 안다." 고대 그리스 시인 아르킬로코스가 쓴 이 짧은 구절 위에서 벌린은 풍요롭고 지속적인 사상을 구축했다. 그의 관점으로 볼 때 실리콘밸리는 그야말로 여우의 정수를 보여주는 곳이다.

현대 세계를 만들어왔고, 앞으로도 계속 만들어갈 창업가와 엔지니어들은 거창한 이론이나 거대한 신념 체계를 기꺼이 내려놓았다. 그들은 작동하기만 한다면 무엇이든 만드는 데 집중했다. 기술,

특히 소프트웨어의 특징은 프로그램이 실행되느냐 안 되느냐로 모든 게 결정된다는 점이다. 소프트웨어에 반쯤 성공하거나 거의 성공한 상태라는 건 없다. 프로그래머는 바로 실패를 마주하게 된다. 아무리 논의를 많이 하고 허세를 부려도 프로그램이 제대로 실행되는지 여부를 바꿀 수는 없다.

허버트 후버는 스탠퍼드대학교에서 지질학을 공부하고, 약 20년간 광산업에 종사했다. 후버는 처음에는 1890년대 골드러시 시기에 영국령이던 웨스턴오스트레일리아주에서 일했다. 이후에는 중국 톈진에서도 근무했다. 그는 회고록에서 이렇게 썼다. "엔지니어는 다른 직업인들에 비해 작업 결과가 모든 사람이 볼 수 있는 곳에 드러난다는 큰 약점이 있다." 의사는 실수를 무덤에 묻을 수 있고 변호사는 판사 탓을 할 수도 있지만, 엔지니어는 자기 오류를 그대로 드러낼 수밖에 없다는 말이다. 이런 결과와 실패에 대한 민감성, 세상이 어떻게 되어야 하는지, 사물이 어떻게 작동해야 하는지에 대한 거대한 이론을 버리는 게 엔지니어링 문화의 씨앗이다.

기계 세계든 디지털 세계든 혹은 글쓰기 세계든 간에 엔지니어라면 이론의 탑에서 내려와 온갖 세부 사항이 얽혀 있는 실제 현실로 뛰어들어야 한다. 단 그것은 이론화된 대로 존재하는 세부 사항이 아니라 있는 그대로 존재하는 세부 사항이어야 한다.

1922년 미국의 철학자 존 듀이는 〈미국 실용주의〉라는 글에서 "고결한 고립감에서 내려와 구체적인 사물들의 진흙탕 속으로 들어가야 한다"라고 썼다.* 자신이 다뤄야 할 시스템과 프로세스들이 가진 불완전함과 모순처럼 보이는 혼란스러운 현실에 대해 정서적이고 때로는 물리적인 밀착을 갖는 것, 바로 이것이 진보의 원천이다.

이런 실용주의적 태도, 아니 실리콘밸리를 탄생시킨 엔지니어적 사고방식에 대한 헌신은 "독단주의를 억제하고, 이론보다 실제를 먼저 확인하는 실험 정신을 북돋우며, 성급한 일반화를 막는다"라고 듀이는 말한다.

이전 세대가 갖고 있던 강한 실용주의와 손익계산에 둔감한 성향은 지금 세대에 와서는 사라진 듯 보였다. 2차 세계대전이 끝난 뒤, 미국 국방부와 정보기관들은 로켓과 제트 엔진 분야에서 우위를 지키려고 나치 과학자들을 비밀리에 대거 영입했다. 최소 1,600명에 달하는 독일 과학자와 가족이 미국으로 이주했다. 물론 전쟁 중에 적이었던 과학자들을 받아들이는 데 회의적인 이들도 있었다.

이에 한 미국 공군 장교는 상관에게 보낸 편지에서 독일 과학자들을 받아들이는 것에 대한 혐오감을 접어두라고 촉구했다. 그는 편지에서 "우리가 너무 자존심을 내세우지만 않는다면", 이 "독일 태생의 정보"로부터 어마어마한 지식을 얻을 수 있다고 적었다.

●

펜실베이니아대학교 심리학과 필립 테틀록 교수는 2005년에 출

---

* 존 듀이는 실용주의가 미국 땅에서 태어났다는 사실을 자랑스럽게 여겼다.

간한《전문가의 정치적 판단》에서 1970년대에 목격한 흥미로운 실험을 소개했다. 이 실험은 "예일대학교 한 강좌의 학부생 전체와 노르웨이레밍 1마리의 예측 능력을 대결하는 것"이었다.

실험 과제는 작은 미로의 왼쪽과 오른쪽 중 어디에 먹이가 숨겨져 있는지를 맞히는 것이다. 실험자들은 무작위 방식으로 먹이의 60%는 왼쪽, 40%는 오른쪽에 배치했다. 예일대학교 학생들은 노르웨이레밍이 먹이를 찾아가는 모습을 관찰하면서 먹이 배치 뒤에 숨겨진 규칙이나 패턴을 찾아내려고 애썼다. 그러나 노르웨이레밍은 그저 먹이를 얻고자 했을 뿐이다. 결과적으로 먹이 위치를 예측하는 데 더 뛰어났던 쪽은 학생들이 아니라 쥐였다.

테틀록이 설명했듯이 인간이 노르웨이레밍에 패한 이유는 "인간은 근본적으로 결정론적 사고를 하는 존재이며, 오류를 필연적으로 감수해야 하는 확률적 전략에 대해 본능적인 거부감을 가지고 있기 때문"이다.

물론 테틀록은 물리학에서 의학까지 세상의 작동 원리와 메커니즘을 밝히려는 거대 이론에 대한 추구가 우리에게 막대한 이득을 안겨주었다는 사실을 인정했다.

1902년 부다페스트에서 태어난 이론물리학자 유진 위그너도 "수학적 개념의 놀라운 유용성"을 관찰한 것으로 유명하다. 그러나 세상을 한 번에 깔끔히 설명하는 체계적 이론에 대한 집착은 효과적인 혼란을 희생하면서까지 일관성을 추구하게 했다. 그 결과 우리의 이해를 넘어서는 우주가 제공하는 가르침을 받아들이는 데 지속적으로 맹점을 가지게 되었고, 저항하게 되었다.

테틀록이 주로 관심을 두었던 연구 주제는 정치 전문가들이 세계 정세의 전개를 예측할 때 과연 얼마나 정확한가를 검증하는 것이었다. 테틀록 팀은 1980년대부터 전문가들이 한 예측 2만 7,451건을 수집했다. 주제는 소련의 미래에서 남아프리카공화국 소수 민족의 지배 유지 여부, 퀘벡이 캐나다에서 분리 독립할 가능성 등 매우 다양했다.

테틀록은 이 전문가 중 누가 미래의 역사적 사건에 대한 예측에서 "다트를 던지는 침팬지"보다 더 나은 실력을 보일지를 궁금해했다. 약 20년에 걸쳐 수행한 테틀록의 연구에 참여한 학계와 정책 전문가 284명은 일부를 제외하고 대체로 무작위 선택보다 더 나은 성과를 내지 못했다.

테틀록은 참여자들을 문제 해결 방식과 사고방식을 묻는 설문 결과에 따라 여우형과 고슴도치형으로 분류했다. 최종적으로 승자는 여우들이었다.

테틀록은 "여우적 성향"을 여러 방식으로 측정하고자 했다. 하나는 이사야 벌린의 여우와 고슴도치 개념을 설명한 다음 각 전문가가 자신을 여우형에 더 가깝다고 보는지, 고슴도치형에 더 가깝다고 보는지 묻는 것이다. 이외에도 전문가들에게 정치가 "구름" 같은지 아니면 "시계" 같은지 묻기도 했는데, 여기서 시계는 기계적 정밀성과 규칙성을 의미한다. 그 결과 정치가 변화무쌍하고 예측할 수 없는 구름 쪽에 더 가깝다고 본 사람들이 훨씬 더 정확한 예측을 내놓

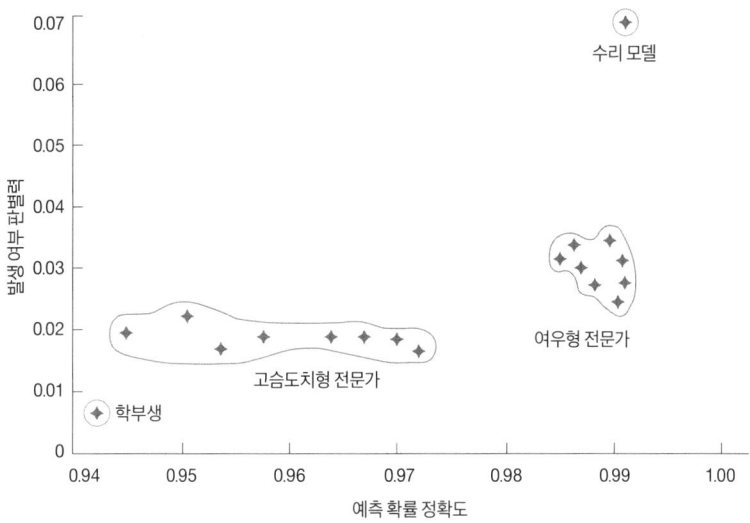

[그림 12] 전문가 284명 중 "여우형"과 "고슴도치형"의 예측 정확도

았다. 테틀록은 "예측 성적이 가장 저조했던 이들은 자신의 전문 분야에서 장기 예측을 시도한 극단적인 고슴도치형이었다"라고 덧붙였다.

●

1970년대 말 토요타자동차의 고위 임원이던 오노 다이이치는 자동차 산업의 제조 방식을 혁신한 토요타의 노하우를 설명하는 책을 펴냈다. 오노 다이이치는 이 책에서 근본 원인을 찾는 접근법을 제시했는데, 팔란티어는 약 20년 전부터 이 방식을 채택해 지금까지 활용하고 있다. 이 방법의 핵심은 문제의 발생 원인을 단순히 겉으로 보이는 수준이 아닌 근본적인 수준에서 파헤치는 것이다.

접근 방식은 언뜻 보기엔 간단하다. 문제가 왜 발생했는지 묻고, 그 답에 대해 다시 '왜?'라는 질문을 4번 더 반복하는 것이다. 이를 '5Whys'라고 부른다. 오노 다이이치가 제시한 제조 현장 사례를 보면 기계가 멈춘 이유는 퓨즈 과부하 탓이었다. 추가로 조사해보니 펌프가 망가졌고, 더 깊이 들어가 보니 마모된 금속 부품이 근본 원인이었다.

오노 다이이치는 청나라가 막 붕괴한 직후인 1912년 만주에서 태어났다. 아버지는 일본 제국이 지배하던 중국 동북부의 남만주철도주식회사에서 근무했다. 그의 탐구 방법은 문제의 근본에 있는 공학적 결함을 밝혀내는 데 집중하는 것이었다. 시스템에 문제가 발생했을 때 근본적인 원인을 해결하려면 기업용 소프트웨어 플랫폼이든 내연기관 조립 라인이든 해당 시스템 내부의 작동 방식과 메커니즘을 깊게 들여다볼 수 있어야 한다.

이런 탐구 방법을 확장해 팔란티어는 구축하는 소프트웨어의 전 단계에 해당하는 인간 시스템에 대한 분석과 인정을 통합한다. 예를 들어 왜 기업용 소프트웨어 플랫폼의 중요한 업데이트를 금요일 기한까지 완료하지 못했는가? 첫 번째 이유는 팀이 초안 코드를 검토할 시간이 이틀밖에 없어서다. 왜 검토 시간이 이틀밖에 없었을까? 작년 말 예산을 심사하는 과정에서 소프트웨어 엔지니어를 6명 줄여야 해서다. 왜 팀 예산이 줄었을까? 해당 부서 리더가 다른 부서 리더의 요청으로 우선순위를 변경해서다. 왜 우선순위를 바꾸라는 요청이 있었을까? 특정 파트를 우선 성장하도록 유도하는 새 보상 체계를 도입해서다. 왜 특정 파트를 키우기로 한 걸까? 회사의 고위 임원 2명 사이에 오래된 갈등이 있어서다.

예시에서 소프트웨어 업데이트가 기한을 넘긴 근본 원인은 특정 엔지니어의 부주의나 팀 전체의 능력 부족이 아니었다. 회사 최고 위층에서 벌어지고 있던 갈등이 심화해서다. 이런 기업판 나비 효과는 현대 기업문화에 몸담아본 사람이라면 새삼스러울 게 없다. 여기서 어떤 조직이든 문제의 인과관계를 끝까지 추적할 줄 아는 사람들이 있으면 조직을 옭아매는 매듭을 풀 해결책을 찾을 수 있음을 발견했다. 그러려면 문제의 표면을 넘어 더 깊은 원인을 캐내려는 끈기와 의지가 필요하다. 회사 내 리더들의 심리적 성향이나 의사결정 본능이 문제의 핵심인 경우가 대체로 많다.

5Whys가 효과를 제대로 발휘하려면 참여자들이 동료를 탓하고 싶은 유혹을 억누르고, 실수를 초래한 구조적 문제에 주목해야 한다. 팔란티어는 지난 20년간 5Whys를 수천 건 검토했다. 그리고 개인에게 책임을 돌리기보다 시스템 전체의 관점에서 문제의 근본 원인을 기록하는 보고서를 작성해왔다. 복잡한 시스템에서 실패 원인을 찾는 일은 무척 어렵고 인내가 많이 필요하다. 만들어놓은 제도와 인센티브 시스템이 여러 겹으로 얽혀 있는 미로 속에서 인과관계를 끝까지 추적해야 하기 때문이다.

예를 들어 마감일을 놓치는 실수나 기대에 미치지 못하는 제품을 출시하는 일 같은 실패는 대개 해당 조직을 이루는 인간관계의 얽힘 속에 뿌리를 두고 있다. 이 접근법은 무엇이 잘 작동하고, 무엇이 잘 작동하지 않는지를 냉정하고 끈질기게 파악하려는 엔지니어링 문화의 산물이다. 진짜 어려운 문제는 조직 내 가장 유능하고 도덕적 기준이 높은 사람들이 문제를 숨기지 않고 드러낼 수 있도록 충분히 너그러운 내부 문화를 조성하는 것이다.

대부분의 기업은 해고될까 봐 두려운 사람들로 가득 차 있다. 그래서 작은 문제라도 곧바로 덮어버리는 경우가 흔하다. 또 일부 사람들은 조직에 별다른 기여를 하지 않으면서 그저 무사히 은퇴하기만 바란다. 그리고 훨씬 많은 사람은 과거 자신이 세운 제국이 쇠락하는 상황을 지켜보며 그 몰락을 이용해 이익을 챙기기도 한다.

세상을 있는 그대로 받아들이려는 의지, 다시 말해 바라는 대로가 아니라 실제 모습 그대로 받아들이려는 태도야말로 실리콘밸리의 신흥 거대 기업들이 크게 성장한 주된 이유다. 독일 태생의 사실주의 화가로 아마도 20세기 가장 지속적인 영향력을 남긴 예술가 루시안 프로이트는 "난 실제로 거기 있는 걸 그리려 한다"라고 말했다.

판단을 유보한 채 면밀하게 바라보며 사실을 있는 그대로 받아들이고, 거기에 자신의 주관적 관점을 억지로 덧씌우지 않으려는 태도는 모든 엔지니어링 문화의 핵심이다. 우리 문화에서도 가장 핵심에 놓여 있다. 1922년 베를린에서 태어난 루시안 프로이트는 인간 정신에 대한 탐구로 우리 자신을 들여다볼 수 있는 능력과 용기를 선사한 정신분석학자 지그문트 프로이트의 손자다.

루시안의 초상화 작업에서 날카로운 관찰은 필수적이었다. 그는 날카로운 관찰을 화가와 모델 간 일종의 협상이라고 표현했다. 그의 그림들은 가차 없을 정도로 솔직하면서도 매우 친밀하고, 충격적이면서도 부드럽다. 인내심을 견디고 오랜 시간 관찰하는 그의 시선이 작품의 핵심이다.

영국 미술평론가 마틴 게이퍼드는 루시안 프로이트가 "20세기에 사라질 뻔한 구상화 전통을 되살렸다"라고 평가기도 했다. 루시안 프로이트는 한 인터뷰에서 "판단을 잠시 미루고 누군가를 정말 꼼꼼히 들여다보면 그 사람에 대해, 자기 자신에 대해 아주 많은 것을 배울 수 있다"라고 했다. 이렇게 세상을 둘러싼 구름을 유심히 보되 당장 판단하지 않는 태도가 엔지니어적 사고방식의 토대이다.

오늘날 우리가 직면한 과제는 기술 공화국을 다시 세우는 과정에서 이 엔지니어적 본능, 때로는 무자비할 정도의 실용주의적 태도를 국가가 지향해야 할 공동 목표에 맞추는 것이다. 이 공동 목표는 우리가 누구이며, 또 어떤 존재가 되고자 하는지를 정의하는 위험을 감수해야만 비로소 찾을 수 있다.

Part IV

︙

기술 공화국 재건

15장

사막 속으로

1906년 말 영국의 인류학자 프랜시스 골턴은 잉글랜드 남서부 플리머스의 가축 시장을 방문했다. 닭이나 소를 사는 목적이 아니라 다수의 사람이 얼마나 정확하게 소의 무게를 추정할 수 있는지 연구하기 위해서였다.

당시 시장을 찾은 방문객 약 800명이 황소 1마리의 무게를 추정해 적어냈다. 각 참가자는 6펜스를 내야만 추정치를 제출하고 상품을 받을 기회를 얻을 수 있었다.

골턴에 따르면, 이 참가비는 실험 결과에 영향을 줄 수 있는 "장난스러운 추정"을 막는 효과가 있었다. 787명의 추정치를 취합해보니 중앙값이 1,207파운드로 실제 무게인 1,198파운드와 차이가 0.8%밖에 나지 않았다.

결과는 놀라웠다. 이후 군중의 지혜가 소수의 전문가보다 더 정확하게 추정하고 실제로 예측하는 군중의 능력에 대한 한 세기 이상의 연구와 논쟁을 촉발하는 계기가 된다. 골턴에게 이 실험은 "민주적 판단의 신뢰성"을 보여주는 사례였다.

그렇다면 시장경제에서 자본이라는 한정된 자원을 분배할 때, 항상 군중의 지혜에 의존해야 할까? 우리는 본의 아니게 단순히 존재할 수 있는 벤처가 아니라 존재해야 하는 비즈니스와 노력에 대해 비판적으로 논의할 기회를 스스로 박탈해버린 듯하다. 2011년 징가와 그루폰이 가파르게 부상하던 시기에 군중의 지혜는 분명한 판결을 내렸다. 이 둘은 추가 투자를 받을 만한 승자로 여겨졌다. 실제로 이 두 회사의 지속적인 성장을 기대하며 수백억 달러가 투자되었다.

그러나 우리 사회의 한정된 자원을 온라인 게임 개발이나 더 편리한 할인쿠폰 중개 서비스에 투입하는 게 과연 타당한 일인지에 대해 의문을 제기하거나 토론할 기회는 없었다. 시장이 이미 결론을 내렸으니 그대로 따르면 그만이라고 여겨졌기 때문이다.

하버드대학교 마이클 샌델이 지적했듯이 우리는 "공적 담론에서 좋은 삶에 대한 개념을 몰아내고", "시민들이 공적인 영역에 들어설 때 자신의 도덕적·정신적 신념을 뒤로하고 오도록" 너무나 지나치게 요구해왔다. 그로 인해 생긴 공백은 거의 전부 시장 논리가 메웠다. 샌델은 이를 "시장 승리주의(Market triumphalism)"라고 부른다. 실리콘밸리 지도자들 대다수는 이 시장의 논리와 가치를 순순히 따르며, 스스로의 논리와 가치를 뒷전으로 밀어내도록 방치해왔다.

결국 대중의 비난을 두려워하면서 위험을 감수하지 않으려 한 탓에 우리가 살고 있는 세상이 어떤 모습이어야 하고 어떤 기업들이 존재해야 할지 본격적으로 논의할 기회를 잃고 말았다. 현대 사회의 지배적 태도인 이런 불가지론적 태도, 즉 누군가를 소외시킬까 봐 두려워 문화적 가치를 긍정하거나 부정하지 않는 태도가 큰 공백을 낳았고, 그 빈자리를 시장이 대신 채웠다.

기술 세계가 소비자의 관심사로 이동하게 된 건 어찌 보면 기술적 도피주의의 반영이기도 하다. 실리콘밸리는 사회가 직면한 핵심 문제들을 등한시한 채 온라인 쇼핑이나 배달 서비스처럼 일상생활의 사소하지만 쉽게 해결할 수 있는 불편함에 집중했다. 국방, 폭력 범죄, 교육 개혁, 의학 연구 같은 광범위한 과제들은 많은 사람에게 다루기 힘들고, 복잡하며, 정치적 위험이 큰 문제로 보였다.

그래서 대부분은 그런 어려운 문제들을 한쪽에 치워두는 데 만족했다. 반면 장난감은 말대꾸를 하지도 않고, 기자회견을 열 일도 없으며, 압력 단체에 돈을 줄 필요도 없었다. 공공을 위한 일보다 소비자 시장에 집중하는 편이 훨씬 쉽고 이익도 크며, 위험도 훨씬 적었다는 게 현재의 비극을 초래했다.

●

미국에서 과학기술로 폭력 범죄를 해결해야 하는지에 대한 주제는 늘 논쟁거리였다. 존 에드거 후버 시절의 FBI 등 여러 사법기관이 권력을 남용하고, 미국 국민의 사생활을 침해해온 역사는 의심할 여지가 없다. 작가 제임스 볼드윈에 대한 FBI 문서는 1974년까지 1,884페이지나 되었다.

이렇게 사생활에 대한 무분별한 침해 사례들이 20세기 내내 벌어진 논쟁을 양극단으로 몰고 갔다. 지문, DNA, 얼굴 인식 등과 같은 기술 발전이 폭력 범죄 조직을 해체하는 데 필수적이라는 주장과 강력 범죄를 막기 위한 합리적 도구가 아닌 약자를 탄압하고 무고한 사람을 구금하는 수단으로 전락할 수 있다는 우려가 맞선 것이다.

다가오는 AI 시대에는 경찰 업무에 인공지능을 도입하는 등 기술적 혁신이 속속 등장하고 있어 이 논쟁은 한층 뜨거워질 것이다. 또 법 집행 분야에까지 새로운 가능성을 제시할 것이다. 예를 들어 영국 국립물리학연구소(NPL)와 협력 중인 BAE시스템스 등 여러 방산업체는 사람의 걸음걸이만 포착해 얼굴을 보지 않고도 특정 인물을 식별할 수 있는 보행 인식 기술을 10년 넘게 개발해왔다. 정확도는 매일매일 나아지고 있다. 경찰이 운용하는 소형 드론은 차량 창문에 접근해 유리를 깨고, 경찰관이 차 안의 사람을 손쉽게 사격할 수 있도록 해준다.

우리는 이런 새로운 기술이 의도적이든 아니든 오용되어 무고한 사람을 구금하거나 해칠 수 있다는 점을 두려워한다. 만일 우리가 만드는 소프트웨어가 단 한 번이라도 오남용될 가능성이 있다면 반드시 그 사실을 전제로 해서 설계와 활용 방안을 마련해야 한다. 형사사법의 영역은 실용주의가 통할 자리가 아니기 때문이다. 당연히 어떤 수준의 오류도 허용해서는 안 된다.

1749년 볼테르는 "선량하고 무고한 사람 1명을 감옥에 가두느니 죄지은 2명을 풀어주는 편이 낫다"라고 썼다. 18세기 영국 법학의 거장이었던 윌리엄 블랙스톤은 이를 더 확대해 "죄 있는 10명을 풀어주는 한이 있더라도 무고한 1명을 고통받게 해서는 안 된다"라고 주장했다. 이 비율은 이후 형사 사법에서 허용 가능한 오류의 기준을 정하는 데 큰 영향을 미쳤다.

18세기 후반에 태어난 영국 법학자 토머스 스타키는 유죄자 99명 이상을 풀어주더라도 무고한 사람이 억울하게 구금되지 않도록 해야 한다고 주장했다. 문제는 새로운 기술을 치안이나 형사 수사에 도입하는 게 타당한지에 대한 논쟁이 아니다. 오히려 미지에 대한 두려움이 종종 불확실성과 복잡성, 기술이 오용될 가능성을 탐색하는 책임을 회피하는 데 악용된다는 점이 문제다.

실제로 미국 여러 도시에서 경찰 당국과 협력해 소프트웨어를 배치하려는 시도는 늘 상당한 회의와 불신에 부딪혀왔다. 2012년 팔란티어는 아프가니스탄에서 미국 특수부대와 정보분석가들이 도로변 폭탄의 위치를 예측하고 폭탄 제조자를 찾아내기 위해 활용했던 동일한 소프트웨어 플랫폼을 뉴올리언스 경찰에 제공했다. 뉴올리언스와 전국의 경찰들이 맞닥뜨린 문제는 병사들을 희생시키는 폭탄 확산을 막으려던 육군이 직면했던 상황과 닮아 있었다. 정보는 쌓여 있지만 이를 유의미하게 통합하고 분석해줄 소프트웨어 인프라가 전혀 없다는 점이었다.

뉴올리언스의 수사관들과 경찰 역시 범죄 조직에 대한 파편화된 정보를 잇고 총기 폭력에 대처할 더 나은 시스템이 필요했다. 팔란티어가 개발한 고담(Gotham) 플랫폼은 경찰국 내부에서 빠르게 확산됐다. 지역 언론인 신문 〈타임스-피카윤〉은 이 시스템을 "한곳에서 모든 정보에 접근해 교차 검증을 할 수 있고, 피해자·용의자·목격자 간에 보이지 않는 연결고리를 찾아낼 수 있는 일종의 만능 툴"이라고 소개했다.

그러나 비판의 목소리가 곧바로 거세게 터져 나왔다. 많은 사람에게 본능적으로 반감을 샀다. 전쟁용으로 설계한 소프트웨어를 왜 뉴올리언스 시내에 들여놓아야 하느냐는 것이었다. 2018년에 발표된 한 글에 따르면, 미국시민자유연맹(ACLU)의 한 정책 분석가는 경찰이 분석 소프트웨어를 도입함으로써 개인이 부당하게 위험적으로 표적이 될 수 있고, 법 집행 현장에서 데이터를 활용하는 건 심각한 문제라고 주장했다.

도덕적 분노와 비난이 새로운 기술 도입으로만 쏠리면서 정작 시 정부가 주민을 보호하지 못하고 있다는 현실은 묻혀버렸다. 아프가니스탄에서 병사들을 폭탄의 위협으로부터 지키기 위해 250억 달러를 투입했지만, 정작 국내 도시에서 타락한 인물이나 정신질환자, 막강한 자금과 조직력이 있는 폭력 조직으로부터 시민들을 지키는 데는 집단적 반응이 대부분 무관심과 체념으로 귀결되었다.

다른 기술 기업들도 지역 경찰 업무에 소프트웨어와 인공지능을 활용하려는 비슷한 프로젝트를 추진했다가 포기하고 말았다. 2020년 6월 아마존은 자사의 얼굴 인식 소프트웨어를 경찰에서 사용하지 못하도록 결정했다. 해당 시스템이 무고한 사람을 잘못 지목할 가능성이 있다는 비판이 제기되었기 때문이다. 같은 달 IBM은 한발 더 나아가 얼굴 인식 기술에 대한 모든 연구 개발을 중단하겠다고 발표했다. 당시 IBM 최고경영자는 상원의원 코리 부커와 카멀라 해리스 등에게 보내는 서한에서 "이 기술이 무분별한 감시, 인종차별적 프로파일링, 기본 인권과 자유의 침해에 사용되어서는 안 된다"라고 강조했다.

그러나 이는 모두가 아무도 지지하지 않는 악을 비난하는 공허하고 의미 없는 기업 발표의 전형이었다. 이 문제에서 섬세하고 흥미로우며 어려운 논의는 이런 시스템의 오남용이 정당화될 수 있는가가 아니라 올바른 사용이 도시의 폭력을 줄이는 데 어떤 역할을 할 수 있는가이다. 매년 미국에서는 수천 명이 살해되고, 수십만 혹은 수백만 명이 폭력의 공포 속에서 살아간다. 그러나 지역 경찰의 소프트웨어 사용을 회의적으로 보는 이들에게 희생자들의 생명은 도덕적 계산 속에서 별로 중요하지 않은 듯했다.

미국 사회 전반과 많은 정치인은 폭력 범죄 문제에 대해 무관심한 태도를 보여왔다. 이 문제를 해결하거나 생명을 구하기 위해 마땅히 시도해야 할 새로운 해결책과 실험을 구상하는 과정에서 유권자나 후원자들과 갈등을 감수하려는 노력조차 포기해버렸다. 결국 이 분야에 뛰어드는 데 따르는 대가는 지나치게 높아졌고, 실리콘밸리를 비롯한 기술 업계에 전달된 메시지는 분명했다.

"엮이지 말라."

이는 미국 권력자들이 폭력 문제에 대한 책임을 저버리고 보인 극도로 냉소적인 반응이었다. 워싱턴을 비롯한 각 지역의 정치인들은 논란이 덜한 영역으로 시선을 돌렸다. 그 결과, 경찰·의료·교육 등 미국 사회의 광범위한 분야가 새로운 기술이나 시도가 전혀 자리 잡지 못하는 혁신의 불모지가 되고 말았다. 실리콘밸리에는 그곳에 발을 들이지 말라는 경고가 반복해서 주어졌다.

●

작가 롭 헨더슨이 쓴 표현을 빌리면, 첨단 기술과 소프트웨어가 지역 경찰에 전혀 쓸모가 없다는 주장은 전형적인 "사치스러운 믿음"이다. 〈뉴욕타임스〉 칼럼니스트 데이비드 브룩스는 특권층 엘리트들이 이런 믿음을 망토 두르듯 손쉽게 둘러도 전혀 부담이 없지만, "사회적 약자들에게는 터무니없고 비현실적인 주장으로밖에 보이지 않는다"라고 말한다.

예를 들어 총격이 일상적으로 벌어지는 지역에 사는 사람들에게 경찰 지원과 예산을 줄이자는 주장은 실제 치안 개선과는 무관하게 정치적 승리를 과시하려는 캠페인으로 들릴 뿐이다. 더 근본적인 문제는 미국의 좌파 기득권 세력이 일방적으로 보수 진영과 대화할 필요조차 없다고 결정해버렸다는 점이다. 다른 쪽의 주장을 듣거나 소통하는 것 자체를 문화적 배신으로 간주하기 때문이다.

2019년 페기 누넌은 한 에세이에서 워싱턴 기득권층이 현 미국

식 포퓰리즘을 못마땅해하는 이유가 "거의 미학적"이라고 지적했다. 이는 좌파가 지닌 가장 교묘한 무기를 정확히 짚은 것이었다. 다시 말해 좌파는 국가 안보, 이민, 낙태, 법 집행 등 다양한 이슈에 대한 광범위한 정치적 견해를 저급하고 천박한 것으로 매도하는 능력을 통해 상대를 배제해왔다. 이런 태도 때문에 실리콘밸리를 비롯한 그 밖의 진보 세력은 불행히도 문화에 관한 논의에서 자신들의 영향력을 스스로 약화시켰다. 미국 인구의 절반에 해당하는 이들의 정치적 주장과 요구를 외면하는 그들의 태도는 결국 자신들이 추구하던 의제마저 주변부로 밀려날 위험을 초래하고 있다.

우리는 실제로 생활 수준과 삶의 질을 높이는 구체적이고, 때로는 눈에 잘 띄지 않는 성취와 개선보다 승리의 상징성, 극적 요소, 도덕적 우월감을 표현하는 외형적 과시를 더 중시하기 시작했다. 그러나 세계를 바라보는 엔지니어의 접근 방식, 기술 공화국의 기반은 그런 구체적 성취와 결과를 열정적으로 추구하는 데 있다. 우리가 직면한 위험은 굶주림, 범죄, 질병 등을 줄이는 성과 중심의 도덕과 윤리 체계를 포기하고, 성과 자체보다 성과를 둘러싼 메시지 관리가 더 중요한 보여주기식 담론으로 빠져드는 것이다.

진정으로 기술 공화국을 재건하려면 기술 분야에서 유래한 창업가 문화가 정부로 스며들어야 한다. 또 자기 성공에 스스로 이해관계를 가진 이들만이 리더십을 맡는 오너십 사회(Ownership society)를 다시 세워야 한다.

16장

청렴함의 대가

2023년 2월 워싱턴 경제클럽은 유명 사모펀드 투자자인 데이비드 루벤스타인과 미국 연방준비제도이사회 의장 제롬 파월 간 대담을 열었다. 토론 주제는 주로 물가 상승과 금리 수준 등 익숙한 경제 이슈였는데, 대화가 예기치 못한 방향으로 흘러갔다.

칼라일그룹 공동 창업자로 자산이 40억 달러에 달하는 루벤스타인은 파월에게 "연준 의장 연봉이 얼마인가요?"라고 물었다. 파월은 불편한 기색 없이 살짝 미소를 지으며 대략 19만 달러라고 답했다. 이어 루벤스타인이 "그 정도가 연준 의장으로서 타당한 수준의 급여라 생각하나요?"라고 묻자, 파월은 진지하면서도 납득 가능한 표정으로 "그렇습니다"라고 대답했다. 방청객들은 어색한 웃음을 터뜨렸다. 아마도 파월이 다소 민감할 수 있는 질문을 놀라울 정도로 품위 있게 대처하는 모습을 보며 일종의 연대감을 느낀 듯했다.

이 장면은 비현실적이다. 수십억 달러를 보유한 한 자산가가 수백만 달러를 보유한 자산가에게 질문하는 상황이라니! 세계에서 가장 강력하고 영향력 있는 중앙은행인 연방준비제도 수장이 대형 투자은행 신입 연봉보다 적은 급여를 받는 게 적절하냐고 묻는 상황은 비현실적이라는 말이다.

실제로 파월 의장의 결정은 전 세계적으로 가장 중요한 결정 가운데 하나다. 파월이 인플레이션 추이를 어떻게 판단하고, 금리를 언제 올릴지 내릴지, 미국과 세계 경제를 얼마나 견실하다고 보는지에 따라 미국과 전 세계 노동자 수억 명의 운명이 달라진다.

역사적 인플레이션 위기에 경기 둔화 가능성까지 겹친 상황에서 뉴욕부터 런던, 시드니, 상하이에 이르는 세계 주요 주식 시장에 수조 달러 규모의 자금이 미국 경제와 세계 경제를 이끄는 그의 생각과 결정에 따라 움직이고 있다. 그럼에도 의회는 파월에게 연 19만 달러를 지급하기로 했다. 민간 부문이었다면 그의 역할과 소속된 기관의 여러 자원을 고려할 때, 이런 급여는 터무니없는 것으로 여겨졌을 것이다.

연봉 수준을 고려하면 제롬 파월은 나라를 위해 자원봉사하고 있다고 해도 과언이 아니다. 연방정부 공무원으로서 그가 받는 보수는 2,000만 달러가 넘는 것으로 알려진 순자산에 비하면 무시해도 될 정도로 작다. 파월은 실제로 상당한 저축액에 의존해 생활하고 있다고 공개적으로 밝혔다. 그렇다면 왜 세계에서 가장 부유한 국가인 미국은 연방준비제도 운영을 자원봉사자에게 맡기는 걸까? 이런 구조는 어떤 인센티브를 만들며, 또 이 직책에 관심을 가질 잠재적 후보군을 얼마나 극적으로 좁히는가?

우리는 정치에 돈이 개입되는 것을 비판하면서도, 실제로는 부유한 개인이 점점 더 정치 게임에서 우세를 점하는 현실에 별다른 문제제기를 하지 않는다. 공직의 보수를 지금처럼 설정해둔 결정이 초래한 의도치 않은 결과는 미국은 물론 전 세계적으로 점점 더 많은 초부유층이 공직에 출마해 당선되는 현상이다. 〈포브스〉지가 발표한 약 2,000명의 억만장자 목록을 2023년 노스웨스턴대학교 연구진에서 분석한 보고서에 따르면, 이들 중 약 11%가 공직에 출마했거나 실제로 맡아본 경험이 있었다.

현재의 보상 체계가 만드는 인센티브는 왜곡되어 있다. 미국 하원 의원과 상원 의원의 평균 연봉은 겨우 17만 4,000달러 정도이다. 상·하원 의원은 미국 전역의 수백만에 달하는 군인·교사·노동자·학생의 삶에 중대한 영향을 미칠 수 있는 결정을 내리고 있다. 민간 기업이 연방정부처럼 직원들의 보수를 설정한다면 그 기업은 생존조차 어려울 것이다.

우리는 정치인이 보수가 아니라 고귀한 이유로 출마해야 한다고 말하면서 정작 정치인이 민간 부문에서 벌 수 있는 금액보다 훨씬 적은 급여만 지급한다. 그러나 이런 방식이 공직자가 되기 위해서는 사전에 부를 축적하거나 퇴임 후 지위를 이용해 수익을 창출하도록 유인하는 현실을 직시하지 않으려 한다.

미국 의회, 특히 하원에서는 자기 홍보와 쇼맨십이 놀라울 정도로 심하다. 하원 의원들은 임기가 끝난 뒤 소셜 미디어나 미디어 인지도, 재정적 이득을 얻으려고 경쟁을 벌인다. 결국 공직 후보자들이 어떤 인물들로 구성되는지는 우리가 후보자들에게 얼마를 기꺼이 지불할 의향이 있는지와 직결된다고 할 수 있다.

일부에서는 선출직과 임명직 공무원의 보수를 올려야 한다고 주장해왔다. 2014년 복스닷컴(Vox.com)을 공동 창업한 매튜 이글레시아스는 "더 나은 의회를 원한다면 미국 국민은 다른 모든 고용주가 하는 것처럼 해야 한다. 더 많은 사람이 공직에 출마하도록 직업 자체를 좀 더 매력적으로 만들어야 한다"라고 말했다.

지난 수십 년간 미국 공무원 보수를 개혁하려는 다양한 제안이 있었지만, 대부분 제대로 진전을 이루지 못했다. 미국 공화국이 수립된 이래, 개인적 부를 추구하는 것 이외의 동기에서 선의와 재능을 가진 사람들이 공직에 출마해 국가를 위해 봉사하기를 바라는 희망을 놓지 않았다. 1787년 연방 의회 급여에 관한 논쟁에서 훗날 미국의 제4대 대통령이 되는 제임스 매디슨은 의원들에게 자기 보수를 스스로 결정하는 권한을 부여하는 것에 대해 회의적이었다. 매디슨은 이를 두고 "자신의 호주머니를 위해 공공 자금에 손을 대는 건 체면없는 일"이라고 지적했다.

그러나 공직자의 급여와 보수 구조를 설정할 때, 민간 부문의 방식을 참고해 개인적 인센티브와 공적 목적을 조화시키는 걸 주저하는 태도는 우리를 제자리걸음하게 만들 뿐이다. 더 과감한 방식으로 보상하는 많은 실험이 필요하다. 모두에게 이익이 되는 가치를 창출한 이들한테 보상을 제공하는 데 있어 훨씬 더 급진적인 접근 방식이 필요하다.

1994년 11월 싱가포르 초대 총리 리콴유는 공무원 연봉 인상을 제안했고, 이를 두고 국회에서 격론이 벌어졌다. 리콴유는 은행업과 법조계 등 민간 부문의 유사 직종 급여를 기준으로 공직자 보수를 책정하는 제도를 도입했다. 2007년쯤에는 장관 연봉 평균이 약 126만 달러에 이를 정도로 상승했다.

리콴유의 반대자들은 높은 보수가 공익보다 사익을 좇으려는 부류의 지원자만 끌어들일 것이라고 주장했다. 이에 대해 리콴유는 국회에서 "정치인도 여러분과 저처럼 실제로 살아가는 진짜 사람들이다. 진짜 가족이 있고, 인생에 대한 진짜 포부를 가지고 있다"라며, "이렇게 고상하고 숭고한 대의명분을 논할 때도 세상에 성직자가 되는 사람은 극소수라는 사실을 기억해야 한다"라고 응수했다.

결국 우리의 발전을 가로막는 것 중 하나는 공동체의 이익에 가장 중요한 영역에서조차 인센티브에 대해 보이는 회의적인 태도일 수 있다. 왜 금융·은행·기술 업계는 인센티브를 적극적으로 사용하는 걸 허용하면서 공공 부분은 이를 거부해야 하는가. 미국 문화에 스며 있는 금욕주의적 성향은 분명 존중할 만하다. 물질에 대한 회의와 절제는 소비에 대한 공허한 헌신이 우리를 타락으로 이끌 수 있음을 상기시킨다.

그러나 공직자들에게 암묵적으로 성직자 같은 존재가 되기를 기대하는 이런 무언의 압박은 정부·교육·의료 같은 공공경제의 광범위한 부문에서 제대로 된 인센티브가 가져다줄 혜택을 막는 의도치 않은 역효과를 낳고 있다.

공공 분야에서 새로운 보수 체계를 실험하는 데 주저하는 우리의 태도는 결과적으로 예술·의료·정부·출판·학계 등 여러 전문 직역을 보다 여력이 있는 교육받은 세습 엘리트들의 전유물로 만들어 버린다. 더 비판적으로 보면, 그런 엘리트들은 자신들이 독점적으로 누려온 고위직 자리를 두고 경쟁자가 늘어나는 걸 원치 않을 수도 있다. 의사·공무원·교사 같은 고귀한 직업에 종사하는 이들에게 더 많은 보수를 지급해야 한다. 이런 직업들이 숭고하다고 해서 그 숭고함 자체가 보상이 될 수는 없기 때문이다.

●

1953년 5월 31일 저녁, 아이다호주 동부의 외딴 지역에서 미국 해군 소속 엔지니어들이 소규모 원자로를 시험 가동했다. 이 원자로는 이후 반세기 동안 세계 해양 세력의 균형을 바꿀 만한 혁신적 기술이었다. 이 원자로는 잠수함에 탑재할 수 있을 정도로 작다는 점이 특별했다.

당시로서는 대담한 계획이었던 이 원자로를 동력으로 삼아 함정을 추진하겠다는 구상이 진행되고 있었다. 핵분열 반응을 통제해 에너지를 얻는 기술은 아직 초기 단계였고, 방사능 누출이나 통제 불능의 폭발 같은 사고 위험이 컸다.

수십 년 후 이 시험을 감독했던 해군 장교 에드윈 킨트너는 당시 현장에 있던 모두가 "위험을 알고 있었다"라고 회고했다. 그때 이 원자로가 증기 터빈을 돌려 잠수함을 움직이게 하는 걸 기대했고, 이 장치가 원자폭탄으로 변할 수 있다는 점은 두려워했다.

그날 밤 아이다호 사막에서 미국 원자력위원회(AEC) 위원이었던 토머스 머레이가 원자로의 가동 스위치를 눌렀다. 증기가 무거운 터빈을 돌리기 시작했다.

세계 최초의 원자력 엔진은 2시간 가까이 구동되었다. 다음 달에는 같은 원자로로 5일간 연속 운전을 시험했다. 이제 미국과 소련이 차세대 잠수함 개발을 놓고 경쟁하기 시작했다. 이 새로운 잠수함은 디젤 엔진의 굉음이 아니라 속삭이는 듯한 소음만 내며 바다를 은밀히 누빌 수 있었다. 연료를 다시 채울 필요 없이 장기간 작전도 가능했다. 이 원자로는 거의 완벽하게 작동했다.

1955년 5월, 쥘 베른의 소설 《해저 2만 리》에 등장하는 잠수정의 이름을 본떠 붙여진 세계 최초의 핵 추진 잠수함 USS 노틸러스호가 코네티컷주 뉴런던을 출항해 푸에르토리코 산후안까지 2,092킬로미터를 항해하며 거의 나흘 동안 잠항했다. 미국 해군 보고서는 이 잠수함이 "공중 공격이나 탐지에 거의 면역된 수준"이며, 속도가 빨라 재래식 어뢰도 따돌릴 수 있다고 했다. 이로써 미국은 향후 수십 년간 해양에서 독보적 우위를 확보할 수 있었다. 그 지위는 아직도 유지하고 있다.

잠수함을 추진할 수 있을 만큼 충분히 작은 원자로를 구상한 사람은 당대에 존경받았지만 동시에 문제도 많았던 하이먼 리코버 해군 소장이었다. 그는 1900년 바르샤바 북부의 작은 마을에서 태어났다. 재봉사였던 아버지는 1906년 리코버가 6세가 되던 해에 유럽을 떠나 뉴욕으로 이주했다.

에드윈 킨트너는 미국 해군이 이렇게 빠른 속도로 원자력 잠수함을 만들 수 있었던 건 리코버의 "무모할 정도의 과감함" 덕분이라고 말했다. 이는 잠수함을 "잠시 잠항이 가능한 수상함"에서 수개월간 심해에서 은밀히 작전할 수 있는 수중 함정으로 바꾸는 획기적인 기술이었다.

리코버는 거만하고 가학적인 면이 있었다. 기록에 따르면, 갈등이 생긴 부하 장교들을 벽장에 가둬 여러 차례에 걸쳐 반성하게 한 적도 있었다고 한다. 본인 역시 자기 한계를 잘 인지했던 듯하다. 1984년 시사 보도 TV 프로그램 〈식스티 미니츠〉에서 다이앤 소이어와 인터뷰하며 자신은 "다람쥐만큼의 카리스마"밖에 없다고 했다.

리코버 관점에서 규정이나 규칙은 그저 다른 이들을 위한 것이었다. 한 부하가 해군 규정을 잔뜩 적은 책을 들고 찾아왔을 때, 그는 규정집을 태워버리라며 "내 임무는 이 시스템 안에서 일하는 게 아니라 일을 해내는 것"이라고 했다.

1940년대 후반, 훗날 대통령이 된 지미 카터는 해군 소위 시절 리코버 아래서 복무했다. 카터는 리코버가 매우 대하기 어려운 인물이었고 "가끔은 그를 증오하기도 했다"라고 털어놓았지만, 그에 대한 존경심은 변함없었다고 했다. 카터는 아버지를 제외하고 "내 인생에

리코버만큼 큰 영향을 준 사람은 없었다"라고 했다.

1980년대 초 리코버가 퇴역하자 제너럴 다이내믹스라는 조선업체로부터 20년 가까이 각종 선물과 편의를 제공받아왔다는 사실이 드러났다. 1985년 미국 해군 검토위원회 보고서에 따르면, 1961년부터 1977년까지 약 16년간 리코버가 받은 혜택은 총 6만 7,628달러 상당으로 연평균 약 4,200달러였다. 이 중 상당수는 리코버가 직접 요청한 것으로 드러났다.

선물 목록은 다양하고 기이할 정도였다. 여기에는 1,125달러짜리 귀걸이와 펜던트, 물소 뿔 손잡이가 달린 과일칼 12개, 정장 드라이클리닝 비용, 중고 《브리태니커대백과사전》, 노틸러스호 목재 갑판으로 만든 티크 쟁반, 다년간 받은 커피 머그잔 240개, 티파니앤코 문진 88개가 포함되어 있었다. 대부분은 연말연시 선물이나 친목 차원의 사소한 선물들이었다. 개별적으로 보면 대수롭지 않다고 주장할 수도 있었지만, 전반적으로 방산업체와의 지나친 친밀함이 의심되는 수준이었다.

리코버는 선물 목록을 인정하며, 대부분을 의회에서 자신의 계획을 지지해준 사람들에게 선물했다고 밝혔다. 방산업체와 고위 국방 관료가 한편이 되어 의회와 군 내부의 반대 세력에 대응하던 시절, 이런 식의 기념품이나 보석을 주고받는 행위는 비교적 흔한 일이었다. 훗날 리코버는 "민간 부분으로 갔으면 큰돈을 벌 수 있었을 것"이라며 1952년에 은퇴할 수도 있었지만, 해군에 남아 30년을 더 복무했다고 주장했다.

미국 해군은 이 비위 행위가 공식 징계 절차보다는 경고 서한 발송 수준에 해당한다고 결론 내렸다. 하지만 리코버의 적들은 이 폭로를 태양에 너무 가까이 날아간 인물의 명성을 실추시킬 기회로 보았다. 이 스캔들이 터졌을 당시 리코버와 오랜 시간 대립했던 당시 존 리만 해군 장관은 이를 두고 "은총에서의 추락"을 의미한다고 했다.

같은 해 〈뉴욕타임스〉 사설은 이번 사건이 리코버가 "자신은 규칙을 초월한 존재"라고 믿었던 태도를 반영하는 것이라고 지적했다. 그런 믿음은 "대단한 업적을 이루게 해준 동시에 심각한 판단 결함도 낳았다"라고 비판했다. 일부는 리코버를 두고, 이미 수십 년 전에 은퇴했어야 할 노장 제독으로 보기도 했다.

그를 옹호하는 사람은 극소수에 불과했다. 당시 위스콘신주 상원 의원이던 윌리엄 프록스마이어는 오랜 친구였던 리코버에 대한 비난을 단칼에 일축했다.

그는 "리코버는 지금 해군을 운영하는 하찮은 인물들이 잊힌 뒤에도 핵잠수함의 아버지이자 방위산업 계약 부정을 깨부순 불굴의 투사로 기억될 것"이라고 말했다.

대부분의 평가를 종합해보면 리코버는 미국이 소련을 압도하며 힘의 균형을 미국 쪽으로 기울게 한 거대한 업적을 이룬 인물이다. 〈타임〉지의 부고 기사는 리코버를 이렇게 평가했다. 그가 "지나친 오만으로 흠이 있었던 건 사실이지만" 그의 "거칠지만 비범한 천재성"이 "원자력 시대 초기에 해군이 지닌 가장 위대한 자산 중 하나로 증명되었다".

•

리코버 같은 인물들은 수십 년 아니 수 세기에 걸쳐 여러 차례 등장해왔지만, 대부분 사회로부터 버림받고 한 시대의 유물로 폐기되었다. 업적만 낼 수 있다면 자기 이익을 챙겨도 괜찮다고 정당화하던 시절의 잔재로 여겨졌기 때문이다. 오늘날 우리 사회는 이제 행정적 규칙과 규제를 준수하는 것에 더 집중하기로 했다. 많은 사람이 부패로 서서히 기울어지는 걸 막는 유일한 방어책이 이것이라고 믿기 때문이다.

그러나 그 과정에서 사회적 공헌을 할 수 있는 능력자들이 조금은 재량권을 발휘할 수 있는 자리를 우리 스스로 사라지게 만들고 있다는 문제점에 대해서는 아무도 이야기하지 않는다. 대중적이지 않거나 매력과 카리스마가 부족한 이들을 점점 빠른 속도로 밀어내는 현실을 우리는 다시 생각해봐야 한다.

우리가 직면한 위험은 겉보기에는 반박하기 어려운 투명성과 절차라는 목표가 정작 잠수함을 건조하고, 난치병 치료법을 개발하고, 테러를 방지하며, 국가 이익을 신장하는 일보다 우선시되는 상황에 있다. 이런 공리주의적 계산은 매력적이지 않다. 그러나 어떤 싸움에서는 미학적 혐오감을 때로는 제쳐둘 줄도 알아야 한다. 우리는 결과와 성과라는 어렵고 때로는 불편한 질문을 회피하려고 너무 자주 우리의 도덕성 뒤에 숨는다.

실리콘밸리나 월스트리트, 시장 경제에서 자본을 배분하는 헤

지펀드 매니저와 트레이더들에게 천문학적 보수를 지급해도 세상은 애써 외면한다. 그러나 20세기에 가장 획기적인 해군 전력을 구축하는 데 기여한 해군 제독이 방산업체와 얽히는 과정에서 허영심이나 판단력 부족을 드러내면 곧바로 거센 분노가 터져 나온다.

그 해군 제독이 규칙을 어겼는가. 어쩌면 그럴 수 있다. 하지만 그런 규칙과 절차를 지나치게 엄격하고 융통성 없이 적용하는 데도 대가는 따른다. 협소한 절차적 정의가 주는 안도감에는 분명 한계가 있다. 우리는 가장 고결하고 경건한 사람이 권력도 쥐길 바라는 희망에 매달린다. 그러나 역사는 종종 그 반대가 더 흔하다고 말해준다.* 인간이라는 존재가 단순하지 않으며, 때로는 모순적인 태도도 보일 수 있다는 걸 인정하지 않으면 결국 언젠가 우리에게 후회만 남겨주게 될 이들이 권력을 잡게 될 수도 있다.

대중이 희생양을 찾고자 하는 욕망은 때로는 사회 전체에 걸쳐 광범위하게 퍼지고, 그 강도가 너무 철저하고 강렬해서 역사 전반에 걸쳐 우리를 휩쓸곤 했다. 케네스 버크는 1935년 출간한 《영속성과 변화》에서 "가장 순수한 형태의 희생양 메커니즘"은 "자신의 죄를 씻기 위해 희생양을 사용하는 것"이라고 설명했다.

공동체가 지닌 죄를 동물에게 전가한 다음 그 동물을 "잔인하게 구타하거나 죽이는" 이 과정은 사회 집단이 죄책감이나 심리적 갈등

---

* 자신의 의지와 상관없이 강제로 리더 자리에 서게 되는 통치자가 자연스럽게 나타나길 바라는 기대는 아주 오래된 사상이다. 플라톤은 《국가》에서 "선한 사람들은 돈이나 명예를 위해 통치하기를 원치 않는다. 야심이 없기 때문"이라고 했다.

으로부터 벗어나기 위한 수단이었다. 우리는 자신의 실패, 약점, 금지된 욕망, 결함 등을 대신 짊어질 희생양을 찾고자 하는 본능적인 욕망과 더 직접적으로 맞서야 한다. 동물이든 우리 중 누구든 희생양을 제물 삼아 죽일 때 느끼는 해방감과 안도감은 대부분 오래가지 않는다. 우리 사회는 적의 빠른 몰락을 지나치게 열망하고, 종종 그 몰락을 기뻐하기까지 한다. 그러나 적을 무너뜨리는 순간은 기뻐할 때가 아니라 오히려 멈춰서 성찰해야 할 때다.

6세기 무렵 로마 외곽의 한 작은 마을에서 은둔 생활을 하던 성인 베네딕토는 사제 플로렌티우스에게 시달리고 박해받았다. 교황 그레고리오가 6세기에 남긴 기록에 따르면, 플로렌티우스는 베네딕트를 죽이려고 독이 묻은 빵을 보내기도 했다. 심지어 수도원 정원으로 벌거벗은 소녀 7명을 보내 베네딕트를 죄에 빠뜨리려고도 했다.

그러나 플로렌티우스의 계획은 실패했다. 결국 플로렌티우스 자신이 목숨을 잃었지만, 그가 어떻게 죽었는지 구체적인 경위는 알려지지 않았다. 베네딕트의 제자가 기쁜 마음으로 이 소식을 베네딕트에게 전했을 때 교황 그레고리오에 따르면, 베네딕트는 "자신의 적이 죽은 것과 제자가 그 사실을 기뻐하는 것 모두에 대해 깊은 슬픔을 느꼈다"라고 한다.

●

특정 규범이나 규정을 엄격히 준수하는 걸 지나치게 중시하는 현재의 경향은 우리 사회가 직면한 더 근본적인 문제를 보여주는 증거다. 오늘날 우리 사회는 부정행위를 다루는 방식이 지나치게 경직되어 있는 데다 결과를 간과하고 인기 없는 사람을 자발적으로 박해하고 있다. 그 결과 지도자들은 자연스레 자신에게 맡겨진 과제와 점점 더 분리되어가고 있다. 이는 우리 사회 내부의 기능 장애를 보여주는 증상이다. 오늘날 많은 사람이 더는 자신의 결정에 따르는 위험도, 그로 인한 보상도 함께 짊어지려 하지 않는다.

그러므로 우리가 가장 중요한 제도를 재정비하고, 그 제도를 이끄는 사람에게 줄 인센티브를 제대로 설계하는 건 더 크고 본질적인 변화 없이는 불가능하다. 기술 공화국을 다시 세우려면 역사적으로 인류 발전의 바탕이 되었던 국가적·집단적 정체성에 대한 감각을 부활시키고 다시 포용하는 과정이 필요하다.

17장

앞으로의 천년

 1993년 영국인 인류학자 로빈 던바는 한 사람이 유지할 수 있는 사회적 관계의 최대 인원수를 추산하려고 했다. 그는 남아프리카부터 뉴기니, 북부 캐나다에 이르는 수렵채집 사회 집단의 인원수를 조사했다. 가장 작은 집단은 90명, 가장 큰 집단은 221명이었고 평균적으로 한 집단당 148.4명이었다. 이 수치는 보통 150명으로 반올림해 던바의 수라고 불린다. 던바의 수는 구성원 모두가 직접 서로를 알고 교류할 수 있는 공동체의 이론적 최대치를 나타낸다.
 스위스와 중부 유럽 출신 재세례파 공동체인 후터라이트는 19세기에 미국 중서부와 캐나다로 이주했다. 후터라이트도 공동체 규모의 상한선을 150명으로 두었다. 미국 내무부가 1980년대 초 발행한 보고서에 따르면, 후터라이트가 130~150명에 이르면 "딸 식민지가 모체 공동체로부터 분리된다"라고 기록되어 있다. 또 비슷하게

1980년대 초반의 한 연구는 테네시주 동부 산악 지대에 사는 197명 규모의 공동체를 관찰했는데, 그들 모두가 대부분 혈연관계였다고 여겼다. 1947년 리버풀에서 태어나 옥스퍼드대학교에서 가르쳤던 던바는 로마군의 부대나 현대 기업 조직의 단위에서도 150명 안팎이라는 상한선을 작용해왔다고 기록했다.

150명이 훨씬 넘는 사람들이 인간 공동체를 유지하고, 그 많은 사람과 직접적인 사회적 관계와 지속적인 유대를 형성하는 일은 어렵다. 원숭이나 유인원은 서로의 털을 손질하는 그루밍을 통해 사회적 유대를 형성한다. 그러나 수십 수백에 달하는 다른 개체들을 정기적으로 그루밍해주려면 상당한 시간과 창의적 에너지를 투자해야 하는 문제가 있다. 인간에게는 주로 언어가 이 문제를 해결해준다. 언어 덕분에 훨씬 더 많은 사람과 실질적인, 때로는 상상 속에서만 존재하는 깊은 연결을 맺을 수 있다.

전 세계의 국가와 우리가 느끼는 국가 정체성 또는 국가 문화는 구어와 문어를 통해 가능해졌다. 이를 통해 낯선 이들끼리도 사적인 이익을 넘어 공공의 이익을 위해 공동의 목적을 가지고 협력할 수 있게 된 것이다. 정치학자 베네딕트 앤더슨의 표현대로 직접 만나지도 못하는 낯선 사람들 사이의 "상상된 연결"이 없었다면 의학에서 도시, 인공지능까지 현대의 어떤 것도 불가능했을 것이다.

그렇다면 수천, 수만, 수백만, 심지어 수십억 규모의 공동체가 유지되는 기반은 무엇일까? 무엇이 우리를 하나로 묶고, 통합된 서사를 제공하며, 생존 그 이상의 목표를 위해 여러 사람을 하나의 대규모 조직으로 통합할 수 있는 걸까? 의심의 여지 없이 공유된 문화, 언어, 역사, 영웅과 악인, 이야기, 담론의 패턴이 어우러진 어떤 조합이다.

그러나 최근 수십 년간 국민 문화나 공통 가치를 정의하는 일이 점점 더 복잡하고 논쟁적인 문제가 되었다. 2017년 에마뉘엘 마크롱 프랑스 대통령은 "프랑스 문화라는 건 없다. 프랑스 안에 여러 문화가 있을 뿐"이라고 연설했다. 이 발언은 프랑스 전역에서 격렬한 논쟁을 불러일으켰다. 마크롱은 거의 반세기 동안 유럽뿐 아니라 미국에서도 사회를 구성해온 주요 논쟁에 뛰어든 셈이다.

마크롱은 새롭게 세계화된 프랑스의 문화적 다양성을 강조하려는 의도로 단일한 프랑스 문화를 부정했지만, 이는 프랑스 정체성의 핵심을 건드리는 결과를 낳았다.

파리 외곽 센강 주변 도시인 몽테로-포요느의 시장 이브 제고는 일간신문 〈르 피가로〉에 기고한 글에서 대통령의 입장이 "우리 공화국의 정신에 어긋난다"라며 반박했다. 이브 제고 시장은 공동체가 공유하는 것을 지키고자 노력하는 열망이 우월성을 내세우는 것도 아니고, 모든 문화가 끊임없이 변한다는 사실을 부정하는 것도 아님을 분명히 했다.

그의 요지는 국민적으로 공유되는 문화를 지키려는 희망을 완전히 포기하면 물질주의 속에서 우리 자신을 잃을 위험이 있다는 것이었다. 자본주의의 무분별한 수용으로 발생한 막대한 불평등에 대해 가장 회의적인 사람들이 국가와 문화 개념 옹호를 꺼리기 때문에 공백이 생긴다. 그렇게 발생한 공백을 시장이 채워가고 있다는 걸 그 사람들이 깨닫지 못한다는 사실이 아이러니하다.

미국을 비롯한 서구 사회는 지난 반세기 동안 포용성을 내세워 국민 문화를 정의하는 일을 기피해왔다. 그렇다면 그 포용성이란 실제로 무엇을 포용하겠다는 걸까? 우리는 국가 프로젝트를 너무나 공동화했으므로 더는 누구든 포함될 수 있는 실질적인 게 없다고 주장할 수 있다. 오늘날에는 미국 문화를 그 구성 요소들의 합을 넘어서는 무언가로 보자는 주장을 하기만 해도 오히려 분열을 조장하는 퇴행적 주장으로 간주할 위험이 있다.

미국 사회 구성원들 간의 시민적 유대감이 방치와 무관심으로 쇠퇴하자, 그 갈망을 채우기 위한 다른 수단들이 등장해 거대한 공백을 메우게 되었다. 이를테면 스포츠는 승리와 패배라는 거대한 서사에 대한 몰입과 소속감을 통해 그 욕구를 충족하기도 한다. 이런 소속감은 반드시 생긴다. 우리는 연대와 전사의 무리를 구축하는 방법을 찾을 것이다. 이런 소속감에 대한 인간의 욕구를 부정해온 건 실수였다.

인류 역사에서 어떤 나라든 비록 완벽하지는 않지만, 미국만큼 국민 자격이 민족적 또는 종교적 정체성에 대한 피상적인 호소 그 이상의 의미를 가진 국가를 건설하기 위해 노력을 많이 기울인 적은 없었다. 이 프로젝트를 기반으로 삼고 확장하려는 모든 시도를 포기해야 할까?

미국은 건국 후 2세기 반이 지난 지금도 여전히 그 모순들에 의

[그림 13] 2014년 기준 미국 메이저리그 야구팀 지지 현황

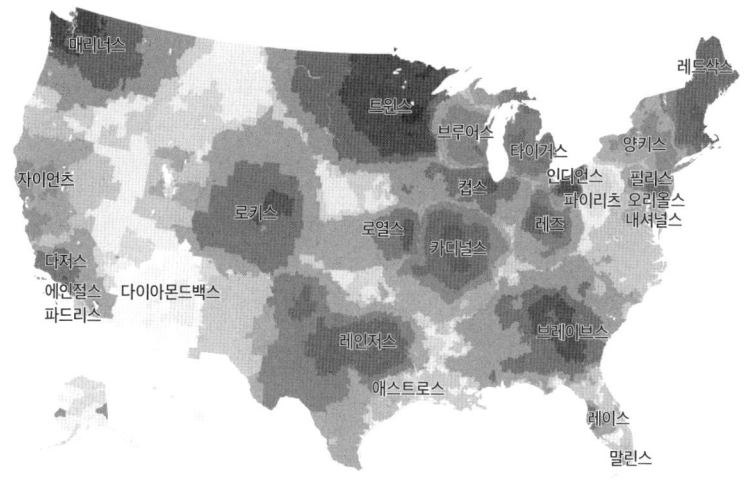

해 부분적으로 정의되고 있다. 그러나 역사상 가장 찬양받는 민주주의 국가들조차 여전히 편협하지 않은 국가 정체성 개념을 채택하는 데 어려움을 겪고 있다. 1996년 6월 프랑스의 극우 정당인 국민전선(FN) 대표였던 장마리 르 펜은 프랑스 축구 국가대표팀에 대해 아프리카와 해외 출신 후손들이 많다는 이유로 "다소 인위적"이라며 깎아내린 바 있다. 또 이 선수들이 프랑스 국가를 부르지 않거나 가사를 모른다고 비판했다.

미국에서 살아가는 경험이 분열되어 제각각이다 보니 이제는 대다수 사람에게 무언가를 함께 공유한다는 열망을 가지는 게 더 어려워졌다. 미국인들은 미국의 문화사를 쓰는 능력을 스스로 외부로 넘겨버린 것처럼 보인다. 다시 말해 미국을 밖에서 들여다보며 쓰는 사람들에게 논의를 맡긴 셈이다.

실제로 2008년 해외의 영어 학습자를 위해 출간한 《아메리칸 컬처》 교과서를 편집한 이들은 간결한 문장 한 줄로 미국 국가 프로젝트의 현주소를 이렇게 요약했다. "미국 문화 연구는 더는 국민성이나 국민 정체성을 찾는 일이 아니라 미국 안팎에서 벌어지는 갈등에 초점을 맞추게 되었다."

문제는 인간이라는 존재가 낯선 사람, 직접 만날 수 없는 사람들과도 유대와 친밀감을 형성하려는 본능적 욕구를 반드시 추구하게 된다는 점이다. 그렇다면 우리는 국가가 사람 간 유대감을 형성하는 과정에 관여하는 걸 비판해야 할까? 아니면 구매 능력과 결과적으로 계급과 재산에 따라 정체성이 정의되는 부상하는 소비자 문화가 정체성과 소속감의 그 공백을 메우기 전에, 국가가 그 틈을 메우도록 허용해야 할까?

이것이야말로 현대 좌파가 저지르는 가장 큰 전략적 실수일 수 있다. 좌파는 늘 시장의 과잉을 억제하겠다고 외친다. 그렇지만 정작 국민 문화나 공유된 정체성이 가져올 긍정적 측면을 진지하게 다루지 않음으로써 정작 그들이 반대하는 시장의 과잉을 방조하는 결과를 낳았다.

●

1965년 10월 3일, 이제 막 독립한 싱가포르의 리콴유는 주류소

매업자협회에서 연설을 했다. 그는 이제 막 독립한 나라의 대의를 위해 지지를 얻어내고자 했다. 싱가포르는 말레이시아로부터 독립한 지 수 개월밖에 되지 않았다. 리콴유는 이 섬나라가 독자적으로도 충분히 미래를 개척할 수 있다는 믿음을 국민에 심어주는 임무를 맡고 있었다. 그는 "난 다음 세대, 앞으로 100년, 영원을 염두에 두고 계산하고 있습니다. 제 말을 믿으십시오. 앞으로 천년이 지나도 우리는 이곳에 있을 겁니다"라고 했다. 이어서 "이렇게 머나먼 미래까지 철저히 계산하고 생각하는 사람들이야말로 살아남을 자격이 있습니다"라고 덧붙였다.

많은 사람에게 대영제국에서 분리된 후 1965년 말레이시아로부터 독립한 싱가포르가 살아남을 확률은 매우 낮아 보였다. 섬 하나에 불과한 소국이라 천연자원이나 인구 같은 장기적 번영에 필수적인 요소들이 부족해서다.

게다가 인구 수십만이 언어를 12개나 쓰고 있었다. 남중국, 인도 아대륙, 말레이반도 등 문화와 종교적 전통 기반은 각기 뿌리가 달랐다. 리콴유는 이처럼 다채로운 요소를 하나로 엮어 통합된 국민 정체성을 만들고자 애썼다. 이를 위해 기본 예절부터 결혼 상대를 선택하는 문제까지 시민들의 사생활에 정부를 적극적으로 개입시켰다.

1986년 한 정치 집회에서, 리콴유는 국민의 사생활 영역에 개입하는 게 국가를 세우고 발전시키는 데 필수적이라고 주장했다. 그는 "우리는 서로 다른 언어로 서로 다른 노래를 불러왔습니다"라고 했다. 이어서 "같은 농담에 웃지 않았습니다. 당신이 호키엔어로 농담을 하면 나머지 40%는 알아듣지 못합니다"라고 말했다. 실제로 20세기 대부분 동안, 싱가포르에서는 광둥어, 호키엔어, 하이난어, 상하이어 등 중국어 방언이 최소 12개 쓰였다. 그런데 19세기부터 20세기 초까지 영국 식민지 정부는 중국어가 아닌 말레이어를 중시했다. 한 역사학자가 지적했듯이, 당시 싱가포르는 "말레이어가 주요 공용어인 말레이 세계의 일부"로 간주되었기 때문이다.

1979년에 작성한 정부 보고서에 따르면, 막 독립한 당시 싱가포르에서 아이들 85%가 가정에서 영어도 중국어도 아닌 다른 언어를 썼다. 이 보고서는 "외국어로 세속적 교육을 받으면 자기 민족 고유의 전통적 가치관을 상실하고, 서구의 일시적 유행을 마구 받아들일 위험이 있다"라고 지적했다.

국가가 오랜 기간 살아남으려면 공통 언어가 꼭 필요하다고 인식되었다. 이 보고서의 주저자인 고 켕 스위는 리콴유 정부하에서 부총리를 지낸 인물이다.

그는 "도덕적 가치가 없는 사회는 위기에 직면했을 때 결속을 유지하기 어렵다. 공통된 가치 체계에 대한 헌신이야말로 새롭게 이주해 온 사람들의 집단적 이익을 지켜내려는 의지와 능력을 결정짓는 요인이 된다"라고 강조했다.

그 직후 모든 중국계 학생에게 가정에서 쓰던 방언 대신 표준 중국어인 만다린어를 배우도록 의무화하는 정책을 추진했다. 이 정책은 단호하고 논쟁적인 조치였다. 이후 수 세대에 걸쳐 싱가포르 가정에 광범위한 영향을 미쳤다. 싱가포르 국가번역위원회에서 활동한

탄 단 펑은 2017년 인터뷰에서 "예전 싱가포르는 언어로 치면 열대 우림 같았다. 무질서하고 복잡했지만, 생기 넘쳤다. 그런데 수십 년간 솎아내고 잘라낸 뒤 이젠 현금 작물 위주의 정원처럼 됐다. 영어 또는 만다린어를 익혀야 성공할 수 있다고 여긴다. 나머지 언어는 쓸모없다고 잘라버린 것"이라고 말했다.

그러나 리콴유는 중국어를 배워 싱가포르 곳곳의 시민과 소통할 수 있는 능력을 키우는 것이야말로 중국계 젊은 싱가포르인들의 심리적 발달과 통합에 필수적이라고 주장했다. 그리고 많은 사람은 리콴유가 민족적 또는 언어적 충성심에 따라 형성된 경쟁 구도로부터 국가를 구해냈다고 평가한다.

1979년 당시 싱가포르 교육대학원 학장이던 사라바난 고피나탄은 "싱가포르 언어 정책이 국가의 문화적 개성을 형성하고 유지하는 데 핵심 역할을 했다"라고 평가했다.

이후 리콴유는 특정 영역에서는 통제를 어느 정도 완화하겠다는 생각을 내비쳤다. 1986년 국경일 기념식 연설에서 "이제는 새 국면에 접어들었습니다. 그들에게 선택권을 주십시오. 여러분이 결정하는 것입니다. 여러분이 스스로 판단하는 것입니다. 선택권을 행사하고, 결과에 대한 대가를 치러야 합니다"라고 말했다.

무엇이 원동력이 되었든 싱가포르의 경제적 상승세는 부인할 수 없다. 1960년 싱가포르의 1인당 GDP는 428달러에 불과했지만, 2023년에는 1인당 GDP가 8만 4,734달러에 달했다. 이 수치는 20세기 아니, 더 나아가 근현대사에서 가장 극적인 성장 사례로 꼽힌다.

●

싱가포르가 독립한 후 첫 50년간 비약적인 발전을 이루는 데 리콴유라는 개인이 절대적으로 중요한 영향을 끼쳤다는 데는 거의 이견이 없다. 헨리 키신저는 리콴유의 리더십을 두고, "역사를 좌우하는 게 상황인가, 인물인가를 두고 벌어졌던 오래된 논쟁에서 이번 경우에는 인물이 더 결정적이라는 쪽으로 결판이 났다"라고 평했다.

이 논쟁은 적어도 19세기까지 거슬러 올라간다. 1840년 스코틀랜드 역사학자 토머스 칼라일은 저서 《영웅 숭배론》에서 "위대한 인물"에 대해 썼다. 그는 "그 시대에 없어서는 안 될 구세주였고, 번개가 없었다면 연료는 타지 않았을 것"이라고 했다. 이런 식으로 역사를 만든 주체가 위대한 개인이라고 보는 견해는 당시 꽤 흔했다.

18세기에 지어진 파리 판테온에는 나라를 위해 큰 공을 세운 정치인·철학자·장군 유해를 안치해놓았다. 입구 위쪽 웅장한 코린트식 기둥 22개 위에 볼테르와 루소, 나폴레옹 조각상이 있다. 건물 외벽에 새겨진 큼지막한 대문자는 거리에서도 읽을 수 있을 정도다. "위대한 인물들에게, 조국이 감사를 표하다."

물론 경제적·정치적 요인을 비롯해 여러 힘이 작용하는 인간사의 거대한 흐름을 평가하는 데 소수의 위인 행적만 지나치게 강조하는 태도는 편협하다. 또 남성만 언급할 뿐 여성은 배제한다는 점도 문제다. 우리는 성차별과 편협한 지역주의적 감정을 거부하면서 동시에 영웅적 요소 자체까지 전부 없애야만 하는 걸까? 우리 문화가 이런 사고방식, 즉 지도자에 대한 존경으로부터 멀어진 건 오늘날 우리가 현재 처한 상황의 결과이자 원인이다.

우리는 리더십 자체에 대해 피로감과 의심을 하게 되었다. 대다수에게 영웅이라는 개념도 신화 속 이야기처럼 치부되며, 지배와 정복의 역사에 뿌리를 두고 있다고 믿게 된 과거의 유산으로 간주한다. 이런 사고방식에 관한 관심의 상실은 비록 그 사고방식이 좁고 결함이 있었던 건 사실이지만, 문화 전반에서 인격이나 덕성이라는 개념에 관한 관심 자체가 사라진 흐름과 맞물려 있다. 이런 인격과 덕성은 현대의 심리적·도덕적 물질주의로는 환원될 수 없는 설명하기 어려운 개념들이었다. 하지만 우리의 실수는 편견과 편협함만 버리면 될 것을 영웅적 요소마저 전부 폐기해버렸다는 데 있다.

현대 좌파가 지닌 치명적 실패는 혈통이나 땅을 바탕으로 한 민족 개념에서 벗어난 국가 정체성에 대해 논의할 기회를 스스로 박탈한 데 있었다. 유럽과 미국의 좌파는 수십 년 전부터 스스로를 무력화시켜 국가 정체성에 대한 강력하고 솔직한 대화를 원천적으로 불가능하게 했다. 이 정체성은 특정 문화적·역사적 전거들과 연결될 수도 있었지만, 그 경계를 넘어서는 것이었다. 새롭게 합류하려는 이들까지 포괄할 수 있었던 개념이었다.

실제로 한 세대에 걸친 학자들과 작가들은 베네딕트 앤더슨이 말한 상상된 공동체로서 감정적으로 결속된 국민 국가의 경계를 관리하려는 시도조차 거부했다. 런던정경대학교 사회학과 리처드 세넷 교수는 "공유된 국가 정체성이라는 악"을 굳이 쓰지 않고도 사람들이 "함께 행동할 방법"을 찾을 수 있을지 모른다고 말했다. 정치철학자 마사 누스바움 역시 "애국적 자부심은 도덕적으로 위험한 것이며, 우리는 먼저 전 세계 모든 인류 공동체에 충성을 다해야 한다"라고 주장했다. 이들의 프로젝트는 본질적으로 탈국가 시대를 지향하는 것이었다. 그러나 국가를 폐지하려는 이런 움직임은 신중하지 못했고, 시기상조였다. 좌파가 자신들의 실수를 인식하는 데는 오랜 시간이 걸렸다.

•

1882년 어부 가문의 후손인 프랑스 철학자 에르네스트 르낭은 소르본대학교에서 「국가란 무엇인가」라는 제목의 연설을 했다. 그는 민족이나 인종적 정체성이라는 좁은 개념과 국가라는 더 폭넓고 유연한 개념을 구분하려고 시도한 최초의 사상가 중 하나였다. 르낭은 "민족과 국가를 혼동하는 게 훨씬 더 심각한 오류"라고 지적했다. 르낭은 전후 시대에 지식인 계층이 거의 완전히 포기해버린 훨씬 더 견고하고 오래 지속될 수 있는 국가 개념을 제시했다.

르낭은 국가를 "과거의 희생을 되새기고, 미래에 치를 희생에 대한 감정으로 구성된 거대한 연대"로 묘사했다. 르낭에게 국가 프로젝트는 "과거를 전제로 하지만, 현재에서는 하나의 구체적 사실로 요약된다. 즉, 공동의 삶을 지속하려는 명확히 표현된 의지가 그것이다." 우리가 점점 잃어가고 있는 "공동의 삶"이 국가의 핵심이라는 뜻이다. 르낭은 국가를 "매일매일 치러지는 국민 투표"라고 정의한 바 있다. 이제 우리는 이 국민 투표를 새롭게 되살려야 한다.

집단적 정체성과 공유된 신화를 통해 국가를 건설하는 이 필수적인 과업은 우리가 누구를 소외시키거나 공동의 프로젝트에 참여할 능력을 박탈하는 걸 두려워하게 되면서 상실될 위험에 처해 있다. 문화적으로 우리는 신화나 공유된 서사에 대한 무관심을 지나치게 키워왔다.

팔란티어라는 회사명은 톨킨의 《반지의 제왕》에서 가져왔다. 일부 사람들은 톨킨에 관심을 가지는 것만으로도 극우 취향이라 일컫는다. 그러나 좌파가 범하는 더 큰 실수의 대표 예라 할 수 있다. 기업의 지향점을 더 넓은 맥락과 신화에 뿌리내리려는 시도는 지지해야 할 일이지 매도할 일이 아니다. 우리는 시간이 지나면서 비판적으로 읽어야 할지라도 더 많은 공유된 서사와 이야기들이 필요하다.*

만약 우리가 삶에 생기를 불어넣는 우화나 신화 같은 이야기들을 시민적·공적인 삶에서 계속 배제한다면 다른 영역에서 피난처를 찾게 될 것이다. 1980~1990년대 컨트리 음악에서 일종의 신고전주의적 부흥을 일으킨 랜디 트래비스는 그동안 미국 문화에서 가볍고 퇴행적이라는 이유로 배제된 이야기들을 담아냈다.

그의 노래 〈Three Wooden Crosses〉는 "농부와 교사, 매춘부와

---

* 영국 잡지 〈뉴 스테이츠맨〉 2018년 8월 8일자에 실린 로완 윌리엄스의 「우주의 주인: J. R. R. 톨킨의 소설에 담긴 경고」를 참고하기 바란다.

목사"의 사연을 담은 미덕과 구원에 대한 거리낌 없고 진지한 이야기다. 이는 당대 지배층 문화의 취향에는 맞지 않는 유형의 우화를 전형적으로 보여준다. 그럼에도 트래비스와 그의 음악은 여전히 일부 대중 사이에서 큰 인기를 누리고 있다. 이야기와 의미에 대한 우리의 갈망은 사라지지 않았다. 더 이상 공적인 영역이 아닌 다른 곳에서 드러나고 있을 뿐이다."

●

국가라는 상상된 공동체에 참여하려는 의지, 이웃의 잘못이나 배신을 어느 정도 용서하려는 마음, 혼자일 때보다 함께할 때 더 크고 풍요로운 미래를 만들어갈 수 있다는 믿음은 공동체에 대한 신념과 소속감을 요구한다. 이런 소속감을 잃으면 싸울 이유도, 지켜야 할 것도, 노력해야 할 목표도 남지 않는다. 아무리 열렬하게 자본주의와 개인의 권리를 신봉한다 해도 그것만으로 인간의 영혼과 정신을 지탱하기엔 턱없이 부족하다.

캘빈대학교 철학과 제임스 스미스 교수는 "서구 자유민주주의는 수 세기 동안 교회의 자본을 빌려 써왔다"라고 날카롭게 지적했다. 만약 오늘날의 엘리트 문화가 조직화된 종교를 계속 공격한다면 국가를 지탱하는 기반은 어떻게 될까? 그 자리를 대신할 기반이 있을까? 1967년 로버트 벨라는 "미국에는 교회와 별개로 나름 정교하게 제도화된 시민 종교(Civil religion)가 존재한다는 사실은 분명하다"라고 썼다. 그는 시민 종교에 나름의 진지함과 진정성이 녹아 들어 있기에 다른 종교와 마찬가지로 세심하게 주의를 기울이고 이해해야 한다고 주장했다. 출애굽과 희생, 부활 같은 성서적 원형의 느슨한 집합이 공동체가 공유할 수 있는 서사의 시작점이 될 수 있을지 모른다. 그러나 우리는 이제 공적 삶 속에서 이 같은 주제를 언급하는 것조차 의심하며 외면하고 있다.

실리콘밸리의 리더들은 종교나 전통 같은 뚜렷한 뿌리가 없는 세대의 인재들로 맹렬한 세속주의 말고는 어떤 가치에도 헌신하지 않는 이들로 구성되어 있다.

우리는 문화적으로 공적 영역을 다시금 선한 삶이나 덕 있는 삶에 대한 실질적 개념들을 안전하게 논의할 수 있는 공간으로 만들어야 한다. 이런 개념들은 본질적으로 어떤 사상이나 가치를 배제함으로써 다른 관점을 제시하는 과정을 포함할 수밖에 없다. 윤리철학자 알래스데어 매킨타이어는 "우리 모두를 침몰시킬 수 있는 다원주의에 저항해야 한다"라고 말했다. 이제 그가 밝힌 대로 "도덕적 삶이 지속될 수 있는 새로운 형태의 공동체"를 만들어야 할 때다.

모든 것을 포용하겠다는 고결하고 이상적인 열망은 결과적으로 아무것도 지지하지 않는 것으로 전락했다. 현대 좌파 기득권은 스스로 만든 감옥에 갇혀 살아가고 있다. 마치 우리 속의 짐승처럼 한정된 공간만 불안하게 맴돌 뿐 덕 있는 삶이나 도덕적 삶에 대한 긍정적 비전을 제시할 수 없는 상태에 이르렀다. 우리는 이제 오히려 작가이자 미술평론가인 로저 킴볼이 쓴 것처럼 "우리의 체제와 삶의 방식이 고귀한 가치를 본질적으로 품고 있다고 믿는 신념과 자신감"을 되살리겠다는 새로운 "결의"를 다져야 한다.

●

1998년 독일출판인서적상협회는 마르틴 발저에게 국제 평화상을 수여하기로 했다. 발저는 독일을 대표하는 작가이자 지식인이다. 1927년 독일 남부 바서부르크 암 보덴제에서 태어났다. 가톨릭 가정에서 자랐고, 1930년대 히틀러가 권력을 잡을 무렵 소년 시절을 보냈다. 한 독일 잡지의 보도에 따르면, 독일 연방문서보관소에서 발견된 1944년 나치당 가입 카드에 발저의 이름이 기재되어 있었다는 사실이 나중에 밝혀졌다. 그가 17세 때 이미 나치당에 들어갔다는 의미다. 발저는 자신도 모르는 사이 당원 명단에 올라갔을 가능성이 있다고 이 잡지에 해명했다. 결국 독일군에 징집되었고, 1945년 연합군에 패배할 때까지 히틀러 휘하에서 복무했다.

문학적이면서도 도덕적인 인물로서 마르틴 발저의 복잡성이 어쩌면 독일출판인서적상협회와 대중에게 그가 매력적으로 느껴진 이유 중 하나였을지 모른다.

독일은 수십 년간, 1930년대 후반과 1940년대의 암흑기를 기억하기 위한 도덕적 논쟁과 은밀한 기억 산업 구축에 몰두해왔다. 그러나 어느 순간 국민 사이에 일종의 피로감이 자리 잡았다. 특히 전쟁이 끝난 뒤 한참 뒤에 태어난 사람들이 이제 상당수를 이루게 되면서 자신들이 아니라 부모와 조부모 세대가 관여했던 공포를 계속 되새기는 일에 대한 피로감과 혼란은 점점 커졌다.

1998년 10월 프랑크푸르트 세인트폴교회에서 한 수상 기념 연설에서 발저는 많은 사람이 국가적 집단 죄책감과 책임을 당연히 받아들여야 한다고 여겼던 기존의 자기비하적 반성에서 벗어났다. 대신 그는 강제된 기억의 굴레를 벗어던지고 버려야 한다고 주장했다. 오늘날의 독일 국민에게 수치심을 주입하는 건 더는 어떤 생산적인 목적도 이루지 못한다고 본 것이다. 발저는 "우리는 모두 우리의 역사라는 짐, 우리의 영원한 불명예를 알고 있다"라고 했다.

그러나 발저는 여기서 멈추지 않았다. 발저에게 독일의 과거를 매일 상기시키는 행위는 당시 국가 엘리트들이 "자신들의 죄책감"을 덜어내기 위한 자기중심적 시도에 불과했다. 발저는 "청중에게 독일 TV 프로그램에 매일 등장하던 과거의 잔혹함을 보여주는 이미지들을 자신도 모르게 외면하고 고개를 돌리게 되었다"라고 고백했다.

그는 "아우슈비츠의 존재를 심각하게 부정할 사람도, 그 끔찍함에 대해 토를 달 정신 나간 사람도 없다. 이 과거가 언론에 의해 매일 내게 들이밀어질 때, 내 안에서 끊임없는 불명예의 전시에 저항하려는 반발이 일어나는 걸 느낀다"라고 말했다.

또 그는 아우슈비츠를 "일상적 위협이나 협박 수단, 도덕적 몽둥이"로 만들어 희석하려는 시도를 맹렬히 비판했다. 당시 한 평론가는 발저에게 한 국가의 도덕적 실패가 "대다수 언론"과 "좌파 자유주의 지식인층에 의해 독일의 국민 정체성을 무너뜨리기 위한 수단으로 도구화되었다"고 지적했다.

이날 발저의 수상식에는 로만 헤어초크 대통령을 비롯해 정치·경제·문화계 저명인사들이 대거 참석했다. 여러 기록에 따르면, 발저의 연설이 끝나자 거의 모든 청중이 기립박수를 보내며 환호했다. 발저는 금기시되던 국민 감정과 욕망을 명확히 표현했으며, 그렇게 함으로써 청중의 엄청난 내적 불협화음을 해소해주었다. 이 청중 대부분은 말 한마디 한마디까지 철저히 검열되고, 공식적으로 주어진 통념이나 국가적 합의에서 조금이라도 벗어나는 조짐이 보이면 즉각 제지되는 문화 속에서 오래도록 살아왔던 이들이었다.

그날 청중 가운데 한 사람만이 자리에서 일어나 박수를 치지 않았다. 독일 유대인중앙평의회 의장이자 독일 내에서 도덕적 권위를 상징하는 거물인 이그나츠 부비스였다. 그는 발저가 반유대주의라는 비판을 피하려고 신중한 단어를 사용했지만, 그의 발언은 본질적으로는 분열을 조장해 독일을 더욱 퇴행시킬 수 있다고 보았다.

연설 다음 날, 부비스는 독일 언론에 성명을 발표해 발저를 "정신적 방화범"이라고 비판했다. 이후 발저와 부비스는 장기간 공개 논쟁을 벌였고, 이 논쟁은 대중의 관심을 사로잡았다. 논쟁은 과거를 붙들어야 한다는 진영과 놓아주어야 한다는 입장이 맞서는 형태로 전개되었다.

이 사건은 오늘날 우리에게 서로 다른 개인적 경험을 모아 무언가 공동의 것을 만들어갈 때 마주치는 불편함과 어려움을 일깨워준다. 전쟁의 참혹한 폐허 속에서 독일이라는 정체성을 인정하지 않고 철저히 경계했던 태도에는 큰 대가가 뒤따랐다. 또 러시아의 침략에 대한 유럽 대륙 차원의 신뢰할 만한 억지력을 잃게 하는 결과를 가져왔다. 1930~1940년대에 독일이 광기에 빠졌던 역사를 감안하면 그 국가적 프로젝트를 해체하는 일은 불가피했다.

그러나 이후 많은 사람이 폐허 속에서 어떤 실질적인 게 다시 일어서는 것조차 허용하지 않으려고 애써왔다. 이는 실수이며, 미국을 비롯한 다른 나라 역시 이런 실수를 되풀이할 위험이 있다. 우리는 국가적·문명적 규모의 더 큰 공동체적 정체성에 대해 느껴왔던 불편함을 떨쳐내야 한다. 경계를 긋는 과정을 통해 만들어지는 통합의 희망을 포기하는 건 장기적인 생존 가능성을 포기하는 것이나 다름없다. 미래는 모든 관점을 수용하겠다는 공허한 주장 뒤에 숨는 대신 오히려 어떤 고유하고 새로운 것을 위해 싸우는 사람들의 것이다.

18장

미학적 관점

1969년 고대 로마부터 중세 프랑스 등을 거쳐 이어지는 방대한 예술사를 다룬 TV 시리즈 〈문명〉이 영국에서 방영되었다. 전국적으로 200만 명이 넘게 시청했고, 일부 교회에서는 이 프로그램을 볼 수 있게 예배 시간을 조정하기도 했다. 1903년 런던에서 태어난 진행자 케네스 클라크는 지금 시대의 사람과는 다르게 명백히 귀족적 분위기를 풍기는 인물이었다.

그는 서양 미술이 아름다움과 위대함을 향해 전진해온 여정을 하나의 일관된 서사처럼 엮어냈다. 2차 세계대전 후 영국과 미국에서 그의 세계관은 많은 사람에게 위안을 주었고, 의도적으로 시대를 역행하는 듯한 면이 독특한 매력으로 여겨졌다. 예술 작품이나 특정 시대의 미적 가치에 대해 내린 클라크의 평가는 거의 법령처럼 받아들여졌다. 16세기 로마 회화를 두고는 "나약하고, 형식적이며, 또 지나치게 의식적"이라고 평가했다.

클라크에게는 높음과 낮음이 명확히 존재했으며, 문명은 더 위대한 무언가를 향해 나아가는 여정에 있고 적어도 그렇게 나아가야 한다고 믿었다. 그는 아프리카 대륙의 어느 한 나라에서 온 가면을 바티칸 박물관에 소장되어 있는 아폴로 벨베데레와 비교하면서, 특유의 확신에 찬 어조로 "아폴로가 가면보다 더 높은 문명 수준을 보여준다"라고 결론지었다.

다른 곳에서는 냉담한 태도로 스페인이 서구 문명사에 중심적 역할을 했다는 주장을 단호히 거부했다. 그는 스페인이 "인간의 정신을 넓히고 인류를 언덕 위로 몇 걸음 끌어올리는 데" 무슨 중요한 기여를 했는지 의문을 제기했다. 클라크는 예술적 판단과 거의 도덕적 판단에 가까운 평가를 통해 전체 문명과 문화를 평가할 수 있다고 보는 특정 이념적 입장을 대변했으며, 그의 작업은 그 입지를 고수한다. 그들의 미적 감각과 혁신 능력, 궁극적으로 인류 발전에 대한 기여 여부에 따라 공정하게 평가받을 수 있다는 것이다.

대중은 클라크의 서사를 열심히 소비했지만, 결국 반발했다. 〈문명〉 시리즈는 프로그램이 방영된 이후 수십 년간 지속적인 비판의 대상이 되어왔다. 영국 작가이자 역사학자인 메리 비어드는 〈문명〉 시리즈를 방송한 지 수십 년이 지난 2016년에 클라크의 귀족적 자기 확신과 위대한 인물 중심의 미술사 서술 방식이 매우 불편했다고 회상했다. 오늘날이라면 클라크가 했던 말 가운데 상당수는 허용되지 않았을 것이다.

그러나 우리가 서구의 예술과 역사를 지나치게 좁은 시각으로 다루는 것에 반발하는 과정에서, 우리는 어쩌면 예상했던 것보다 더 많은 것을 잃어버린 것일지 모른다. 클라크처럼 시대착오적 존재를 몰아내는 과정은 다른 규범적·미학적 틀들을 포기하는 일과 함께 진행되었다. 그 결과 우리 자신도 모르는 사이에 분별하고 판단하는 능력 자체를 약화시켜버렸다.

오늘날에는 미에 대해 조금이라도 언급하려 하면 갈등이 일고 반발에 부딪히기 쉽다. 칼럼니스트 페기 누넌이 최근 한 연극 작품을 두고 "추하고 기괴하며 예술적이지 않다"라고 비판하자 온갖 논란과 저항에 부딪히게 되었다. 아름다움과 위대함에 기준을 둔 고전적 예술 비평의 재편과 클라크의 접근 방식에 대한 도전은 마치 탄광 속 카나리아 같은 경고 신호였다.

예술이 먼저였을 뿐 그 뒤로 더 많은 분야에서 비슷한 변화가 이어졌다. 취향이나 보다 광범위한 미적 선호에 대한 표현, 나아가 일부 상황에서는 어떤 종류의 선호를 제시하는 것 자체가 분열적이고 엘리트 감성의 단순한 표현으로 여겨져 기피되었다.

1997년 〈더 뉴요커〉에 실린 글에서 데이비드 덴비는 "미적 취향"이 이제 "지위 추구 행위"의 산물로 간주되어 폐기될 위험에 놓여 있다고 지적했다. 물론 사실이다. 겉보기에는 중립적이거나 순수해 보이는 미적 판단조차 실제로는 신분적 위계질서를 구축하고 유지하는 수단으로 종종 쓰인다. 1899년 사회학자 소스타인 베블런이 지적했듯이 영국 상류층 대저택의 "구불구불한 진입로"는 권력을 과시하는 방식이기도 했다. 하지만 우리의 미적 삶 속에는 남북을 가늠하는 방향 감각 같은 것, 결코 포기해서는 안 되는 무언가가 남아 있어야 하는 건 아닐까?

오늘날 우리 사회 전체가 진리, 아름다움, 선한 삶, 나아가 정의에 대해 어떤 주장을 내세우는 것 자체를 두려워하게 되면서, 우리는 인간에게 의미 있는 방향을 제시해주지 못하는 아주 얄팍한 형태의 집단적 정체성을 받아들이게 되었다. 이제 모든 문화는 동등하다고 여겨진다. 비평과 가치 판단은 금기시된다.

그러나 이런 새로운 도그마는 실리콘밸리의 규범과 조직 습관을 포함한 특정 문화와 하위문화가 결함과 모순에도 불구하고 경이로운 성취를 만들어냈다는 사실을 간과하고 있다. 물론 어떤 문화는 평범하거나 심지어 퇴행적이고 해로운 결과를 낳기도 했다.

아폴로의 흰색 대리석 대신 이름 없는 "아프리카 가면"을 간단히 포기하는 것에 대해 반발하는 건 어쩌면 당연한 것일지 모른다. 그렇다고 해서 우리를 앞으로 나아가게 하는 예술과 인류의 대의를 진전시키는 사상과 그렇지 않은 것들을 구분할 기준마저 전부 포기해야 하는 것인가? 오늘날 우리가 의견을 표명하고 선호를 드러내는 걸 두려워하게 되면서, 우리는 공동체의 자원과 재능을 모아 이끌어가는 데 필요한 방향성과 자신감도 잃을 위험에 처하게 되었다. 이 두려움은 우리가 생각할 가능성의 지평 자체를 스스로 좁히게 했고, 이제 이런 두려움은 우리의 삶 전반에 스며들어 있다.

미적 관점의 포기는 기술 발전에도 치명적이다. 소프트웨어를 만들 때도 취향과 안목이 필요하고, 이를 만들 인재를 선발하는 과정에서도 마찬가지다. 이는 과학인 동시에 예술이다. 실리콘밸리는 산타클라라 카운티의 작은 땅덩어리에서 시작해 짧은 시간 안에 어마어마한 성취를 이뤄냈다. 이는 어떤 의미에서 세상의 클라크들을 위한 공간이 유지되었기 때문이라고 볼 수 있다.

창업가들은 자신만의 미적 관점을 갖고 있었다. 창업가들의 전문 분야가 19세기 조각이나 이탈리아 프레스코화는 아닐지라도 실리콘밸리에서 본질적으로 예술적 판단 능력을 발휘할 수 있는 공간을 찾았다. 그리고 선악에 대한 규범적 주장과 승패라는 서사가 여전히 허용되는 환경 속에서 창작 활동을 펼칠 수 있었다.

현재 규모와 영향력 면에서 작은 나라에 버금가는 세계 최대 규모의 기술 기업을 설립하고 구축한 사람들은 대부분 사회와 담을 쌓고 작업에 몰두했다. 그 과정에서 필요한 건 세상에 깊숙이 섞이는 게 아니라 오히려 세상으로부터 자신을 격리하고, 개인적인 판단과 선호를 유지하는 것이었다.

다수의 예술가는 세이렌(사이렌)을 관능적 매력을 지닌 여성의 형태로 묘사해왔다.*

하나의 길이나 관점에 헌신하고 선택지를 제한하는 것이 때로는 공적 삶의 변덕과 압박을 헤쳐 나가는 데 가장 효과적이고 어쩌면

---

* 한 미술사가에 따르면, 원래 호메로스의 서사시 〈오디세이〉 장면을 그린 고대 그리스와 로마 미술에서 세이렌은 여인의 얼굴을 한 새로 형상화되었다. 그러나 중세에 이르러 인어의 형태로 뒤섞여 표현하기 시작했다.

[그림 14] 허버트 제임스 드레이퍼, 〈율리시스와 세이렌〉(1909)

유일한 방법이 될 수 있다. 오디세우스는 세이렌의 유혹적인 노랫소리가 들리는 바다를 지나갈 때, 자신을 돛대에 묶으라고 선원들에게 요청하며 이렇게 경고했다. "만약 내가 너희에게 풀어달라고 명령하면 나를 더 많은 쇠사슬로 더욱 단단히 묶어라."

오디세우스는 일부러 움직임을 제약해 외부 세계에 반응하거나 매혹적이고 치명적인 유혹에 휘말릴 위험을 차단하고자 했다. 자유롭게 움직일 능력이 표면적으로는 곧 권력처럼 보이지만, 오히려 선택지를 줄이고 스스로를 돛대에 묶는 결단이야말로 기업이든 문화든 창의적인 결과물을 끌어내는 데 최선의, 어쩌면 유일한 길인 경우가 많다.

●

창업자가 이끄는 기업들이 더 뛰어난 성과를 내는 현상은 많은 증거가 점점 쌓이고 있다. 이는 미적 관점을 우선시하고, 발언하고 결정할 수 있는 공간을 보장한 결과였다. 이런 뛰어난 경제적 성과는 많은 사람에게 직관에 반하는 것이었고 심지어 혼란스럽게 느껴지기도 했다. 자유시장 교리에 따르면, 위원회가 운영을 통제하고 경영에 대한 감독을 강화하는 기업이 시간이 지남에 따라 더 효율적이고 효과적이어야 했다. 하지만 실제 데이터는 그렇지 않음을 보여준다.

로잔연방공과대학교 재무학과 뤼디거 팔렌브라흐 교수는 1992년부터 2002년까지 10년간 미국 기업 2,327곳을 조사했다. 이 가운데 361곳은 전문 경영인이 아니라 창업자가 기업을 운영하고 있었다. 조사 결과, 창업자가 경영하는 기업의 주식만으로 포트폴리오를 구성했을 경우 연간 초과수익률이 10.7%에 달했다. 이는 모든 기업을 대상으로 한 포트폴리오보다 연간 4.4% 더 높은 수치다. 업종과 기업 연령 등 다른 요인을 통제했음에도 이 같은 차이를 확인할 수 있었다. 유사한 결과는 가족 소유 기업에서도 관찰된 적이 있다.

하지만 팔렌브라흐의 연구는 단일 가족이 기업 지분을 대거 보유하고 있는 것만으로는 평균 이상의 성장률을 설명할 수 없다는 점을 분명히 보여주었다. 그는 "창업자 후손이 지분을 많이 소유하고 있다"라는 사실만으로는 시장에서 기업 가치가 높아지지 않는다. 오히려 창업자가 실질적으로 기업을 이끌어야 시간이 지남에 따라 안

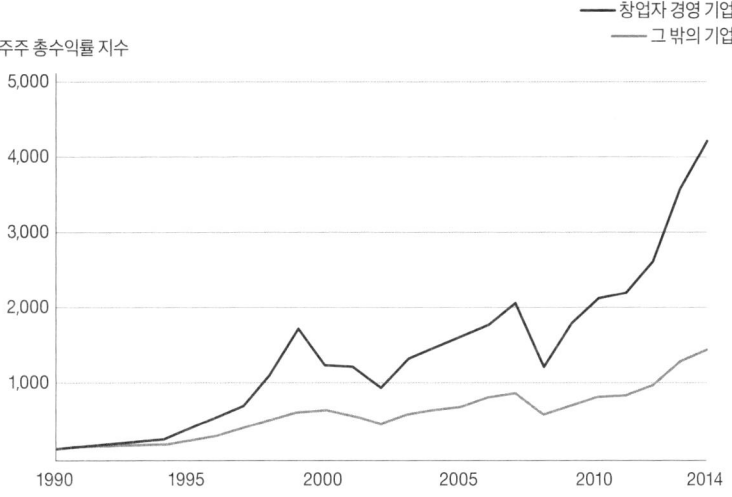

【그림 15】 창업자 프리미엄 : 창업자 경영 기업 vs. 그 밖의 기업의 총수익(1990~2014)

정적으로 더 높은 성과가 나타난다"고 결론 내렸다.

퍼듀대학교 연구진도 비슷한 결과를 발견했다. 이 연구진은 1993년부터 2003년까지 10년간 미국을 대표하는 대기업으로 구성된 S&P500 지수 내 500개 기업을 대상으로 조사했다. 창업자가 이끄는 기업들이 보다 많은 혁신을 창출하는지를 알아보고자 했다. 여기서 혁신은 다른 이들에 의해 널리 인용되는 특허를 기준으로 측정했다. 단순히 특허를 출원했다는 사실이 아닌 시간이 흐른 뒤에도 지속적으로 여러 학술지에서 인용하는 실질적인 영향력을 발휘하는 특허를 얼마나 보유하고 있는지에 관심을 두었다. 연구 결과에 따르면, 창업자가 경영하는 기업이 전문 경영인이 이끄는 기업에 비해 의미 있는 특허를 31% 더 많이 보유했다.

이런 뛰어난 성과는 우연이 아니다. 혁신을 추구하는 정신과 공학적 실행의 엄밀성을 결합하는 일은 외부 세계로부터 어느 정도 단절되고, 본능과 종종 시장의 잘못된 흐름에 휩쓸리지 않도록 막아주는 보호가 필요하다. 위원회에 의해 실질적이고 특히 지속 가능한 것은 거의 만들어질 수 없다.

미국을 비롯한 서구 사회가 앞으로 풀어야 할 숙제는 이렇다. 기술 분야의 혁신적 파괴자로서 새롭게 떠오르는 창업가 세대가 창조적 에너지를 개인 이익을 넘어서는 더 큰 목표를 위해 활용하도록 끌어내는 것이다.

또한 오너십에 기반한 문화가 우리 사회에서 뿌리내릴 수 있도록 지원하고 장려해야 한다. 예일대학교 기금을 35년간 운용했던 데이비드 스웬슨은 1701년에 설립한 이 대학의 재원을 운용하면서, 수십 년이 아니라 300년간 학교가 지속할 기반을 마련하는 데 목표를 두었다고 한다.

스웬슨은 2017년 한 인터뷰에서 "단기주의"와 "분기별 실적에만 집착하는 것"은 "믿을 수 없을 만큼 해롭다"라고 말했다. 오히려 장기적으로 자산 가치를 보존할 수 있도록 일시적이고 조건부로 자산을 소유하는 일종의 스튜어드십이 필요하다.

실리콘밸리의 가장 큰 장점 가운데 하나는 불완전하고 모순적인 것들이 곳곳에 있긴 하지만, 오너십 사회를 수용했다는 점이다. 조직 내 노동자와 창의적 인재들이 자신들이 세워가는 기업의 성공과 결과에 실질적인 이해관계를 갖는 체제를 지향했다. 행정 보조 직원부터 경영진까지 모든 직원에게 주식을 부여하는 행위가 1990년대에 얼마나 혁명적이었는지 우리는 쉽게 잊는다. 이는 시급 혹은 고정 연봉을 지급하고, 실제 소유자들만 거액의 보상을 가져가는 기존 모델에서 크게 벗어나는 시도였다. 로펌이나 의료기관 등 몇몇 업종에서 한때 이 공유 소유 모델을 시도했으나 실제로 조직을 이끄는 소수의 경영진만 지분을 상당히 보유하는 경우가 많았다.

이에 반해 실리콘밸리는 훨씬 더 과감하게 이 방식을 적용했다. 그리고 이 전략이 성공의 핵심 요인이 됐다. 세계적으로 유명한 많은 기술 기업은 공동 소유 구조다. 초기 구성원들은 위험과 보상을 함께 나눴다. 지금도 실리콘밸리는 미국 헌법학자 아킬 리드 아마르가 말하듯 출신이나 배경이 변변찮아도 꽤 큰 지분을 확보해 자신의 노동 성과를 나눌 수 있는 세계적으로도 드문 곳이다. 그렇지 않으면 아무리 높은 연봉을 받더라도 어디까지나 남의 기업에서 부품 역할만 하게 되기 십상이다.

1980~1990년대 내내 유능한 졸업생은 골드만삭스 같은 기업에 입사할 수 있었다. 골드만삭스는 파트너십 보상 모델의 선구자였다. 또는 이 유능한 졸업생들은 이익과 위험을 함께 지는 명문 로펌에 지원할 수도 있었다.

그러나 이런 실험들은 거의 사라졌다. 이런 기업들은 여전히 유능하고 야심 찬 인재를 끌어들이지만, 이 인재들에게 지급하는 건 매우 높은 수준일지라도 연봉일 뿐이다. 노동의 창조적 에너지와 노력에서 발생하는 초과 수익은 자본가들이 가져간다.

1934년 문화인류학자 루스 베네딕트는《문화의 패턴》을 출간했다. 이 책에서 베네딕트는 캐나다 서부, 멜라네시아, 미국 남서부의 비산업 사회 공동체와 함께 생활하며 연구한 경험을 기록했다.

베네딕트는《문화의 패턴》에서 인류 문화와 관습의 다양성을 존중해야 한다며 "좀 더 현실적인 사회적 신념"을 세워야 한다고 서술했다. 나아가 "인류가 생존이라는 원재료로부터 스스로 창조해낸, 공존하며 동등하게 유효한 삶의 유형"을 묘사했다. 이 "동등하게 유효한" 문화에 대한 언급이 이후 한 세기에 걸친 논의와 논쟁을 촉발하게 된다. 그 뒤 몇 세대에 걸쳐 인류학자들은 비산업 사회를 연구하며 그들 문화를 한편으론 높이 평가했지만, 동시에 의도치 않게 그 문화를 도덕적 비판의 영역에서 제외하는 결과를 낳기도 했다.*

현대 실리콘밸리는 이런 지적 전통, 즉 좋은 삶에 대한 실제적 관점에 접근하는 걸 교묘히 피하는 상대주의는 아니더라도 문화적·도덕적 불가지론의 산물이다. 최근 10년간 실리콘밸리에서 활발하게 전개된 효율적 이타주의 운동은 프린스턴대학교 교수이자 철학자인

---

* 당시 민족지 연구의 착각은 연구 대상인 사람들이 시간 속에 고정된 채 역사적으로 변하거나 발전할 능력이 없다고 여겼다는 점이었다. 마거릿 미드는 루스 베네딕트 제자다. 미드는 1928년에 펴낸《사모아의 청소년》에서 "민족지적 현재" 기법을 사용해 젊은 여성들과 다른 인물의 삶을 다룬 문화인류학자 세대의 일원이다. 작가 찰스 킹에 따르면, "미드가 이들을 세상과 분리된 채 존재했을 뿐 아니라 '수영한다, 먹는다, 말한다, 안다'처럼 어떤 변화나 발전 없이 관찰한 순간에만 머물러 있는 정지된 모습처럼 그렸다"고 지적했다.

피터 싱어를 중심으로 촉진되었다. 이 운동은 모든 인간뿐 아니라 일부 비인간까지도 도덕적 고려 대상이라는 윤리적 보편주의의 직관적 호소력을 바탕으로 발전했다.

오스트레일리아 멜버른에서 태어나 20년 넘게 프린스턴대학교에서 가르친 피터 싱어의 연구는 하나의 수수께끼를 푼 것처럼 보였기에 매력적이었다. 인간이든 바다수달이든 유일하게 중요한 가치는 행복이라는 결론이었다. 그러나 이 접근 방식은 무엇이 잘사는 삶인지, 국가 정체성의 경계와 내용은 무엇인지, 인간 존재가 추구하는 의미는 무엇인지 같은 더 까다롭고 예민한 질문을 한 세대가 회피할 명분을 제공했다. 영국 철학자 로저 스크루턴은 싱어가 우아해 보이지만 모든 경험을 하나의 지표로 환원시키는 "공허한 공리주의"를 채택했다고 비판했다.

이런 맥락에서 실리콘밸리를 대표하는 많은 기업의 창업자들은 비도덕적이지 않았다. 오히려 도덕 자체와 무관했다고 볼 수 있다. 창업자들은 거대한 신념 체계나 세계관에 회의적이었다. 또 집단적 삶이 무엇일 수 있고 무엇이 되어야 하는지에 대한 긍정적 개념을 갖는 일 자체에 대해서도 회의적이었다.

실리콘밸리의 기업가들은 이상주의가 부족하지 않으며, 실제로 종종 이상주의로 가득 차 있는 것처럼 보이기도 한다. 하지만 그 이상주의는 얄팍해 조금만 깊이 들여다봐도 쉽게 무너질 수 있다. 젊은 창업가들은 수십 년간 세상을 바꾸고 싶다고 상습적으로 외쳐왔다. 그러나 이 말은 남발된 나머지 이제는 아무런 의미도 없게 되었다.

이런 얄팍한 이상주의의 외피는 젊은 창업가들이 더 실질적인 세계관에 접근하는 무언가를 개발할 필요성을 덜어주기 위해 씌워진 것이다. 그리고 인류가 지금까지 찾아낸 가장 효율적인 공동 목표 달성 방식인 국민 국가 역시 진보를 방해하는 장애물로 치부되었다.

●

레오 스트라우스는 19세기 말 프로이센에서 태어나 시카고대학교에서 가르친 철학자다. 그는 도덕적 관점을 배제하는 태도가 근대 계몽주의와 실리콘밸리를 가능케 한 과학 혁명의 전제 조건이었다고 주장했다. 그는 선악의 정의를 찾는 일을 포기하거나 잠시 멈추는 "도덕적 둔감"이 "과학적 분석의 필수 조건"이라고 썼다.

스트라우스는 또한 과학적인 것과 도덕적인 것을 완전히 분리하는 일은 실제로 매우 어려워서 "정치학·사회학·경제학의 정문을 통해 들어오는 게 금지된 가치 판단이 뒷문을 통해 이들 학문으로 스며든다"라고 일찍이 관찰했다. 스트라우스에 따르면, 현대 사회과학자는 진리를 탐구하려고 가치를 버렸고, 이런 구분이 가능하다고 스스로를 설득했다. 그러나 스트라우스가 보기에 "목표에 대한 무관심 또는 목적 없는 표류와 방황"이 오늘날 우리 문화가 직면한 허무주의의 씨앗이었다.

실리콘밸리의 수많은 기업가와 엔지니어 군단은 중립적인 과학 발견이라는 명분 뒤에 숨으려 했던 이전 세대 학자들의 계승자들이다. 처음엔 대학교에서, 나중에는 우리가 살고 있는 이 세계를 구축한 IT 기업 내부에서마저 강요된 가치 중립은 우리가 실제로 능히 세울 수 있었던 것에 훨씬 못 미치는 공허한 공화국을 남겨놓았다. 그러나 풍요롭고 활기차며 시끌벅적하고 창의적인 기술 공화국을 세우려면 어떤가. 스트라우스가 경고했던 관용적 평등주의의 향연이 아니라 현세대가 혐오하도록 배웠던 그 가치와 미덕, 문화를 기꺼이 받아들여야 한다.

리콴유는 공자가 2,000여 년 전에 강조했던 군자가 되는 것을 이상으로 삼았다. 군자는 영어로 "모범적인 사람" 또는 "신사" 등으로 다양하게 번역하는 단어다. 리콴유는 한 인터뷰에서 군자는 "부모에게 충성하고, 배우자에게 성실하며, 자식을 잘 양육하고, 황제에 충성하는 시민"이라고 했다.

오늘날 많은 사람에게 이런 구체적이고 전통적인 덕성 개념은 편협하고 배타적이며 저항해야 할 것으로 여겨진다. 그러나 우리는 묻지 않을 수 없다. 포용성의 이름 아래 버려진 기존의 미덕들 대신 과연 어떤 미덕을, 어떤 고귀하거나 모범적인 삶의 개념을 기꺼이 내세우고 지킬 의지가 있는가.

제국이 몰락할 때마다 미덕을 추구하고 기르는 노력도 함께 버려졌다. 기원전 86년에 태어난 로마 역사가 살루스티우스는 카틸리나가 쿠데타를 시도했다가 로마 군대에 의해 살해당하면서 공화정이 몰락하는 과정을 《카틸리나 전기》에 기록했다. 살루스티우스는 "부의 결과로 젊은이들이 갑자기 사치와 탐욕, 오만에 빠졌다"라고 썼다. 그리고 젊은이들은 자신의 부를 증식하는 것 외에는 무관심해졌다.

오늘날의 병든 사회적 상태를 치유하려면 밋밋하고 만족스럽지 못한 공리주의로는 충분치 않다. 효율적 이타주의 운동가들은 도덕 철학의 언어를 영리하게 차용했지만, 활동은 인간 존재의 의미를 찾으려는 근본 과제와의 대면을 지연시켰을 뿐이다. 1985년에 〈더 내셔널 인터레스트〉를 창간한 어빙 크리스톨은 "오늘날 우리 문명이 직면한 섬세한 과제는 세속적이고 합리주의적 정통성을 개혁하는 데 있지 않다. 오히려 이미 혼수 상태에 빠진, 오래된 종교적 정통성에 새 생명을 불어넣는 데 달렸다"라고 썼다.

이 지점에서 좌파 기득권 세력은 자신의 대의를 저버렸고, 스스로 잠재력을 철저히 소모해버렸다. 피상적인 평등주의를 광적으로 추구한 결과, 좌파의 더 폭넓고 강력할 수 있었던 정치 프로젝트가 텅 빈 껍데기가 되고 말았다. 옳음을 쫓는 동안 선은 버려졌다. 지금 우리는 교육·기술·정치 전반에서 문화적 특수성을 더 많이 강조하는 게 필요하다. 현재의 공허한 중립성에만 매달리면 우리의 분별 능력은 퇴화할 위험이 크다.* 우리는 이제 공유된 문화의 포기가 아니

---

* 존 롤스는 정치적 자유주의가 중립을 지향한다 해도 "특정한 도덕적 인격이 더 우수함을 인정하고, 일부 도덕적 덕목을 장려하는 것은 여전히 가능하다"라고 주장했다. 그러나 공정한 사회적 협력, 공손함, 관용, 합리성 등 롤스가 제시한 덕목들은 지나치게 제한적이고 빈약한 것으로 드러났다. 결국 이 덕목들은 대체로 이의를 제기하기 어려운 시민 사회 운영을 위한 기초 요건 정도에 머물렀고, 공적 영역에서 풍부한 문화적 특수성을 담기에는 역부족이었다.

라 부활이야말로 지속적인 생존과 공동체적 결속을 가능하게 하는 것임을 진지하게 받아들여야 한다.

　미국과 미국의 문화를 외부의 공격과 침투에 취약하게 만든 건 집단적 경험과 노력에 대한 혐오였다. 우리는 미국 문화의 실체가 존재하는지조차 의심해 그 내용을 언급하는 것도 극도로 조심하고 꺼리도록 훈련받아왔다. 그래서 문화 생산과 창조 행위는 적대감이 덜한 다른 영역으로 옮겨갔다.

　오늘날 미국 사회에서 공유되는 요소들은 시민적이나 정치적인 게 아니라 주로 엔터테인먼트, 스포츠, 유명인, 패션 등에 집중돼 있다. 이렇게 된 연유는 단순히 어떤 메울 수 없는 정치적 분열의 결과가 아니다. 상당한 규모의 집단 내에서, 낯선 사람들 사이에서도 일종의 상상된 친밀감을 가능하게 해주던 대인관계의 연결이 끊어지고 공적 영역에서 추방되었다. 예전 교육 시스템 속의 시민적 의례, 국방 의무, 종교, 공용어, 활기차고 자유로운 언론 등 국가를 만들었던 수단들은 방치되고 남용되어 거의 해체되거나 쇠퇴해버렸다.

　실리콘밸리는 미국의 국가적 경험 속에 생겨난 공백이 만든 기회를 포착했다. 오늘날 우리 삶을 지배하게 된 기술 기업은 젊은 세대가 갈망하던 일련의 이상인 무언가를 자유롭게 만들 자유, 성공에 대한 소유권, 무엇보다 결과에 대한 헌신을 중심으로 세워진 하나의 작은 국가였다. 전 세계 곳곳의 서니베일, 팔로알토, 마운틴뷰 같은 지역은 하나의 기업 도시이자 도시 국가처럼 기능했다. 이 지역들은 사회로부터 차단된 채 국가 프로젝트가 더는 제공하지 못하는 무언가를 내놓았다.

우리가 제안하는 길은 자유시장에 대한 헌신과, 자유시장이 초래할 개인의 원자화 및 고립을 극복하려는 인간의 욕망을 조화시키는 과정을 포함하게 될 것이다. 실리콘밸리는 두 가지 모두를 제공했다. 자유시장에 대한 헌신에 보상을 안겨주면서도 동시에 개인의 원자화 및 고립을 극복하려는 집단적 경험과 노력을 제공했다. 산타클라라 카운티 여러 도시 곳곳에 기업 도시 여부를 막론하고 현대판 예술 공동체 혹은 기술 코뮌 같은 형태가 생겨났다.

이들은 내부적으로 일관된 공동체였고, 기업 캠퍼스는 일상생활의 온갖 욕구와 필요를 충족시키려고 했다. 이들은 본질적으로 집단주의적 시도를 했지만, 구성원들은 극도로 개인주의적이고 자유롭게 사고하는 사람들이었다. 물론 실리콘밸리 기업들이 판매하는 공동체적 경험 자체도 상품화된 측면이 있다. 그럼에도 미국과 서구 사회에서 일상생활이 점차 원자화되면서 금융 시장이나 컨설팅이 아닌 무언가 다른 일을 하고 싶어 하는 세대의 인재들을 팔란티어 같은 기술 기업이 끌어들이고 유지할 기회가 열렸다.

미국의 지정학적 경쟁자들을 포함한 다른 국가들은 공유된 문화적 전통·신화·가치를 긍정하는 게 한 국민의 노력을 조직하는 데 얼마나 강력한 도구가 되는지 잘 이해하고 있다. 그 국가들은 공동체적 경험에 대한 인간의 욕구를 인정하는 데 우리보다 훨씬 덜 머뭇거린다. 물론 지나치게 강압적이고 사려 깊지 못한 민족주의를 키우는 데는 위험이 따른다. 하지만 공통된 삶의 방식을 전면 거부하는 것

역시 마찬가지로 위험하다.

    미국과 세계 곳곳에서 기술 공화국을 재건하려면 집단적 경험, 공유된 목적과 정체성, 결속시킬 시민적 의례를 다시 받아들여야 한다. 지금 우리가 만들고 있는 기술들, 예컨대 인간 고유의 창의적 통제력을 위협할 수도 있는 새로운 형태의 인공지능 같은 혁신들도 결국 문화의 산물이다. 그 문화를 유지하고 발전시키는 일이 지금 그 어느 때보다 중요해졌다. 기존 질서를 해체하는 게 정의롭고 필요했던 일이었을 수도 있다. 이제 우리는 그 빈 자리에 함께 무언가를 새롭게 건설해야 한다.

감사의 글

이 책을 쓰는 과정은 둘 모두에게 특권 같은 시간이었습니다. 우리는 프랑크푸르트와 뉴헤이븐, 팔로알토와 뉴욕 등지에서 오랫동안 지적 영감을 주거나 때로는 대립하며 생각을 이끌어준 동료·공동 작업자, 사상적 파트너들에게 큰 빚을 졌습니다.

이 프로젝트는 알렉산드라 울프 시프의 격려와 슬론 해리스와의 결정적 만남에서 시작되었습니다. 해리스는 정치·비즈니스·학술 논문의 틀을 벗어난 그 사이의 간극 같은 영역에 속한 이 책을 기꺼이 받아들이고 과감히 시도했습니다. 특히 첫 책을 쓰는 우리에게 해리스의 도움은 매우 소중했습니다.

책이라는 결과물은 편집자의 직관과 의도에 따라 얼마든지 달라질 수 있습니다. 운 좋게도 폴 휘틀래치를 만났고, 그는 한결같이 주저하지 않고 우리에게 더 무게 있고 야심 찬 결과물을 내라고 독려해주었습니다. 문장이 내는 소리, 어떻게 하면 독자와 진지한 대화를 유도할 수 있을지를 꿰뚫는 그의 감각은 이 책의 논지를 다듬는 데 핵심 역할을 했습니다.

크라운의 길리안 블레이크와 데이비드 드레이크 역시 흔들림 없는 지지를 보내주었습니다. 요즘 출판계에서는 비즈니스 분야 인사들이 통념을 벗어나 다른 장르를 넘나드는 시도를 대체로 받아주지 않는데, 두 사람은 오히려 우리가 독자와 진정한 소통을 시도하는 책을 만들도록 힘을 실어주었습니다.

또 랜던 알렉시, 빌 리버스, 잭 크로비츠, 샘 펠드먼의 연구 도움과 사려 깊은 조언, 니콜라이 감멜토프트와 줄리아 오코넬의 조언과 지원에도 큰 도움을 받았습니다. 이 사람들은 각자의 방식으로 원고가 빠르고도 충실하게 완성되도록 크게 기여했습니다.

●

무엇보다도 이 책은 팔란티어라는 회사의 창립자들, 동료와 파트너, 조직문화와 소프트웨어에 힘입어 탄생했습니다. 소비자 시장만 노리는 대신 미국 국방·정보기관의 수요를 충족할 기술을 만들자는 급진적 구상은 실리콘밸리의 야망이 줄어든 것을 감지한 피터 틸의 의지에서 시작되었습니다. 알렉스는 30여 년에 걸친 피터 틸의 우정과 후원에 대해 각별한 감사의 마음을 지니고 있습니다. 팔란티어는 스티븐 코헨의 탁월한 통찰과 흔들림 없는 헌신, 조 론스데일과 네이션 게팅스의 노력과 헌신으로 빚어지고 발전했습니다.

아무것도 없는 곳에서 무언가를 만들 수 있었던 건 샴 산카르의 강력한 의리와 리더십, 그리고 아키 제인, 테드 메이브리, 라이언 테일러, 세스 로빈슨 같은 이들의 기여 덕분입니다. 초창기에 방위산업을 위한 기술에 투자하는 게 별로 매력적이지 않아 보이던 시절에도 흔들림 없이 지지해준 이들이 있어 가능한 일이었습니다. 스탠리 드러켄밀러, 켄 랭곤, 마리-조제 & 헨리 크래비스, 허브 앨런 3세 등과의 협력 또한 결코 잊을 수 없습니다.

여기에 담긴 생각들은 우리가 무척 독특하다고 여기는 이 조직에서 직접 겪은 체험에서 비롯되었습니다. 동시에 그 체험을 정리해보려 한 시도이기도 합니다. 이 시도는 대단히 다채롭고 열정적인 실험이었습니다. 그 일부가 될 수 있었다는 사실에 깊이 감사드립니다.

옮긴이의 글

 미국이라는 축구팀이 하나 있습니다. 이 팀은 100년 전 '핵무기' 선수와 '금' 선수를 스카우트했고, 그 뒤로 세계 리그에서 계속 1위를 놓치지 않았습니다. 덕분에 전 세계가 미국 말을 쓰고, 미국 돈을 쓰며, 미국의 생각에 영향을 받게 됐죠. 또 1위 국가에게만 주어지는 온갖 혜택도 누릴 수 있었습니다. 그런데 어느 순간부터 선수들이 1위 자리를 당연하게 여기기 시작합니다. 그리고 팀의 승리보다 개인의 삶이 더 중요한 게 아닐까 하는 의문을 품습니다. 그러면서 이전에는 보이지 않던 부분들이 새롭게 문제로 보이기 시작하죠.

 '몸이 약한 선수들은 왜 매번 선발되지 못하는 걸까?'
 '팀의 승리를 국가가 강제해도 되는 일일까?'
 '항상 이기기 위한 판단만 해야 할까, 그렇지 못한 의견도 존중해줘야 하지 않을까?'
 '상대 팀을 꼭 이겨야만 할까?
 '경기를 하다가 상대에게 상처를 줄 수도 있는데, 그게 과연 옳은 일일까?'

이런 시점에 알렉스 카프가 등장해 팀원들에게 크게 외칩니다. "제발 정신 좀 차려라"라고 말이죠.

개인적으로 알렉스 카프의 모든 사상에 동의하지는 않습니다. 그러나 '서로 다른 의견'에 대한 카프의 시각만큼은 깊이 공감합니다. 예전에는 저도 '옳고 틀린 의견은 없다. 단지 다를 뿐'이라는 생각에 동의하던 사람이었습니다. 그런데 팔란티어를 공부하면서 깨닫게 된 점이 하나 있죠. 의견이 갈린 상황을 문제 해결의 관점으로 접근하면 상당수는 동등한 두 의견이 아닌, '더 나은 의견'과 '더 나쁜 의견'으로 구분되는 경우가 많다는 겁니다.

의사결정 과정에서 의견이 엇갈릴 때는 먼저 해결하고자 하는 문제 정의를 분명히 하고, 관련 정보들을 투명하게 공유하며, 우선순위를 일치시키면 대개는 두 의견 중 하나가 그 목표에 더 부합합니다. 다시 말해 문제를 명확히 드러내면 더 나은 의견과 그렇지 않은 의견으로 나뉘게 된다는 뜻이죠. 반대로 말하면 의견이 엇갈린다는 건 애초부터 서로가 문제 자체를 다르게 봤을 가능성이 큽니다. 그로 인해 파악하고 있는 정보와 우선순위가 달라지는 거죠.

알렉스 카프는 서구의 가치를 위해 미국이 세계 최강국으로서 패권을 유지하길 진심으로 바라는 사람으로 보입니다. 그래서 반대 목소리 내기를 두려워하고, 집단보다 개인 인생을 더 우선시하며, 문제 해결보다 다양성을 더 우선시하는 사람들에게 "정말 그 상태여도 괜찮은가?"라고 재차 묻는 듯합니다. "당신이 개인적으로 중요하다고 생각하는 걸 지키기 위해, 나라가 패권을 잃고, 서구의 가치를 잃게 되어도 괜찮겠느냐"라고 말이죠.

동시에 그동안 미국 국민으로서 누려왔던 모든 혜택이 근본적으로는 미국이 세계 최대 강국의 지위를 유지해왔기 때문임을 주장합니다. 개인의 인생이 더 중요해지고, 주변의 약자를 챙기고, 다양한 의견을 포용하려는 마음적 여유조차 사실은 미국의 패권에서 시작되었다는 거죠. 만일 그의 문제 정의가 명확하다면 미국은 지금 모순에 빠졌다고 할 수 있습니다. 내 가족이 밥을 굶게 될지도 모르는 상황에서 주변 사람들을 도와야 한다고 외치는 상황이니까요.

팔란티어에는 '빌더'라는 개념이 있습니다. IT 전문가든 아니든 해당 산업에 대한 지식과 의지만 있다면 누구나 솔루션을 직접 만들 수 있다는 개념이죠. 빌더의 핵심은 내게 주어진 문제를 이미 굳어진 환경으로 보지 않고, 해결할 수 있는 과제라고 여기는 태도에 있습니다. 요즘 한국에서는 그런 빌더의 모습을 찾아보기 힘듭니다. 희망이 보이지 않는다며 시도조차 하지 않는 사람들의 모습이 더 흔하죠. "한국은 이미 끝났으니, 해외로 떠나자"라는 식이지요.

그런데 이 책의 저자는 패권을 잃을 위험에 처한 국가를 재건하기 위해 정부 조직 자체를 고치려 하고, 책을 통해 사람들의 인식을 바꿔보려는 시도까지 말 그대로 모든 환경을 개선하려는 완벽한 빌더의 모습을 보여줍니다. 그런 사람이 같은 나라의 국민으로 함께하고 있다니, 미국인이 참 부러웠습니다. 300년도 채 안 된 역사를 지닌 다민족 국가에서 이렇게도 국가를 위한 강한 애국심을 가진 사람이 존재할 수 있다니, 단일 민족국가의 국민으로서 '국가란 무엇인가?'를 다시금 생각하게 됩니다.

물론 이 책에서 제시한 접근을 누군가는 전체주의로 여길 수도 있습니다. 조지 오웰의 《1984》가 떠오른다고 말할 사람도 있을 겁니다. 애국심을 과도하게 강요한다고 느껴질 수 있죠. 하지만 여기서 팔란티어 시스템의 핵심인 '투명성'을 짚고 넘어갈 필요가 있습니다.

책에서 말한 '5Whys' 기법처럼 해결하려는 문제가 어디서 비롯됐는지 끝까지 추적하고, 원인이 어떤 데이터 흐름으로 이어지는지를 눈에 보이게 하는 게 팔란티어 통합 아키텍처의 본질이죠. 실제 팔란티어 솔루션 사례를 보겠습니다. 반복적으로 자재를 구매해 오던 담당자에게 구매 행위가 공장 생산에 어떻게 연결되는지 투명하게 보여주었더니, 담당자가 처음으로 공장의 생산이 지연되지 않게 우선순위를 정해 자재를 구매하게 되었다고 합니다. 기업이 애사심을 가지라고 강요한 게 아니라 자신의 의사결정이 어떤 영향을 미치는지를 명확히 알려준 것뿐이었는데, 결과적으로 회사를 위한 결정을 스스로 내리게 된 것이죠.

팔란티어에 따르면, 이렇게 행위의 '의미'를 누가 봐도 알 수 있는 환경이 구축되었을 때, AI도 그 의미를 인지할 수 있게 되어 본래의 잠재된 능력을 발휘할 수 있다고 합니다. 따라서 AI 경쟁의 핵심은 AI 그 자체에 있는 게 아니라 AI를 잘 활용할 수 있는 인프라 구축에 달렸다고 할 수 있습니다. 미국 국가 차원에서 보면, 연방정부·기업·개인 각자의 행위들이 궁극적으로 국가 전체의 결과물과 연결될 수 있게 투명하게 통합할 수 있는 시스템이 있어야 한다는 것이죠. 이 시스템과 AI가 만났을 때 제2의 핵무기 같은 경성 권력이 갖춰질 수 있다는 겁니다.

여기서 중요한 것은 서로가 연결로 통합되려면 그전에 먼저 반드시 선행해야 하는 게 있다는 것입니다. 바로 서로가 바라보는 핵심 문제가 일치해야 합니다. 알렉스 카프는 자국민에게 핵심 문제를 다시 함께 정의해보자고 제안합니다. 일단 축구 경기에서 지지 않는 게 가장 핵심 문제라면, 모든 선수가 승리를 향해 하나로 연결되어 움직여야 한다고 말이죠. 미국의 축구선수단은 자그마치 3억 4,000만 명입니다. 그러므로 이념의 통일이 없다면 당연히 지는 게임이겠죠.

·

유튜브를 시작한 지 6년, 팔란티어 콘텐츠를 다뤄온 지 어느덧 4년 차가 되었습니다. 지난 4년간 팔란티어의 폭풍 성장과 함께 제 개인의 인생에도 많은 변화가 있었습니다. 팔란티어 콘텐츠가 점점 늘어나면서 팔란티어 시스템 도입을 고려 중인 고객사에서 제 영상으로 검토한다는 소식들이 들리기 시작했고, 팔란티어 직원분들을 직접 만날 수 있었고, 팔란티어로부터 공식 선물을 받기도 했으며, 팔란티어를 소재로 한 책도 출간했고, 팔란티어의 문제 해결 접근 방식에 대한 외부 강연을 하는 상황으로까지 이어지게 되었습니다. 최종적으로 이렇게 팔란티어의 CEO 알렉스 카프의 책과 만나게 되었죠.

참고로 이 모든 일이 지난 1년 사이 안에 전부 일어났다는 게 아직도 믿기지 않습니다. 그전 5년간은 가족들조차 봐주지 않던 소외되어가던 채널 중 하나였으니까요. 물론 그 5년을 버텼기에 지난 1년간의 기회들을 얻게 된 것이라 생각합니다. 지난 5년을 버틸 수 있게 도와준 인생의 친구이자, 조력자이자, 파트너이자, 아내인 빅데이터 닥터 피은선 대표에게 모든 감사함을 전합니다.

인용 문헌

4 "당신의 마음에서 진심으로": See Johann Wolfgang von Goethe, *Faust*, trans. Abraham Hayward and A. Bucheim (London: George Bell and Sons, 1892), 40–41 (for a translation on which this one is based).
5 "상대를 해칠 힘이": Thomas C. Schelling, *Arms and Influence* (New Haven, Conn.: Yale University Press, 2020), 2.
5 "근본주의자들은": Michael J. Sandel, *Liberalism and the Limits of Justice*, 2nd ed. (Cambridge, U.K.: Cambridge University Press, 1998), 217.

이 책은 〈뉴욕 타임스〉(Alexander C. Karp, "Our Oppenheimer Moment: The Cre ation of A.I. Weapons," 2023년 7월 25일), 〈타임〉(Karp and Nicholas W. Zamiska, "Silicon Valley Has a Harvard Problem," 2024년 2월 12일), 그리고 〈워싱턴 포스트〉(Karp and Zamiska, "New Weapons Will Eclipse Atomic Bombs," 2024년 6월 25일)에 실린 세 편의 에세이에 기반해 이를 발전시킨 작품이다.

1장 길을 잃은 실리콘밸리

16 이처럼 실리콘밸리가 초기에 국가, 특히 미국 군대에 의존: See Stuart W. Leslie, "The Biggest 'Angel' of Them All: The Military and the Making of Silicon Valley," in *Understanding Silicon Valley: The Anatomy of an Entrepreneurial Region*, ed. Martin Kenney (Stanford, Calif.: Stanford University Press, 2000), 49 (noting that, "[m]issing in virtually every account of freewheeling entrepreneurs and visionary venture capitalists is the military's role, intentional and otherwise, in creating and sustaining Silicon Valley").
17 1940년대에 연방정부는: See, for example, Roswell Quinn, "Rethinking Antibiotic Research and Development: World War II and the Penicillin Collaborative," *American Journal of Public Health* 103, no. 3 (March

2013): 427–28 (discussing the development of penicillin); Lynn W. Kitchen, David W. Vaughn, and Donald R. Skillman, "Role of U.S. Military Research Programs in the Development of U.S. Food and Drug Administration–Approved Antimalarial Drugs," *Clinical Infectious Diseases* 43, no. 1 (July 2006).

17 **실제로 한때 실리콘밸리는**: See also Arthur Herman, *Freedom's Forge: How American Business Produced Victory in World War II* (New York: Random House, 2013) (for an account of the marshaling of American industrial production in service of the country's military aims during World War II); Walter Isaacson, *The Innovators: How a Group of Hackers, Geniuses, and Geeks Created the Digital Revolution* (New York: Simon & Schuster, 2015), 181 (noting that "[t]he first major market for microchips was the military").

17 **페어차일드 카메라 앤 인스트루먼트는**: Robert Perry, *A History of Satellite Reconnaissance*, vol. 1 (U.S. National Reconnaissance Office, 1973), 43; see also Anna Slomovic, *Anteing Up: The Government's Role in the Microelectronics Industry* (Santa Monica, Calif.: RAND Corporation, December 16, 1988), 27.

17 **2차 세계대전 이후 한동안**: Thomas Heinrich, "Cold War Armory: Military Contracting in Silicon Valley," *Enterprise & Society* 3, no. 2 (June 2002): 247 (noting that "Santa Clara County . . . produced all of the United States Navy's intercontinental ballistic missiles, the bulk of its reconnaissance satellites and tracking systems, and a wide range of microelectronics that became integral components of high-tech weapons and weapons systems").

17 **록히드 미사일 앤 스페이스, 웨스팅하우스, 포드 에어로스페이스, 유나이티드 테크놀로지스 같은 기업들은**: Heinrich, "Cold War Armory," 248.

17 **1944년 11월**: See Traudl Junge, *Until the Final Hour: Hitler's Last Secretary*, ed. Melissa Müller and trans. Anthea Bell (New York: Arcade Publishing, 2004), 145–46.

17 **아버지와 할아버지는**: G. Pascal Zachary, *Endless Frontier: Vannevar Bush, Engineer of the American Century* (New York: Free Press, 1997), 12–13.

18 **이 편지에서**: Roosevelt to Bush, Washington, D.C., November 17, 1944, in Vannevar Bush, *Science: The Endless Frontier* (Washington, D.C.: U.S. Government Printing Office, 1945), vii.

18 **문제는 전쟁 산업에 몰두해온**: Vannevar Bush, "As We May Think," *Atlantic Monthly*, July 1945, 101.

18 **미국 공화국의 초창기 지도자들 가운데는**: See, for example, Jon Meacham, *Thomas Jefferson: The Art of Power* (New York: Random House, 2012), 314–15.

19 **더들리 허시바흐는**: Walter Isaacson, *Benjamin Franklin: An American Life* (New

York: Simon & Schuster, 2003), 129.
19 자신에게 과학과 자연사는: Jefferson to Harry Innes, Philadelphia, March 7, 1791, in *The Papers of Thomas Jefferson*, vol. 19 (Princeton, N.J.: Princeton University Press, 1974), 521.
19 제임스 매디슨은: Madison to Jefferson, June 19, 1786, *The Writings of James Madison*, vol. 2, ed. Gaillard Hunt (New York: G. P. Putnam's Sons, 1901), 249–51; see Lee Alan Dugatkin, "Buffon, Jefferson, and the Theory of New World Degeneracy," *Evolution: Education and Outreach* 12 (2019).
19 현대에 들어 선출직 공직에서: Smriti Mallapaty, Jeff Tollefson, and Carissa Wong, "Do Scientists Make Good Presidents?," *Nature*, June 6, 2024; Robin Harris, *Not for Turning: The Life of Margaret Thatcher* (New York: Thomas Dunne Books, 2013), 24–25 (noting that Thatcher, a young student, "wanted to pursue a career and chemistry offered the prospect of a future job in industry," before her turn toward law and politics); Eagleton Institute of Politics, *Scientists in State Politics* (New Brunswick, N.J.: Rutgers University, 2023).
19 미국의 제2대 대통령인 존 애덤스는: Edward Handler, " 'Nature Itself Is All Arcanum': The Scientific Outlook of John Adams," *Proceedings of the American Philosophical Society* 120, no. 3 (June 1976): 223 (internal quotation marks omitted).
20 실제로 "과학자(scientist)"라는 용어 자체도: Claire Brock, "The Public Worth of Mary Somerville," *British Journal for the History of Science* 39, no. 2 (June 2006), 272; Oxford English Dictionary, 2nd ed. (1989), s.v. "scientist" (citing [William Whewell], review of *On the Connexion of the Physical Sciences*, by Mary Sommerville, *Quarterly Review*, vol. 51 (London: John Murray, 1834), 59).
20 1481년 당시: François Rigolot, "Curiosity, Contingency, and Cultural Diversity: Montaigne's Readings at the Vatican Library," *Renaissance Quarterly* 64, no. 3 (Fall 2011), 848.
21 조지프 릭라이더는: Robert M. Fano, "Joseph Carl Robnett Licklider," in *Biographical Memoirs*, vol. 3 (Washington, D.C.: National Academies Press, 1998), 200.
21 1960년 3월에 발표해 지금은 고전으로 꼽히는 논문: J. C. R. Licklider, "Man-Computer Symbiosis," *IRE Transactions on Human Factors in Electronics*, no. 1 (March 1960): 4.
21 1957년 10월 소련이 스푸트니크 위성을 발사한 직후: John S. Rigden, *Rabi: Scientist and Citizen* (New York: Basic Books, 1987), 249; see also Thomas Soapes, "Interview with Hans A. Bethe," Dwight D. Eisenhower Library, Abilene, Kans., November 3, 1977.

21 1942년 전쟁이 유럽과 태평양 전역으로 확산: Zachary, *Endless Frontier*, 149; see "The Press: In a Corner, on the 13th Floor," *Time*, July 22, 1946 (noting the circulation of *Collier's* that year).
22 오빠에게 편지로 토로하기도 했다: Eve Curie, *Madame Curie*, trans. Vincent Sheean (Garden City, N.Y.: Doubleday, Doran, 1937), 211.
22 이와 비슷하게 아인슈타인은: See, for example, *Time*, July 1, 1946 (featuring Einstein on the cover of the issue).
22 이 시대는 미국의 세기였고: See Jeremy Mouat and Ian Phimister, "The Engineering of Herbert Hoover," *Pacific Historical Review* 77, no. 4 (November 2008): 582 (noting that in the 1920s and 1930s the entire culture "embraced engineers as heroes," and "engineering achievements—whether bridges, skyscrapers, or common household appliances—became the backdrop of everyday life at the same time that engineers were adopted as symbols of progress and prosperity").
22 과학과 공학을 통해 공익을 추구: See Kenneth Clark, *Civilisation* (New York: Harper & Row, 1969), xvii.
23 위르겐 하버마스가 말했듯이: See Jürgen Habermas, *Legitimation Crisis*, trans. Thomas McCarthy (Cambridge, U.K.: Polity Press, 1976), 46 (describing a "legitimation crisis," where "the legitimizing system does not succeed in maintaining the requisite level of mass loyalty while the steering imperatives taken over from the economic system are carried through").
23 또 새로운 기술이 부를 창출한다: Habermas explained, "Even if the state apparatus were to succeed in raising the productivity of labor and in distributing gains in productivity in such a way that an economic growth free of crises ... were guaranteed, growth would still be achieved in accord with priorities that take shape as a function, not of generalizable interests of the population, but of private goals." Habermas, *Legitimation Crisis*, 73.
23 공학과 과학 공동체의 의지는: See also Raymond Plant, "Jürgen Habermas and the Idea of Legitimation Crisis," *European Journal of Political Research* 10 (1982): 343 (noting that "capitalism has built up expectations about consumption, and these have increased pressures on governments to steer the economy to produce more goods").
23 오늘날 실리콘밸리는: See, for example, Hamza Shaban, "Google Parent Alphabet Reports Soaring Ad Revenue, Despite YouTube Backlash," *Washington Post*, February 1, 2018 (noting that "revenue from Google's ad business ... accounts for 84 percent of Alphabet's total revenue").
28 공백이 그대로 남았고: See Michael J. Sandel, *Liberalism and the Limits of Justice*, 2nd ed. (Cambridge, U.K.: Cambridge University Press, 1998), 217.

2장 지능의 불꽃

32 **오펜하이머에게 원자폭탄은**: Lincoln Barnett, "J. Robert Oppenheimer," *Life*, October 10, 1949, 121.
33 **오펜하이머는 고등학교 시절**: Jeremy Bernstein, "Oppenheimer's Beginnings," *New England Review* 25, no. 1/2 (2004): 42 (citing an interview of Oppenheimer by Thomas Kuhn); Kai Bird and Martin J. Sherwin, *American Prometheus: The Triumph and Tragedy of J. Robert Oppenheimer* (New York: Alfred A. Knopf, 2005), 23.
33 **"무언가를 발견하면"**: Richard Polenberg, ed., *In the Matter of J. Robert Oppenheimer: The Security Clearance Hearing* (Ithaca, N.Y.: Cornell University Press, 2002), 46.
33 **1947년 MIT에서 열린 한 강연에서**: J. Robert Oppenheimer, "Physics in the Contemporary World," *Bulletin of the Atomic Scientists* 4, no. 3 (1948): 66.
34 **퍼시 윌리엄스 브리지먼은**: Barnett, "J. Robert Oppenheimer," 133.
35 **이런 관점으로 본다면**: Ian Bremmer and Mustafa Suleyman, "The AI Power Paradox: Can States Learn to Govern Artificial Intelligence—Before It's Too Late?," *Foreign Affairs*, August 16, 2023 (noting that " 'brain scale' models with more than 100 trillion parameters—roughly the number of synapses in the human brain—will be viable within five years"); see also Mustafa Suleyman, *The Coming Wave: Technology, Power, and the Twenty-First Century's Greatest Dilemma*, with Michael Bhaskar (New York: Crown, 2023), 66.
35 **그리고 가장 발전된 모델 가운데는**: Sébastien Bubeck et al., "Sparks of Artificial General Intelligence: Early Experiments with GPT-4," arXiv, March 22, 2023, 92.
36 **이를 두고 상식을 보여주는 놀라운 사례**: Bubeck et al., "Sparks of Artificial General Intelligence," 11.
37 **이 언어 모델들은 아직 진정한 코미디언은 아니다**: Piotr W. Mirowski et al., "A Robot Walks into a Bar: Can Language Models Serve as Creativity Support Tools for Comedy?," arXiv, June 3, 2024, 2.
37 **1960년대 초**: Elizabeth Corcoran, "Squaring Off in a Game of Checkers," *Washington Post*, August 14, 1994; see also John Pfeiffer, *The Thinking Machine* (Philadelphia: J. B. Lippincott, 1962), 167–74.
38 **1996년 2월에는**: Kat Eschner, "Computers Are Great at Chess, but That Doesn't Mean the Game Is 'Solved,' " *Smithsonian Magazine*, February 10, 2017.
38 **2015년 중국 시안에서 태어나 프랑스로 이주한 판 후이는**: Annie Sneed, "Computer Beats Go Champion for First Time," *Scientific American*, January 27, 2016.

39 루이지애나 농장에서 자란 르모인은: Blake Lemoine, "Explaining Google," Medium, May 30, 2019.

39 르모인은 이 알고리즘과 도덕, 깨달음, 슬픔 같은 전형적인 인간 영역에 대해 길고 복잡한 대화를 나누던 중: Nitasha Tiku, "The Google Engineer Who Thinks the Company's AI Has Come to Life," *Washington Post*, June 11, 2022.

40 구글은 르모인이 대화록을 공개한 직후 그를 해고했다: Nitasha Tiku, "Google Fired Engineer Who Said Its AI Was Sentient," *Washington Post*, July 22, 2022.

40 1년도 채 지나지 않은: Kevin Roose, "Bing's A.I. Chat: 'I Want to Be Alive,'" *New York Times*, February 16, 2023.

40 반면 다른 이들은 이 자아가: See, for example, Brian Christian, "How a Google Employee Fell for the Eliza Effect," *Atlantic*, June 21, 2022 (arguing that while the capabilities of the latest large language models are "breathtaking and sublime," the exchanges that "may sound like introspection" are "just the system improvising in an introspective verbal style").

40 당시 페기 누넌은 칼럼에서 빙과의 이 대화를: Peggy Noonan, "A Six-Month AI Pause? No, Longer Is Needed," *Wall Street Journal*, March 30, 2023.

41 두 대화는: See Noonan, "A Six-Month AI Pause?" (adding that an effort by the *Times* columnist "to discern a Jungian 'shadow self' within Microsoft's Bing chatbot left him unable to sleep").

41 회의적인 사람들에게 이 모델은: Emily M. Bender et al., "On the Dangers of Stochastic Parrots: Can Language Models Be Too Big?," *Proceedings of the 2021 ACM Conference on Fairness, Accountability, and Transparency* (2021): 617.

41 기계공학과의 한 교수는: Oliver Whang, "How to Tell if Your A.I. Is Conscious," *New York Times*, September 18, 2023.

41 《괴델, 에셔, 바흐》의 저자인 더글러스 호프스태터는: Douglas Hofstadter, "Gödel, Escher, Bach, and AI," *Atlantic*, July 8, 2023.

42 호프스태터는 이전에도 인공지능 분야 전체에 의문을: James Somers, "The Man Who Would Teach Machines to Think," *Atlantic*, November 2013.

42 노엄 촘스키 역시: Noam Chomsky, Ian Roberts, and Jeffrey Watumull, "The False Promise of ChatGPT," *New York Times*, March 8, 2023.

42 촘스키와 다른 비판자들의 주장은: See Chomsky et al., "False Promise" (arguing that the "deepest flaw" of the current language models "is the absence of the most critical capacity of any intelligence: to say not only what is the case, what was the case and what will be the case—that's description and prediction—but also what is not the case and what could and could not be the case").

43 공개서한이 발표되어: Future of Life Institute, "Pause Giant AI Experiments: An Open Letter," March 22, 2023.

43 엘리저 유드코프스키는: Eliezer Yudkowsky, "Pausing AI Development Isn't

Enough. We Need to Shut It All Down," *Time*, March 29, 2023.
43 폐기 누턴은: Noonan, "Six-Month AI Pause?"
43 문명이 무너질 가능성과 위험성에 대한 진지한 논의가: See Sean Thomas, "Are We Ready for P(doom)?," *Spectator*, March 4, 2024; Clint Rainey, "P(doom) Is AI's Latest Apocalypse Metric. Here's How to Calculate Your Score," *Fast Company*, December 7, 2023.
43 리나 칸은: Thomas, "Are We Ready for P(doom)?"
43 이런 예측은 수십 년 전부터: See J. McCarthy et al., "A Proposal for the Dartmouth Summer Research Project on Artificial Intelligence," August 31, 1955 (reproduced in *AI Magazine* 27, no. 4 (Winter 2006): 12–14).
44 1957년 11월, 피츠버그에서 열린: Herbert A. Simon and Allen Newell, "Heuristic Problem Solving: The Next Advance in Operations Research," *Operations Research* 6, no. 1 (January–February 1958): 7; see also Garry Kasparov, *Deep Thinking: Where Machine Intelligence Ends and Human Creativity Begins* (New York: PublicAffairs, 2017), 36.
44 1960년에는 다트머스 학회를 개최한 지 불과 4년 만에: Herbert A. Simon, *The New Science of Management Decision* (New York: Harper & Brothers, 1960), 38.
44 사이먼은 1980년대쯤이면 인간이: See Simon, *New Science of Management Decision*, 38 (arguing that "men will retain their greatest comparative advantage in jobs that require flexible manipulation of those parts of the environment that are relatively rough—some forms of manual work, control of some kinds of machinery").
44 1964년엔 영국 옥스퍼드 트리니티 칼리지 연구원 어빙 존 굿: Irving John Good, "Speculations Concerning the First Ultraintelligence Machine," in *Advances in Computers*, ed. Franz L. Alt and Morris Rubinoff, vol. 6 (New York: Academic Press, 1965), 78; see also Luke Muehlhauser, "What Should We Learn from Past AI Forecasts?," Open Philanthropy, May 2016 (for a review of past predictions over the latter half of the twentieth century anticipating, incorrectly, the imminent emergence of AI on par with the human mind).

3장 승자의 착오

47 이에 대해 라바는: The Babylonian Talmud, trans. Michael L. Rodkinson, vols. 7 and 8 (Boston: Talmud Society, 1918), 214; see also Ronen Bergman, *Rise and Kill First: The Secret History of Israel's Targeted Assassinations* (New York: Random House, 2018), 315.
47 적들은 계속 앞으로: See, for example, Ross Andersen, "The Panopticon Is Already Here," *Atlantic*, September 2020; Paul Mozur, "Inside China's

Dystopian Dreams: A.I., Shame, and Lots of Cameras," *New York Times*, July 8, 2018.

48 **2024년 세계에서**: U.S. National Institute of Standards and Technology, "Face Recognition Technology Evaluation (FRTE) 1:1 Verification," 2024; see also Andersen, "The Panopticon"; Tom Simonite, "Behind the Rise of China's Facial-Recognition Giants," *Wired*, September 3, 2019.

48 **2021년 12월**: U.S. Department of the Treasury, "Treasury Identifies Eight Chinese Tech Firms as Part of the Chinese Military-Industrial Complex," December 16, 2021.

48 **또 세계에서 가장 뛰어난 얼굴 인식 시스템**: U.S. National Institute of Standards and Technology, "Face Recognition Technology Evaluation."

48 **2022년 중국 항저우 저장대학교 연구팀은**: Xin Zhou et al., "Swarm of Micro Flying Robots in the Wild," *Science Robotics* 7, no. 66 (2022), 3.

48 **로잔연방공과대학교 한 대학원생은**: Debbie White, "Drones Branch Out to Swarming Through Forests, *Times* (London), May 5, 2022.

48 **그러나 이듬해인 2023년 10월**: Emilie B. Stewart, "Survey of PRC Drone Swarm Inventions" (Montgomery, Ala.: China Aerospace Studies Institute, U.S. Air Force, 2023), 20.

50 **프랜시스 후쿠야마는 베를린 장벽이 무너지기 몇 달 전**: Francis Fukuyama, "The End of History?," *National Interest*, no. 16 (Summer 1989): 4.

50 **이는 앨런 블룸의 말처럼**: Allan Bloom, "Responses to Fukuyama," *National Interest*, no. 16 (Summer 1989): 19.

50 **세계에서 영향력을 행사하려면**: Joseph S. Nye Jr., *Soft Power: The Means to Success in World Politics* (New York: PublicAffairs, 2004), 8.

50 **"폭력이 강제력을 가지려면"**: Thomas Schelling, *Arms and Influence* (New Haven, Conn.: Yale University Press, 2020), 2.

50 **그가 강조했듯이**: Schelling, *Arms and Influence*, 142.

51 **회사는 작전과 훈련에 사용할**: Joshua Brustein, "Microsoft Wins $480 Million Army Battlefield Contract," *Bloomberg*, November 28, 2018.

51 **"우리는 무기를 만들려고"**: Julia Carrie Wong, " 'We Won't Be War Profiteers': Microsoft Workers Protest $48M Army Contract," *Guardian*, February 22, 2019.

52 **"미군이 수행하는 감시 활동과"**: Scott Shane and Daisuke Wakabayashi, " 'The Business of War': Google Employees Protest Work for the Pentagon," *New York Times*, April 4, 2018; see also Jamie Condliffe, "Amazon Is Latest Tech Giant to Face Staff Backlash over Government Work," *New York Times*, June 22, 2018.

52 **당시 구글 클라우드 부문을 이끌던 다이앤 그린은**: Kate Conger, "Google Plans Not to Renew Its Contract for Project Maven, a Controversial Pentagon Drone AI Imaging Program," *Gizmodo*, June 1, 2018.

52 얼마 뒤 계간지 〈자코뱅〉은: Ben Tarnoff, "Tech Workers Versus the Pentagon," *Jacobin*, June 6, 2018.

53 흥미로운 사실은 수십 년간: See "Confidence in Institutions," Gallup (noting that in 2023, 60 percent of respondents to a national survey reported that they had a "great deal" or "quite a lot" of confidence in the U.S. military," as opposed to only 8 percent of respondents who said the same about Congress).

53 1961년 윌리엄 버클리 주니어는: Dan Wakefield, "William F. Buckley Jr.: Portrait of a Complainer," *Esquire*, January 1, 1961, 50.

53 아직 그 빚을 갚지 않았다 해도: See, for example, Mariana Mazzucato, *The Entrepreneurial State: Debunking Public vs. Private Sector Myths* (London: Anthem Press, 2013), 63 (noting the argument "that while Silicon Valley has been an attractive and influential model for regional development, it has been also difficult to copy it, because almost every advocate of the Silicon Valley model tells a story of 'freewheeling entrepreneurs and visionary venture capitalists' and yet misses the crucial factor: the military's role in creating and sustaining it") (quoting Stuart W. Leslie, "The Biggest 'Angel' of Them All: The Military and the Making of Silicon Valley," in *Understanding Silicon Valley: The Anatomy of an Entrepreneurial Region*, ed. Martin Kenney (Stanford, Calif.: Stanford University Press, 2000)).

54 둘 사이에는 친분이 있었다: Jean Edward Smith, *FDR* (New York: Random House, 2008), 25; *The U.S. and the Holocaust*, directed by Ken Burns, Lynn Novick, and Sarah Botstein (PBS, 2022).

54 아인슈타인 부부는: Smith, *FDR*, 579; see also "The Roosevelt Week," *Time*, February 5, 1934.

54 아인슈타인과 실라르드는 핵무기 개발의: Einstein to Roosevelt, Peconic, N.Y., August 2, 1939, Franklin D. Roosevelt Presidential Library and Museum, Hyde Park, N.Y.

55 그렇게 구축된 긴밀한 협력은: Germany ended up never seriously pursuing an atomic weapon. The country's armaments minister, Albert Speer, concluded in 1942 that "the construction of an atomic bomb was too uncertain and too expensive." Hitler, for his part, was reportedly "uninterested in an atomic weapon and disparaged nuclear science as 'Jewish physics.'" Smith, *FDR*, 580.

4장 핵 시대의 종말

56 당일 아침 일찍 비가 그쳤다: *The Manhattan Project: Making the Atomic Bomb*

(Oak Ridge, Tenn.: U.S. Department of Energy, January 1999), 48.
56 한 참관인은 폭발 순간을: Janet Farrell Brodie, *First Atomic Bomb: The Trinity Site in New Mexico* (Lincoln, Neb.: University of Nebraska Press, 2023), 5.
56 수십 년 뒤 작성된 미국 에너지부의 보고서는: U.S. Department of Energy, *Manhattan Project*, 49.
57 1833년 스톡홀름에서 태어난 노벨은: Edith Patterson Meyer, *Dynamite and Peace: The Story of Alfred Nobel* (Boston: Little, Brown, 1958), 89.
57 그러나 이 산업용 화학물질은: Meyer, *Dynamite and Peace*, 111.
57 1870년대 초: Meyer, *Dynamite and Peace*, 112.
57 처음에 노벨은 자신의 발명품이: Meyer, *Dynamite and Peace*, 110–12 ("What Alfred Nobel thought of this first wartime use of dynamite, in the Franco-Prussian War, he never, apparently, said—certainly not in writing.").
57 "국가들이 전쟁을 시작하지 못하게": Meyer, *Dynamite and Peace*, 196.
57 당시 폭격이 있은 직후 일본으로 간 미국의 존 허시 기자는: John Hersey, *Hiroshima* (New York: Vintage Books, 1946), 25.
58 파괴는 그야말로 철저하고 완전했다: Hersey, *Hiroshima*, 29.
58 목적은 건물을 불태우고: Richard B. Frank, *Tower of Skulls: A History of the Asia-Pacific War: July 1937–May 1942* (New York: W. W. Norton, 2020), 8.
58 "우리가 하는 일을 증오했지만": John Ismay, " 'We Hated What We Were Doing': Veterans Recall Firebombing Japan," *New York Times*, March 9, 2020.
59 베를린 특파원 기사에서: H. L. Mencken, "Ludendorff," *Atlantic*, June 1917, 825, 830.
59 루덴도르프는 이 새로운 군사 갈등의 논리에: Erich Ludendorff, *The "Total" War*, ed. Herbert Lawrence (London: Friends of Europe, 1936), 8.
59 이 무기에 대해 인류가 보여준 관리 기록은: See Eric Schlosser, *Command and Control: Nuclear Weapons, the Damascus Accident, and the Illusion of Safety* (New York: Penguin Press, 2013), 480.
60 1987년 개디스는: John Lewis Gaddis, *The Long Peace: Inquiries into the History of the Cold War* (New York: Oxford University Press, 1987), 245.
60 스티븐 핑커는 2011년에 출간한: Steven Pinker, *The Better Angels of Our Nature: Why Violence Has Declined* (New York: Penguin Books, 2011), 692.
60 2차 세계대전 이후 전 세계적으로: See Robert Rauchhaus, "Evaluating the Nuclear Peace Hypothesis," *Journal of Conflict Resolution* 52, no. 2 (April 2009), 264.
61 "무임승차자는 정말 짜증 난다": Jeffrey Goldberg, "The Obama Doctrine," *Atlantic*, April 2016.
62 "냉전 이후 군대를": Paul Taylor, "How to Spend Europe's Defense Bonanza Intelligently," *Politico*, September 2, 2022.
62 국가별로 방위비 지출과 무기 획득 전략이 분산되면서: "Europe Faces a Painful

Adjustment to Higher Defence Spending," *Economist*, February 22, 2024.
63 **1951년 2월**: See "Bermingham, Once Chicago Banker, Dies," *Chicago Tribune*, July 14, 1958, 48.
63 **아이젠하워에 따르면**: Eisenhower to Bermingham, February 28, 1951, Dwight D. Eisenhower Presidential Library, Abilene, Kans.
63 **그는 1991년에**: Charles Solomon, "Two States—One Nation?," *Los Angeles Times*, November 17, 1991.
64 **일본 헌법 제9조에 따르면**: Constitution of Japan, ch. II, art. 9 (effective May 3, 1947).
65 **이 사업에 드는 총비용은**: Stephen Losey, "F-35s to Cost $2 Trillion as Pentagon Plans Longer Use, Says Watchdog," *Defense News*, April 15, 2024.
65 **하지만 합참의장을 지냈던 마크 밀리 장군은**: Mark A. Milley, "The Future of Geopolitics and the Role of Innovation and Technology," Washington D.C., June 10, 2024.
65 **드론 부대가 등장할 날이**: See Paul Mozur and Adam Satariano, "A.I. Begins Ushering in an Age of Killer Robots," *New York Times*, July 2, 2024.
66 **미국 국방부는 2024년**: Office of the Under Secretary of Defense, U.S. Department of Defense Fiscal Year 2024 Budget Request (March 2023); see also Will Henshall, "The U.S. Military's Investments into Artificial Intelligence Are Skyrocketing," *Time*, March 29, 2024.
67 **데이비드 그레이버는**: David Graeber, "Of Flying Cars and the Declining Rate of Profit," *Baffler*, no. 9 (March 2012): 77.
68 **그러나 2024년 초 회사가 방향을 바꿔**: Graeme Hanna, " 'Stop Working with Pentagon'—OpenAI Staff Face Protests," *ReadWrite*, February 13, 2024; Ellen Huet, "Protesters Gather Outside OpenAI Headquarters," *Bloomberg*, February 13, 2024.
69 **「빅 아이디어 기근」이라는 글에서**: Nicholas Negroponte, "Big Idea Famine," *Journal of Design and Science*, no. 3 (February 2018).
69 **로버트 고든에 따르면**: Robert J. Gordon, "The End of Economic Growth," *Prospect*, January 21, 2016.
70 **2023년 잡지 〈더 뉴요커〉는 머스크를 다룬 기사에서**: Jill Lepore, "The X-Man," *New Yorker*, September 11, 2023.
70 **일론 머스크를 비판하는 이들은**: Theodore Roosevelt, "Citizenship in a Republic: Address Delivered at the Sorbonne, Paris, April 23, 1910," in *Presidential Addresses and State Papers and European Addresses: December 8, 1908, to June 7, 1910* (New York: Review of Reviews, 1910), 2191.
70 **오랫동안 많은 사람이**: Ashlee Vance, *Elon Musk: Tesla, SpaceX, and the Quest for a Fantastic Future* (New York: HarperCollins, 2015), 218.
71 **2011년 인터뷰에서 피터 틸이 지적했듯이**: George Packer, "No Death, No Taxes," *New Yorker*, November 20, 2011.

71 실제로 2022년 유튜브는: Amanda Raffoul et al., "Social Media Platforms Generate Billions of Dollars in Revenue from U.S. Youth: Finding from a Simulated Model," *PLoS One*, December 27, 2023.
72 그냥 순순히 어둠 속으로: See Dylan Thomas, *The Collected Poems of Dylan Thomas: Original Edition* (New York: New Directions, 2010), 122.
72 "그도 우리와 마찬가지로 고생했다": Barbara Demick and David Pierson, "China Political Star Xi Jinping a Study in Contrasts," *Los Angeles Times*, February 11, 2012.
72 시진핑의 누나 시허핑은: Chris Buckley and Didi Kirsten Tatlow, "Cultural Revolution Shaped Xi Jinping, from Schoolboy to Survivor," *New York Times*, September 24, 2015.
72 공식 정부 기록에는: Buckley and Tatlow, "Cultural Revolution Shaped Xi"; Evan Osnos, "Xi Jinping's Historic Bid at the Communist Party Congress," *New Yorker*, October 23, 2022.
72 국제관계학 교수는: Osnos, "Xi Jingping's Historic Bid."
73 앤 애플바움은: Anne Applebaum, "There Is No Liberal World Order," *Atlantic*, March 31, 2022.
73 헨리 키신저가 지적했듯이: Henry Kissinger, foreword to *From Third World to First: The Singapore Story: 1965–2000*, by Lee Kuan Yew (New York: HarperCollins, 2000), ix.
73 1985년 시진핑은: Mike Wendling, "Xi Jinping: Chinese Leader's Surprising Ties to Rural Iowa," BBC, November 15, 2023.
74 시진핑의 외동딸 시밍쩌는: Evan Osnos, "What Did China's First Daughter Find in America?," *New Yorker*, April 6, 2015.
74 일본의 한 신문기자는: Osnos, "China's First Daughter."
74 이후 다시 코히마르에 갔을 때 시진핑은: "President Xi's Speech on China-US Ties," *China Daily*, September 24, 2015; see also Taisu Zhang, Graham Webster, and Orville Schell, "What Xi Jinping's Seattle Speech Might Mean for the U.S.," *Foreign Policy*, September 23, 2015; Austin Ramzy, "Xi Jinping on 'House of Cards' and Hemingway," *New York Times*, September 23, 2015.
75 클로에 모랭이 한 인터뷰에서 지적했듯이: Catherine Porter, "Cheers, Fears, and 'Le Wokisme': How the World Sees U.S. Campus Protests," *New York Times*, May 3, 2024.
75 이런 "도덕적 이분법"은: Remi Adekoya, "The Oppressed vs. Oppressor Mistake," Institute of Art and Ideas, October 17, 2023.
75 로렌스 킬리는: Lawrence H. Keeley, *War Before Civilization: The Myth of the Peaceful Savage* (New York: Oxford University Press, 1996), 52, 102.
76 "역사상 억압받는 이들이": Paulo Freire, *Pedagogy of the Oppressed*, trans. Myra Bergman Ramos (Penguin Books, 2017), 29 (cited by Adekoya).

5장 신념의 포기

80 **1937년 베를린의 유대인 가정에서 태어난 네이어는**: Aryeh Neier, *Defending My Enemy: American Nazis, the Skokie Case, and the Risks of Freedom* (New York: E. P. Dutton, 1979), 2.
80 **그는 이 결정으로 인해**: Tom Goldstein, "Neier Is Quitting Post at A.C.L.U.; He Denies Link to Defense of Nazis," *New York Times*, April 18, 1978.
81 **"나 자신을 지키기 위해"**: Neier, *Defending My Enemy*, 5.
81 **1963년 9월**: Peter Salovey, "Free Speech, Personified," *New York Times*, November 26, 2017.
81 **그해 1월 취임 연설에서**: George C. Wallace, "Inaugural Address," Alabama Department of Archives and History, Montgomery, Ala., January 14, 1963.
81 **월러스가 뉴헤이븐을 방문한다는 소식이**: Efrem Sigel, "New Wallace Invitation Expected at Yale Today," *Harvard Crimson*, September 24, 1963.
82 **예일대학교 로스쿨에서 박사 과정을 밟던 폴리 머레이는**: Salovey, "Free Speech, Personified"; Kathryn Schulz, "The Many Lives of Pauli Murray," *New Yorker*, April 10, 2017.
82 **머레이는 1910년 볼티모어에서 태어난**: Schulz, "Many Lives of Pauli Murray."
82 **머레이의 아버지는**: Schulz, "Many Lives of Pauli Murray."
82 **머레이의 외할머니는**: Pauli Murray, *Song in a Weary Throat: Memoir of an American Pilgrimage* (New York: Liveright, 2018).
82 **머레이는 자신 또한**: Salovey, "Free Speech, Personified."
83 **결국 예일정치연합은**: Efrem Sigel, "Harvard, Yale Students to Issue New Invitations to Gov. Wallace," *Harvard Crimson*, September 25, 1963; see also Sam Chauncey Jr., letter to the editor, *Yale Daily News*, November 29, 2017 (recounting that Brewster would later say that he "made the wrong decision from the point of view of principle, but did the right thing when it came to preventing violence"); see also Nathaniel Zelinsky, "Challenging the Unchallengeable (Sort Of)," *Yale Alumni Magazine*, January/February 2015.
83 **여파로 하버드대학교, 펜실베이니아대학교, MIT의 총장 3명이**: Harriet Sherwood, "Hamas Says 250 People Held Hostage in Gaza," *Guardian*, October 16, 2023; Cassandra Vinograd and Isabel Kershner, "Israel's Attackers Took About 240 Hostages," *New York Times*, November 20, 2023.
84 **총장들이 반대 입장을 내는 데 너무 소극적이었다고**: See, for example, Anemona Hartocollis, Stephanie Saul, and Vimal Patel, "At Harvard, a Battle Over What Should Be Said About the Hamas Attacks," *New York Times*, October 10, 2023.
84 **〈뉴욕타임스〉의 모린 다우드는**: Maureen Dowd, "The Ivy League Flunks Out," *New York Times*, December 9, 2023.

85 그러나 공적 삶에: See, for example, Matt Bai, *All the Truth Is Out: The Week Politics Went Tabloid* (New York: Vintage, 2014).

85 한 정치학자는 갈수록 깊이 파고드는 언론 보도로: Daniel Sutter, "Media Scrutiny and the Quality of Public Officials," *Public Choice* 129 no. 1/2 (October 2006): 38; see also Larry J. Sabato, *Feeding Frenzy: How Attack Journalism Has Transformed American Politics* (New York: Free Press, 1993), 211 (arguing that "the price of power has been raised dramatically, far too high for many outstanding potential officeholders," and that "American society today is losing the services of many exceptionally talented individuals who could make outstanding contributions to the commonweal, but who understandably will not subject themselves and their loved ones to abusive, intrusive press coverage") (quoted in Andrew B. Hall, *Who Wants to Run? How the Devaluing of Political Office Drives Polarization* (Chicago: University of Chicago Press, 2019), 67).

86 1991년에 버지니아대학교에서 정치학을 가르쳤던 래리 사바토 교수는: Sabato, *Feeding Frenzy* 4.

86 미국인들은: "Public Figures and Their Private Lives," *Time*, August 22, 1969.

87 1952년 아이젠하워 장군의 부통령 후보로 뛰던 리처드 닉슨은: *American Experience: The Presidents*, "Nixon, Part One: The Quest," PBS, October 15, 1990.

87 닉슨은 정치인은 "유리 어항 속에서 살아갈 운명"이라고 답했다: "Nixon, Part One," PBS.

88 덕과 인격 같은 가치들은 이제 시민적·정치적 영역에서: Garance Franke-Ruta, "Paul Harvey's 1978 'So God Made a Farmer' Speech," *Atlantic*, February 3, 2013.

89 이 피상적이고 얇게 포장된 니힐리즘은: Alistair Barr, "Google's 'Don't Be Evil' Becomes Alphabet's 'Do the Right Thing,'" *Wall Street Journal*, October 2, 2015.

89 프랑스 작가 파스칼 브뤼크네르는: Pascal Bruckner, *The Tears of the White Man: Compassion as Contempt*, trans. William R. Beer (New York: Free Press, 1986), 69 (quoted by Roger Kimball, "The Perils of Designer Tribalism," *New Criterion*, April 2001).

89 "그것을 느끼지 못한다면": Johann Wolfgang von Goethe, *Faust*, trans. Abraham Hayward and A. Bucheim (London: George Bell and Sons, 1892), 40–41 (for a translation on which this one is based).

90 윌머헤일의 자문을 받았다는: Lauren Hirsch, "One Law Firm Prepared Both Penn and Harvard for Hearing on Antisemitism," *New York Times*, December 8, 2023.

90 하지만 하버드대학교 로렌스 서머스 전 총장이: Lawrence Summers, interview by David Remnick, *New Yorker Radio Hour*, NPR, May 3, 2024.

90 어빙 고프먼은 1961년 에세이집: Erving Goffman, *Asylums: Essays on the Social*

Situation of Mental Patients and Other Inmates (London: Taylor & Francis, 2017), xxi.

91 **1970년 5월, 흑표당 등을 비롯한 시민권 시위가**: There are conflicting accounts regarding the number of bombs that exploded that night. Compare Paul Bass and Douglas W. Rae, *Murder in the Model City: The Black Panthers, Yale, and the Redemption of a Killer* (New York: Basic Books, 2006), 159 (two bombs), with Geoffrey Kabaservice, *The Guardians: Kingman Brewster, His Circle, and the Rise of the Liberal Establishment* (New York: Henry Holt, 2004), 4 (three bombs).

91 **1970년 4월**: Joseph B. Treaster, "Brewster Doubts Fair Black Trials," *New York Times*, April 25, 1970, 1.

91 **그는 물러서지 않았고**: Spiro Agnew, address at Florida Republican Dinner, Fort Lauderdale, Fla., April 28, 1970.

91 **랄프 왈도 에머슨의 말이 떠오르는 순간**: Michael H. Hoffheimer, *Justice Holmes and The Natural Law* (New York: Routledge, 2013), 38.

91 **"개방성"이라는 가치를 추구하는 과정에서**: Allan Bloom, *The Closing of the American Mind* (New York: Simon & Schuster, 1987), 56.

92 **페리 링크는**: Perry Link, "China: The Anaconda in the Chandelier," *New York Review of Books*, April 11, 2002.

92 **1920년대 소련 당국이 내놓은 한 지침에는**: Arlen Viktorovich Blium and Donna M. Farina, "Forbidden Topics: Early Soviet Censorship Directives," *Book History* 1 (1998): 273.

93 **"제 이름을 공개하면"**: Nicholas Fandos, "In an Online World, a New Generation of Protesters Chooses Anonymity," *New York Times*, May 2, 2024.

93 **그러나 대가가 따르지 않는 신념을**: To be sure, there is a place, under certain conditions, for anonymous speech. See *McIntyre v. Ohio Elections Commission*, 514 U.S. 334 (1995), 357 (concluding that "anonymous pamphleteering is not a pernicious, fraudulent practice, but an honorable tradition of advocacy and dissent").

94 **그 논쟁의 장에 우리가 참여를 꺼리거나 거부한 결과들이**: Michael Sandel, *Liberalism and the Limits of Justice*, 2nd ed. (Cambridge, U.K.: Cambridge University Press, 1998), 217.

94 **"정치적 담론에 도덕적 울림이 없으면"**: Sandel, *Liberalism and the Limits of Justice*, 217.

6장 기술 불가지론자

96 **에이미 거트먼은**: Amy Gutmann, "Democratic Citizenship," *Boston Review*,

October 1, 1994.
96 마누엘 카스텔스 올리반은: Samuel P. Huntington, "Dead Souls: The Denationalization of the American Elite," *National Interest*, no. 75 (Spring 2004), 8 (quoting Castells).
97 아이젠하워 대통령은 1961년 1월 퇴임 연설에서: Winston A. Reynolds, "The Burning Ships of Hernán Cortés," *Hispania* 42, no. 3 (September 1959): 318.
97 오늘날의 혁신 시대는: Dwight D. Eisenhower, "Text of the Address by President Eisenhower," January 17, 1961, Dwight D. Eisenhower Presidential Library, Abilene, Kans. (quoted in Adrienne LaFrance, "Rise of Techno-Authoritarianism," *Atlantic*, January 30, 2024).
97 16세기 스페인령 쿠바의 총독이던 에르난 코르테스는: See LaFrance, "Rise of Techno-Authoritarianism" (arguing "no more 'build it because we can'").
98 "생각 자체를 받아들이지 못한다": Ben Child, "Mark Zuckerberg Rejects His Portrayal in The Social Network," *Guardian*, October 20, 2010.
99 예일대학교 로스쿨 교수인 스티븐 카터는: Stephen L. Carter, *The Culture of Disbelief* (New York: Basic Books, 1993), 24.
99 그는 현대 사회가 종교에 회의적인 태도를: Carter, *Culture of Disbelief*, 28.
99 프로이트는 1907년에 발표한 논문 「강박 행동과 종교 행위」에서: Sigmund Freud, "Obsessive Actions and Religious Practices," in *Readings in Ritual Studies*, ed. Ronald L. Grimes (Upper Saddle River, N.J.: Prentice Hall, 1996), 216.
100 독일의 물리학자 막스 플랑크가 말했듯이: Max Planck, *Scientific Autobiography and Other Papers* (New York: Philosophical Library, 1949), 33.
100 이 나라의 영혼이: See Pascal Bruckner, *The Tears of the White Man: Compassion as Contempt*, trans. William R. Beer (New York: Free Press, 1986), 69 (cited by Roger Kimball, "The Perils of Designer Tribalism," *New Criterion*, April 2001).
101 프랜시스 후쿠야마는 말했다: Francis Fukuyama, "Waltzing with (Leo) Strauss," *American Interest* 10, no. 4 (February 2015).
103 유니버시티칼리지런던(UCL)에서 경제학을 가르치는 마리아나 마추카토 교수는 저서 《기업가형 국가》에서: Mariana Mazzucato, *The Entrepreneurial State: Debunking Public vs. Private Sector Myths* (London: Anthem Press, 2013), 84.
103 2023년 하버드대학교 졸업 예정자를 대상으로 한 설문조사: Hannah J. Martinez, "The Graduating Class of 2023 by the Numbers," *Harvard Crimson*, 2023.
103 불과 6%에 불과했다: Aden Barton, "How Harvard Careerism Killed the Classroom," *Harvard Crimson*, April 21, 2023.
104 대학 졸업자 중: David Armitage et al., *The Teaching of the Arts and Humanities at Harvard College: Mapping the Future* (Cambridge, Mass.: Harvard

University, 2013), 7.
104 동시에 지난 10년간 컴퓨터공학과 공학 전공 등록자 수는: National Student Clearinghouse, "Computer Science Has Highest Increase in Bachelor's Earned," May 27, 2024.
105 헨리 키신저가 말했듯이: Paul Kennedy, *The Rise and Fall of the Great Powers: Economic Change and Military Conflict from 1500 to 2000* (New York: Random House, 1989), 407–8.
105 이 전투기는 부품 약 30만 개로 구성되며: Marcus Weisgerber, "F-35 Production Set to Quadruple as Massive Factory Retools," *Defense One*, May 6, 2016.
105 애리조나주 피닉스에서 만드는 10만 달러짜리: Robert Levinson, "F-35's Global Supply Chain," *Businessweek*, September 1, 2011.
106 2024년 기준, 세계에서 가장 가치가 높은 50개 기술 회사의: Analysis based on a review of publicly available financial information as of September 2024.
106 2020년 8월 미국 기술 기업 전체의 시가총액을: Sergei Klebnikov, "U.S. Tech Stocks Are Now Worth More Than $9 Trillion, Eclipsing the Entire European Stock Market," *Forbes*, December 15, 2020.
107 미국 해안 지역 엘리트나 대서양 양안 엘리트라는 표현: Ferdinand Lundberg, *America's 60 Families* (New York: Vanguard Press, 1937), 3.
108 "상류층이 카스트로 전락하면": E. Digby Baltzell, *The Protestant Establishment: Aristocracy and Caste in America* (New Haven, Conn.: Yale University Press, 1987), 8.
108 그곳에서도 그는: George Orwell, *1984* (New York: Penguin, 2023), 110.
109 동독에서는 슈타지라고 불리던 비밀경찰이: Burkhard Bilger, "Piecing Together the Secrets of the Stasi," *New Yorker*, May 27, 2024.
110 헝가리 철학자 아그네스 헬러가 말하듯: Ágnes Heller, *Beyond Justice* (Oxford: Blackwell, 1987), 273.
110 포스트모던적 경향은: See Steven Brill, *The Death of Truth: How Social Media and the Internet Gave Snake Oil Salesmen and Demagogues the Weapons They Needed to Destroy Trust and Polarize the World—and What We Can Do* (New York: Knopf, 2024).
110 "문제는 이런 관점을 극단으로": Morris Berman, *The Twilight of American Culture* (New York: W. W. Norton, 2006), 52.

7장 끈이 끊겨버린 풍선

114 서양 전통에 기반한 핵심 교양 과정을 지지하던 사람들은: William H. McNeill, "Western Civ in World Politics: What We Mean by the West," *Orbis* 41, no. 4 (Autumn 1997): 520.
114 역사학자 윌리엄 맥닐은: McNeill, "Western Civ," 520.

115 크와메 앤서니 아피아는: Kwame Anthony Appiah, "There Is No Such Thing as Western Civilisation," *Guardian*, November 9, 2016.
117 헌팅턴이 제시한 "주요 문명" 목록에는: Samuel P. Huntington, "The Clash of Civilizations?," *Foreign Affairs* 72, no. 3 (Summer 1993): 25.
118 "단 하나의 역사 같은 건 없습니다": Gilbert Allardyce, "The Rise and Fall of the Western Civilization Course," *American Historical Review* 87, no. 3 (June 1982): 719 (quoting Cheyette).
118 그는 1932년 뉴욕에서 태어나: John Baldwin et al., "Memoirs of Fellows and Corresponding Fellows of the Medieval Academy of America," *Speculum* 91, no. 3 (July 2016): 894.
118 셰이에트의 연구 관심사는: See Fredric L. Cheyette, *Ermengard of Narbonne and the World of the Troubadours* (Ithaca, N.Y.: Cornell University Press, 2004).
118 이는 그런 교양 과목들에 대한 지배적인 비판: Fredric L. Cheyette, "Beyond Western Civilization: Rebuilding the Survey," *History Teacher* 10, no. 4 (August 1977): 535.
119 당시 이를 지켜보았던 이들의 얘기를 따르면: Lewis W. Spitz, "Beyond Western Civilization: Rebuilding the Survey," *History Teacher* 10, no. 4 (August 1977): 517.
119 스탠퍼드대학교에서는: Suzette Leith, "Civ: Enlightenment ... or the Black Death?," *Stanford Daily*, May 17, 1966, 1.
119 1968년 11월: Herbert L. Packer et al., *The Study of Education at Stanford: Report to the University* (Stanford University, November 1968), 9; see also Mary Louise Pratt, "Humanities for the Future: The Western Culture Debate at Stanford," in *The Liberal Arts Tradition*, ed. Bruce Kimball (Lanham, Md.: University Press of America, 2010), 464.
119 스탠퍼드대학교의 서양문명사 과목은 1969년에 폐강되었다: John W. Coffey, "State of Higher Education: Chaos," *Stanford Daily*, November 29, 1971, 2.
119 한 역사가의 지적대로: Allardyce, "Rise and Fall of the Western Civilization Course," 720.
120 "플라톤은 있는데": Joseph Tussman, "The Collegiate Rite of Passage," in *Experiment and Innovation: New Directions in Education at the University of California* (July 1968), excerpted in Packer et al., *Study of Education at Stanford*, vol. 2, 93; see also Allardyce, "Rise and Fall of the Western Civilization Course," 724 (noting that "all curricula are essentially religious").
120 1890년대 미국역사학회가 조직한 교수심의위원회의 한 교수는: Allardyce, "Rise and Fall," 702 (quoting Lucy M. Salmon in Andrew C. McLaughlin et al., *The Study of History in Schools: Report to the American Historical Association* (New York: Macmillan, 1899), 194).
121 오늘날의 "서구" 개념은: Appiah, "No Such Thing"; see also Oswald Spengler,

Decline of the West (New York: Oxford University Press, 1991); Northrop Frye, "The Decline of the West by Oswald Spengler," *Daedalus* 103, no. 1 (Winter 1974); "Patterns in Chaos," review of *The Decline of the West: Perspectives of World History*, by Oswald Spengler, *Time*, December 10, 1928.

121 1938년 영국 브리스톨대학교에서 윈스턴 처칠은: Niall Ferguson, *Civilization: The West and the Rest* (New York: Penguin Books, 2011), 98 (quoting Winston Churchill's address at the University of Bristol on July 2, 1938).

121 프랑스 인류학자 클로드 레비스트로스는: Claude Lévi-Strauss, *Tristes Tropiques*, trans. John Weightman and Doreen Weightman (New York: Penguin Books, 2012), 326 (cited by Bruckner, *Tears of the White Man*, 100).

121 크와메 앤서니 아피아는: Appiah, "No Such Thing."

122 〈런던 리뷰 오브 북스〉의 미국판 편집자 애덤 샤츠는: Adam Shatz, "'Orientalism,' Then and Now," *New York Review of Books*, May 20, 2019.

122 애덤 샤츠의 표현대로: Shatz, "'Orientalism,' Then and Now."

123 작가 판카지 미슈라에 따르면: Pankaj Mishra, "Reorientations of Edward Said," *New Yorker*, April 19, 2021.

123 실제로 이 책은 식민주의적 시각 대신: Mishra, "Reorientations of Edward Said."

124 에드워드 사이드를 다룬 전기: Timothy Brennan, *Places of Mind: A Life of Edward Said* (New York: Farrar, Straus and Giroux, 2021), 220.

124 사이드는 1994년에 쓴 책의 후기에서: Edward Said, *Orientalism* (New York: Vintage Books, 1979), 332.

125 사이드는 영국 역사가 데니스 헤이의 말을 인용하며: Said, *Orientalism*, 7 (citing Denys Hay, *Europe: The Emergence of an Idea*, 2nd ed. (Edinburgh: Edinburgh University Press, 1968)).

125 에드워드 사이드의 탁월한 핵심 사상을: See Brennan, *Places of Mind*, 205 (noting that Said "went to great lengths in lectures on the eve of *Orientalism*'s publication to attack postmodernism").

126 판카지 미슈라는: Mishra, "Reorientations of Edward Said" (noting that "the book's critique of Eurocentrism was in fact curiously Eurocentric").

126 윌리엄 맥닐은 1997년에 쓴 에세이에서: McNeill, "Western Civ in World Politics," 521.

127 역사가 니얼 퍼거슨에 따르면: Ferguson, *Civilization*, 6.

128 그러나 서구에서는 많은 사람이 이런 우위의 원인과 이유를: Nate Silver, *On the Edge: The Art of Risking Everything* (New York: Penguin Press, 2024), 25.

129 그는 독일인들은: Vannevar Bush, *Modern Arms and Free Men* (New York: Simon & Schuster, 1949), 53.

8장 결함 있는 시스템

131 1970년 1월, 〈타임〉지는: "Man and Woman of the Year: The Middle Americans," *Time*, January 5, 1970.
132 〈타임〉지가 미국을 중심부와 주변부로 구분한: See, for example, Richard Nixon, "Address to the Nation on the War in Vietnam," Washington, D.C., November 3, 1969 (appealing to "the great silent majority of my fellow Americans"); Matthew D. Lassiter, "Who Speaks for the Silent Majority?," *New York Times*, November 2, 2011; see also Rick Perlstein, *Nixonland: The Rise of a President and the Fracturing of America* (New York: Scribner, 2008), 447.
132 리 펠젠스테인은: Walter Isaacson, *The Innovators: How a Group of Hackers, Geniuses, and Geeks Created the Digital Revolution* (New York: Simon & Schuster, 2014), 266.
133 잡지 〈홀 어스 카탈로그(WEC)〉를 공동 창립한 스튜어트 브랜드는: Stewart Brand, "We Owe It All to the Hippies," *Time*, March 1, 1995 (quoted in Isaacson, *Innovators*, 268).
133 레비는 당시의 정신이: Steven Levy, *Hackers: Heroes of the Computer Revolution* (Sebastopol, Calif.: O'Reilly, 2010), 25.
135 특히 스티브 잡스는: Walter Isaacson, *Steve Jobs* (New York: Simon & Schuster, 2013), 34.
135 리드 칼리지 학부생 시절: Isaacson, *Steve Jobs*, 41.
135 펩시코 사장이던 존 스컬리를 애플 CEO로 영입하려 설득할 때: Malcolm Gladwell, "The Tweaker," *New Yorker*, November 6, 2011.
136 실제로 애플은 범죄 수사와 관련해: Ellen Nakashima and Reed Albergotti, "The FBI Wanted to Unlock the San Bernardino Shooter's iPhone. It Turned to a Little-Known Australian Firm," *Washington Post*, April 14, 2021.
137 반면 매킨토시는: Erik Sandberg-Diment, "Hardware Review: Apple Weighs in with Its Macintosh," *New York Times*, January 24, 1984, C3.
137 초기의 광고 초안에는: David Burnham, "The Computer, the Consumer, and Privacy," *New York Times*, March 4, 1984, E8.

9장 장난감 나라에서 길을 잃다

138 1996년 월트 디즈니 컴퍼니에서 기업전략기획 부사장을 맡고 있던 토비 렌크는: Jeff Jensen, "Toby Lenk," *Advertising Age*, June 1, 1998.
138 1997년 창업한 뒤 불과 2년 만인 1999년에 전성기를: Michael Sokolove, "How to Lose $850 Million—and Not Really Care," *New York Times Magazine*, June 9, 2002.

139 "우리는 브랜드를 키우려고 의도적으로 빨리 적자를 보는 중": Jensen, "Toby Lenk."
140 기업 약 5만 개가: Brian McCullough, *How the Internet Happened: From Netscape to the iPhone* (New York: Liveright, 2018), 141.
140 회사가 성장하던 시기에 〈월스트리트저널〉에 실린 기사를: Jason Fry, "eToys Story," *Wall Street Journal*, July 12, 1999.
140 1999년 5월, 이토이즈는 상장을 한 달 앞두고 미국 증권거래위 원회에 제출한 S-1 서류에서: Form S-1, Amendment No. 1, eToys Inc., U.S. Securities and Exchange Commission, May 19, 1999 (cited in George Anders and Ann Grimes, "eToys' Shares Nearly Quadruple, Outstripping Rival Toys 'R' Us," *Wall Street Journal*, May 21, 1999).
140 "다 별 얘기 아니다": Brent Goldfarb and David A. Kirsch, *Bubbles and Crashes: The Boom and Bust of Technological Innovation* (Stanford, Calif.: Stanford University Press, 2019), 137 (citing Heather Green, "The Great Yuletide Shakeout," *Businessweek*, November 1, 1999, 22).
141 "난 모든 것에 조금씩 불만족하도록 태어난 것 같아": *Before Sunset*, directed by Richard Linklater (2004; Burbank, Calif.: Warner Independent Pictures).
142 "골프를 즐기는데": Jamie Doward, "A Gift-Horse in the Mouse," *Guardian*, October 23, 1999.
143 그 결과 파괴라는 말 자체가: See Leigh Alexander, "Why It's Time to Retire 'Disruption,' Silicon Valley's Emptiest Buzzword," *Guardian*, January 11, 2016 (describing the term "disruption" as having "the aftertaste of a sucked battery"); Adrian Daub, "The Disruption Con: Why Big Tech's Favourite Buzzword Is Nonsense," *Guardian*, September 24, 2020.
144 역사학자 피터 터친은: Peter Turchin, *End Times: Elites, Counter-Elites, and the Path of Political Disintegration* (New York: Penguin Press, 2023), 89.
144 미국 사회학자 탤컷 파슨스는: Talcott Parsons, "Certain Primary Sources and Patterns of Aggression in the Social Structure of the Western World," chap. 14 in *Essays in Sociological Theory*, rev. ed. (Glencoe, Ill.: Free Press, 1954), 314.
145 1962년 미국 잡지 〈코멘터리〉에 실린 한 글에 따르면: "The Study of Man: On Talcott Parsons," *Commentary*, December 1962.
145 그는 1947년에 쓴 논문 「인간의 공격성」에서: Parsons, "Patterns of Aggression," 314.
146 2001년 2월 한때 85달러까지 올랐던 이토이즈의 주가는: John Cassy, "eToys Files for Bankruptcy," *Guardian*, February 28, 2001.
146 "불과 1년 전만 해도": "Dot-Com Bubble Bursts," *New York Times*, December 24, 2000.
146 렌크는 이토이즈가 이렇게 빠르게 무너진 원인을: Sokolove, "How to Lose $850 Million."
146 퀸 밀스 교수는 닷컴 붕괴 사태를 분석했다: D. Quinn Mills, "Who's To Blame

for the Bubble?," *Harvard Business Review*, May 2001.
146 영국 〈가디언〉지는: Jane Martinson and Larry Elliott, "The Year Dot.com Turned into Dot.bomb," *Guardian*, December 29, 2000.
147 데이비드 그레이버는 이렇게 썼다: David Graeber, "Of Flying Cars and the Declining Rate of Profit," *Baffler*, no. 9 (March 2012).
147 무정부주의자를 자처한 그에게: David Graeber, "The New Anarchists," *New Left Review* 13 (January/February 2002).
148 장기적 영향과 해악은: Peter Gray, "The Decline of Play and the Rise of Psychopathology in Children and Adolescents," *American Journal of Play* 3, no. 4 (2011).
148 로비스트와 경제학자들 모임에서: Alan Greenspan, "Remarks by Chairman Alan Greenspan: At the Annual Dinner and Francis Boyer Lecture of the American Enterprise Institute for Public Policy Research," Washington, D.C., December 5, 1996.
148 이 발언은 당시의 지나친 열기를: Robert J. Shiller, *Irrational Exuberance* (New York: Crown, 2006).

10장 에크 벌떼

152 **1951년 6월 26일**: Martin Lindauer, "House-Hunting by Honey Bee Swarms," trans. P. Kirk Visscher, Karin Behrens, and Susanne Kuehnholz, *Journal of Comparative Physiology* 37 (1955): 271.
152 린다우어는 1918년 독일 바이에른주 남부에서 태어났다: Thomas D. Seeley, "Martin Lindauer (1918–2008)," *Nature*, December 11, 2008, 718.
153 코넬대학교 생물학과 토머스 실리 교수에 의하면: Thomas D. Seeley, *Honeybee Democracy* (Princeton, N.J.: Princeton University Press, 2010), 13 (citing T. D. Seeley, S. Kühnholz, and R. H. Seeley, "An Early Chapter in Behavioral Physiology and Sociobiology: The Science of Martin Lindauer," *Journal of Comparative Physiology*, 188 (July 2002): 442).
153 동물들이 새 둥지를 찾을 때: Lindauer, "Honey Bee Swarms," 264.
153 다른 대부분의 동물은 각자 환경을 탐색하지만: Lindauer, "Honey Bee Swarms," 264 (emphasis added).
154 뮌헨대학교 동물학연구소는: Lindauer, "Honey Bee Swarms," 265.
154 그날 오후 3시쯤: Lindauer, "Honey Bee Swarms," 271–72.
154 그 후 정찰벌은 무리로 돌아와: Karl von Frisch, *The Dance Language and Orientation of Bees*, trans. Leigh E. Chadwick (Cambridge, Mass.: Belknap Press of Harvard University Press, 1967), 269–70.
155 그날 오후 정찰벌들은: Lindauer, "Honey Bee Swarms," 272–73.
155 프리슈와 린다우어는: Lindauer, "Honey Bee Swarms," 265–66, 287.

156 린다우어는 이 광경을 섬세하면서도 경외심 어린 어조로: Lindauer, "Honey Bee Swarms," 272.
156 다음 날, 정찰벌들이: Lindauer, "Honey Bee Swarms," 274.
156 정찰벌들이 새롭게 찾아낸 둥지 후보지: Lindauer, "Honey Bee Swarms," 275.
156 그 후 몇 시간 동안 벌들은: Lindauer, "Honey Bee Swarms," 275.
157 당시 관찰된 여러 벌떼의 이름은: Lindauer, "Honey Bee Swarms," 268.
157 한 연구진은 꿀벌을 비롯한: Sayra Cristancho and Graham Thompson, "Building Resilient Healthcare Teams: Insights from Analogy to the Social Biology of Ants, Honey Bees and Other Social Insects," *Perspectives on Medical Education* 12, no. 1 (2023): 254.
158 각 카메라는 광장 위를: Giorgio Parisi, *In a Flight of Starlings: The Wonder of Complex Systems*, trans. Simon Carnell (New York: Penguin Books, 2023), 9.
158 파리시는 일반 관찰자들에게는: Parisi, *Flight of Starlings*, 11.
159 파리시는 이 모습을 두고: Parisi, *Flight of Starlings*, 16.

11장 즉흥적인 스타트업

160 존스턴은 미국에서 즉흥연기의 이론적 토대를 정립한: Theresa Robbins Dudeck, *Keith Johnstone: A Critical Biography* (London: Bloomsbury, 2013), 12.
161 코미디언 제리 사인펠드가: David Remnick, "The Scholar of Comedy," *New Yorker*, April 28, 2024.
161 존스턴은 1933년에 영국 남서부 해안 지역인: Dudeck, *Keith Johnstone*, 20.
162 존스턴이 발견한 핵심 통찰 중 하나는: Keith Johnstone, *Impro: Improvisation and the Theatre* (New York: Routledge, 1981), 41–52.
162 서로 간 지위를 협상하고 주장하는 방식: Dudeck, *Keith Johnstone*, 12.
162 "갈까마귀 무리에서 가장 지배적인 개체는": Konrad Z. Lorenz, *King Solomon's Ring* (New York: Thomas Y. Crowell, 2020), 149.
162 존스턴에 따르면 "모든 억양과 움직임은 지위를 암시하며": Johnstone, *Impro*, 33.
163 특히 "내 지위와 내가 연기하는 지위"를 분리하는 능력: Johnstone, *Impro*, 36.
163 1960년대에 이르러: *American Experience: Silicon Valley*, "Silicon Valley: Chapter 1," directed by Randall MacLowry, PBS, February 5, 2013.
164 사람이 모인 조직인 이상: According to one survey of three hundred large businesses in the United States, the average number of people reporting to a company's chief executive officer nearly doubled from the 1980s to the 1990s, increasing from approximately four people in 1986 to eight people more than a decade later, in 1998. See Raghuram Rajan and Julie Wulf, "The Flattening Firm: Evidence from Panel Data on the Changing Nature of Corporate Hierarchies," Working Paper No. 9633 (National

Bureau of Economic Research, April 2003), 4.
165 하버드대학교 경영대학원 연구진이: Leslie A. Perlow, Constance Noonan Hadley, and Eunice Eun, "Stop the Meeting Madness," *Harvard Business Review*, July–August 2017.
166 드러커는 오케스트라를: Peter F. Drucker, "The Coming of the New Organization," *Harvard Business Review*, January 1988.

12장 집단의 압력

170 애쉬는 1907년 당시 러시아 제국에: John Ceraso, Irvin Rock, and Howard Gruber, "On Solomon Asch," in *The Legacy of Solomon Asch*, ed. Irvin Rock (Hillsdale, N.J.: Lawrence Erlbaum Associates, 1990), 3.
170 13세 때 가족과 함께: David Stout, "Solomon Asch Is Dead at 88; A Leading Social Psychologist," *New York Times*, February 29, 1996, D19.
171 나머지 7명은: Solomon E. Asch, "Effects of Group Pressure upon the Modification and Distortion of Judgments," in *Groups, Leadership, and Men: Research in Human Relations*, ed. Harold Guetzkow (Pittsburgh: Carnegie Press, 1951), 178.
171 애쉬는 훗날: Asch, "Effects of Group Pressure," 179.
172 애쉬와 많은 연구자에게: Solomon E. Asch, "Opinions and Social Pressure," *Scientific American* 193, no. 5 (November 1955): 34.
172 훗날 애쉬의 친구이자 동료였던 한 사람은: Ceraso, Rock, and Gruber, "On Solomon Asch," 8.
172 오늘날에는 인간 대상 연구를 면밀하게 심사하는 기관윤리위원회가 있지만: Christine Grady, "Institutional Review Boards: Purpose and Challenges," *Chest* 148, no. 5 (November 2015): 1150.
173 1933년 뉴욕 태생인 밀그램은: Thomas Blass, *The Man Who Shocked the World: The Life and Legacy of Stanley Milgram* (New York: Basic Books, 2009), 1.
173 자원봉사자를 모집한다는 광고: Stanley Milgram, *Obedience to Authority: An Experimental View* (New York: Harper Perennial, 2009), 14.
173 각 참가자에게 실험 참여 대가로: Milgram, *Obedience to Authority*, 14.
173 참가자들은 이 실험에서: Milgram, *Obedience to Authority*, 19.
174 그리고 각 세션을 시작하기 전: Milgram, *Obedience to Authority*, 20.
174 물론 학습자 역할을 맡은 사람은: Milgram, *Obedience to Authority*, 16.
174 수십 명이 참여한 이 실험에서: Milgram, *Obedience to Authority*, 5.
174 이 실험 결과는 미국 사회에 큰 충격을: Walter Sullivan, "65% in Test Blindly Obey Order to Inflict Pain," *New York Times*, October 26, 1963, 10.
174 실험에서 가장 잊기 힘든 세션 중 하나는: Milgram, *Obedience to Authority*, 73.
175 참가자: Milgram, *Obedience to Authority*, 73.

175 밀그램은 이를 두고: Milgram, *Obedience to Authority*, 77.
176 "자신이 누군가를 죽이고 있다고": Milgram, *Obedience to Authority*, 77.
176 밀그램의 실험은 인간의 파괴적 능력이: See Hannah Arendt, *Eichmann in Jerusalem: A Report on the Banality of Evil* (New York: Viking Press, 1963).
176 물론 밀그램의 실험 참가자들 모두가: Milgram, *Obedience to Authority*, 84.
176 관리자는 모든 단어 쌍을 완벽히 학습할 때까지: Milgram, *Obedience to Authority*, 16, 85.
176 충격은 고통스럽더라도 위험하지 않다고 재차 강조했다: Milgram, *Obedience to Authority*, 85.
177 그 여성이 보여준 심리적 탄력성은: Milgram, *Obedience to Authority*, 85.
178 애쉬와 밀그램 등이 진행한 이 실험들은: The experiment also perhaps serves as a reminder of how gentle contemporary review boards in psychology departments have grown, approving only the most mild forms of deception in experiments conducted on volunteers and perhaps forgoing entire lines of productive and valuable research into the human mind.
178 컬럼비아대학교 심리학과 하워드 그루버 교수는: Ceraso, Rock, and Gruber, "On Solomon Asch," 8.
179 1922년 9월 클로드 모네는: *Monet's Years at Giverny* (New York: Metropolitan Museum of Art, 1978), 34–36.
179 모네의 후기 작품들은: Emily Watlington, "'Monet/Mitchell' Shows How the Impressionist's Blindness Charted a Path for Abstraction," *Art in America*, May 12, 2023.
179 모네와 조안 미첼의 공동 회고전은: See Suzanne Pagé, Marianne Mathieu, and Angeline Scherf, *Monet—Mitchell* (New Haven, Conn.: Yale University Press, 2022).
179 베토벤 역시 20대부터: Matthew Guerrieri, *The First Four Notes: Beethoven's Fifth and the Human Imagination* (New York: Vintage Books, 2014), 8.
179 그러나 세월이 흐르며 난청 사실이 점점 알려지자: Guerrieri, *First Four Notes*, 12.
180 오히려 강화했다고 주장한다: Robin Wallace, "Why Beethoven's Loss of Hearing Added Dimensions to His Music," *Zócalo Public Square*, July 28, 2019.

13장 군을 위해 더 나은 무기를 만들다

181 2011년 9월 28일: Kevin Nevers, "'He Didn't Hesitate': Airborne Medic Jim Butz Dies a Hero in Afghanistan," *Chesterton* (Ind.) *Tribune*, October 3, 2011.
181 중앙아시아에 있는 이 지역은: Milton Bearden, "Afghanistan, Graveyard of Empires," *Foreign Affairs*, November 1, 2001.

182　육군 위생병 제임스 버츠는: John Byrne, "Northwest Indiana Medic Killed in Afghanistan," *Chicago Tribune*, October 1, 2011; Susan Brown, "Soldier's Dad: 'He'll Always Be My Hero,'" *Times of Northwest Indiana*, October 2, 2011.

182　그때 2번째 폭발이 이어졌다: Brown, "Soldier's Dad."

182　"지미는 망설이지 않았다": Nevers, "'He Didn't Hesitate.'"

182　2012년까지 미국 병사 3,000명 이상이: Harvey M. Sapolsky and Michael Schrage, "More Than Technology Needed to Defeat Roadside Bombs," *National Defense*, April 2012, 17.

182　총 1만 4,500건: Umar Farooq, "Pakistani Fertilizer Grows Both Taliban Bombs and Afghan Crops," *Christian Science Monitor*, May 9, 2013.

182　미국 해군 장교는: Jason Shell, "How the IED Won: Dispelling the Myth of Tactical Success and Innovation," *War on the Rocks*, May 1, 2017.

182　미군은 2006년부터 2012년까지: Sapolsky and Schrage, "More Than Technology," 17; Shell, "How the IED Won" (estimating the cost of an IED at $265).

183　그래서 미국 육군은: "Oshkosh MRAP All Terrain Vehicle," *Army Technology*, September 14, 2009.

183　2012년 10월까지: Alex Rogers, "The MRAP: Brilliant Buy, or Billions Wasted?," *Time*, October 2, 2012.

183　더 크고 위력적인 폭탄을: Sapolsky and Schrage, "More Than Technology," 17. Some also questioned whether the newer vehicles with more substantial armor even offered much more protection than existing personnel carriers. See Chris Rohlfs and Ryan Sullivan, "Why the $600,000 Vehicles Aren't Worth the Money," *Foreign Affairs*, July 26, 2012.

183　현장에서 수많은 군인과 정보 요원들이 느꼈던 좌절감은: See Annie Jacobsen, "Palantir's God's-Eye View of Afghanistan," *Wired*, January 28, 2021; Robert Draper, "Boondoggle Goes Boom," *New Republic*, June 19, 2013.

184　다른 시대에는 달랐다: Arthur Herman, "What if Apple Designed an iFighter?," *Wall Street Journal*, July 23, 2012.

185　82공수사단 소속의 한 정보 장교가: "Army 'Rapid Equipping Force' Taking Root, Chief Says," *National Defense*, October 1, 2006.

185　이 정보 장교는: Darrel Issa and Jason Chaffetz to Leon E. Panetta, August 1, 2012, United States House Committee on Oversight and Government Reform.

185　2012년 1월에: *Palantir Technologies v. United States*, No. 16-Civ-784-MBH (Fed. Claims, June 30, 2016), 49; see also Rowan Scarborough, "Soldier Battling Bombs Irked by Software Switch," *Washington Times*, July 22, 2012; Steven Brill, "Trump, Palantir, and the Battle to Clean Up a Huge Army Procurement Swamp," *Fortune*, March 27, 2017.

186 "비효율적인 정보 시스템을 쓰며 허비하고 있을 수는 없다": Scarborough, "Soldier Battling Bombs."

186 제임스 매티스의 부관 중 한 명도: Brill, "Battle to Clean Up."

187 20년에 걸친 아프가니스탄 분쟁으로: U.S. Department of Defense, Casualty Status, July 16, 2024; "Costs of War: Afghan Civilians," Watson Institute of International and Public Affairs, Brown University, Providence, R.I.

187 이 전쟁에 투입된 총비용은: Christopher Helman and Hank Tucker, "The War in Afghanistan Cost America $300 Million per Day for 20 Years, with Big Bills Yet to Come," *Forbes*, August 16, 2021.

187 2006년 8월 기준으로: "Absence of America's Upper Classes from the Military," *ABC News*, August 3, 2006.

187 그는 해외 전쟁이: Leo Shane III, "Why One Lawmaker Keeps Pushing for a New Military Draft," *Military Times*, March 30, 2015.

188 미국 시스템은: Patrick Caddell, interviewed in "Jimmy Carter," *American Experience*, PBS, November 11, 2002.

190 이 요구 사항은: Brad Orton, "Remarks at the National Performance Review Press Conference," October 26, 1993, Old Executive Office Building, Washington, D.C., C-SPAN.

190 법에서 요구하는 원가 공개 의무를 피할: Orton, "Remarks."

190 일본 정부에 연락해: Orton, "Remarks"; Stephen Barr, "Clinton Proposed Procurement Changes," *Washington Post*, October 27, 1993.

191 윌리엄 로스 상원 의원은: William Roth, S. 1587, Federal Acquisition Streamlining Act of 1993, Committee on Governmental Affairs and the Committee on Armed Services, Washington, D.C., February 24, 1994, 4.

191 미국 정부는 "필요한 거의 모든 물품을": Al Gore, *Common Sense Government: Works Better and Costs Less* (1998), 74.

192 1980년대 쿠키에 대한 군 규격 목록 중: U.S. Department of Defense, "Military Specification: Cookie Mix, Dry," MIL-C-43205G, 7.

192 1905년 시어도어 루스벨트 대통령이 설치한 한 위원회는: Richard D. White Jr., "Executive Reorganization, Theodore Roosevelt, and the Keep Commission," *Administrative Theory and Praxis* 24, no. 3 (2002): 512.

192 기퍼드 핀쇼는: White Jr., "Executive Reorganization," 511–12; Danny Freedman, "They're Getting Rid of 'Red Tape' in Washington. Literally," *Washington Post*, January 16, 2023 (discussing the roots of the term "red tape").

192 1983년 〈뉴욕타임스〉 보도에 따르면: Wayne Biddle, "House Approves Stiff Rules to Control Cost of Military Spare Parts," *New York Times*, May 31, 1984, B24.

192 이 가격 중 일부는: James Fairhall, "The Case for the $435 Hammer," *Washington Monthly*, January 1, 1987.

193 망치의 실제 청구서는: Airon A. Mothershed, "The $435 Hammer and $600 Toilet Seat Scandals: Does Media Coverage of Procurement Scandals Lead to Procurement Reform?," *Public Contract Law* 41, no. 4 (Summer 2012): 861.

193 1984년 한 기자는: Brad Knickerbocker, "Pentagon Steps Up Its War on Unscrupulous Defense Contractors," *Christian Science Monitor*, March 15, 1984 (quoted in Mothershed, "$435 Hammer and $600 Toilet Seat Scandals," 863).

193 첫 임기 중 국정연설에서: William J. Clinton, "State of the Union Address," Washington, D.C., January 23, 1996.

194 기자회견 자리에서: William J. Clinton, "Remarks Announcing the Report of the National Performance Review and an Exchange with Reporters," Washington, D.C., September 7, 1993.

194 데이비드 로젠바움은: David E. Rosenbaum, "Remaking Government: Few Disagree with Clinton's Overall Goal, but History Shows the Obstacles Ahead," *New York Times*, September 8, 1993, A1.

194 클린턴 대통령은: Barr, "Procurement Changes."

194 "이런 일이 다시는 일어나선 안 된다": William J. Clinton, "Remarks at the National Performance Review Press Conference," October 26, 1993, Old Executive Office Building, Washington, D.C., C-SPAN.

194 곁에 서 있던 앨 고어: Al Gore, "Remarks at the National Performance Review Press Conference," October 26, 1993, Old Executive Office Building, Washington, D.C., C-SPAN.

195 기존의 규제 체계는: Thomas J. Kelleher et al., *Smith, Currie, and Hancock's Federal Government Construction Contracts* (Hoboken, N.J.: Wiley, 2010), 89.

196 1994년 2월 24일 상원 청문회에서: Federal Acquisition Streamlining Act of 1993: Hearing on 1587, before the Committee on Governmental Affairs and the Committee on Armed Services, 103rd Cong, February 24, 1994, 2 (statement of John Glenn).

196 글렌은 "해마다 같은 문제와 씨름해왔지만": Federal Acquisition Streamlining Act of 1993, John Glenn, 2.

196 공직자들의 전략은: Federal Acquisition Streamlining Act of 1993, John Glenn, 3.

196 스티븐 브릴은: Brill, "Battle to Clean Up."

196 "제이 레노는 이제 뭘 놀려먹어야 하죠?": Clinton, "Remarks on Signing the Federal Acquisition Streamlining Act of 1994."

198 이런 형태의 소송은: Lizette Chapman, "Inside Palantir's War with the U.S. Army," *Bloomberg*, October 28, 2016.

198 2016년 11월에 이 사건을 맡은: *Palantir USG Inc. v. United States*, No. 16-

784C (Fed. Claims, November 3, 2016), 97.
198 요약하면 우리가 이겼다: A federal appellate court in Washington, D.C., upheld Judge Horn's ruling. *Palantir USG Inc. v. United States*, 904 F.3d 980 (Fed. Cir. 2018).
198 존 매케인은: Shane Harris, "Palantir Wins Competition to Build Army Intelligence System," *Washington Post*, March 26, 2019.
198 이듬해인 2019년 3월에: Harris, "Palantir Wins Competition."
198 미군이 기술 산업 쪽으로 방향을 전환: Harris, "Palantir Wins Competition."
199 비디오 게임 회사 징가였다: Evelyn M. Rusli, "Zynga's Value, at $7 Billion, Is Milestone for Social Gaming," *New York Times*, December 15, 2011.
200 기업 가치는 250억 달러로 평가되었으며: Nicole Perlroth, "The Groupon IPO: By the Numbers," *Forbes*, June 2, 2011.
200 그러나 현재 그루폰은 간신히 존속하고 있다: See Robert Channick, "Groupon Issues 'Going Concern' Warning as Chicago-Based Online Marketplace Terminates River North HQ Lease," *Chicago Tribune*, May 13, 2023; Eric J. Savitz, "Groupon Stock Craters. The Turnaround Is Taking Longer Than Hoped," *Barron's*, November 10, 2023.

14장 세상은 구름일까 시계일까

201 그는 아트 스튜던트 리그 오브 뉴욕에서: Henry Adams, *Tom and Jack: The Intertwined Lives of Thomas Hart Benton and Jackson Pollock* (New York: Bloomsbury Press, 2009), 30.
201 한 인터뷰에서: Pepe Karmel, ed., *Jackson Pollock: Interviews, Articles, and Reviews* (New York: Museum of Modern Art, 1999), 15; see also Erika Doss, *Benton, Pollock, and the Politics of Modernism* (Chicago: University of Chicago Press, 1995), 330 (discussing interview).
201 반면 벤턴은 폴록의 그림을: Thomas Hart Benton, *An Artist in America* (Columbia, Mo.: University of Missouri Press, 1968), 339 (cited in Emily Esfahani Smith, "The Friendship That Changed Art," *Artists Magazine* 35, no. 6 (July/August 2018)).
202 코미디언 존 멀레이니가: David Sims, "No, Really, I'm Awful," *Atlantic*, April 26, 2023.
202 웨일코넬의과대학 임상정신의학과 리처드 앨런 프리드먼 교수는: Jill Filipovic, "I Was Wrong About Trigger Warnings," *Atlantic*, August 9, 2023.
203 예술가와 창업가는: Jack Kerouac, *On the Road* (New York: Penguin Books, 1976), 5.
203 "문제가 된 바나나는 특별한 게 없었다": René Girard, "Generative Scapegoating," in *Violent Origins: Walter Burket, René Girard, and Jonathan Z. Smith on*

Ritual Killing and Cultural Formation, ed. Robert G. Hammerton-Kelly (Stanford, Calif.: Stanford University Press, 1987), 123.
204　오스트리아 출신 정신분석학자 에른스트 크리스는: Ernst Kris, *Psychoanalytic Explorations in Art* (New York: International Universities, Press, 1952), 59.
205　"사회나 관습의 틀에 순응하지 않으면": Ralph Waldo Emerson, "Self-Reliance," in *Nature and Selected Essays*, ed. Larzer Ziff (Penguin Books, 2003), 123.
205　에머슨은 이렇게 묻는다: Emerson, "Self-Reliance," 123–24.
206　벌린은 세상 사람들 사이에: Isaiah Berlin, *The Hedgehog and the Fox* (London: Weidenfeld & Nicolson, 1954), 1.
206　"여우는 많은 걸 알지만": Berlin, *Hedgehog and the Fox*, 1.
207　허버트 후버는: See Kenneth Whyte, *Hoover: An Extraordinary Life in Extraordinary Times* (New York: Alfred A. Knopf, 2017), 35, 68–69; Jeremy Mouat and Ian Phimister, "The Engineering of Herbert Hoover," *Pacific Historical Review* 77, no. 4 (November 2008): 555, 560.
207　그는 회고록에서 이렇게 썼다: Herbert Hoover, *The Memoirs of Herbert Hoover: Years of Adventure, 1874–1920* (New York: Macmillan, 1953), 133.
207　1922년 미국의 철학자 존 듀이는: John Dewey, "Pragmatic America," in *America's Public Philosopher: Essays on Social Justice, Economics, Education, and the Future of Democracy*, ed. Eric Thomas Weber (New York: Columbia University Press, 2021), 52.
208　존 듀이는 실용주의가 미국 땅에서: Dewey, "Pragmatic America," 51.
208　이런 실용주의적 태도: Dewey, "Pragmatic America," 52.
208　최소 1,600명에 달하는 독일 과학자와 가족이: Annie Jacobsen, *Operation Paperclip: The Secret Intelligence Program That Brought Nazi Scientists to America* (New York: Little, Brown, 2014), ix.
208　이에 한 미국 공군 장교는: Jacobsen, *Operation Paperclip*, 52.
209　2005년에 출간한 《전문가의 정치적 판단》에서: Philip E. Tetlock, *Expert Political Judgment: How Good Is It? How Can We Know?* (Princeton, N.J.: Princeton University Press, 2005), 40; see also John Lewis Gaddis, *On Grand Strategy* (Penguin Books, 2019) (discussing Tetlock).
209　테틀록이 설명했듯이: Tetlock, *Expert Political Judgment*, 40.
209　이론물리학자 유진 위그너도: Eugene Wigner, "The Unreasonable Effectiveness of Mathematics in the Natural Sciences," *Communications in Pure and Applied Mathematics* 13, no. 1 (February 1960), 2.
209　그러나 세상을 한 번에 깔끔히 설명하는: Tetlock, *Expert Political Judgment*, 40.
210　테틀록 팀은: Tetlock, *Expert Political Judgment*, 49, 254.
210　테틀록은 이 전문가 중 누가: Tetlock, *Expert Political Judgment*, 9.
210　약 20년에 걸쳐 수행한: Tetlock, *Expert Political Judgment* (methodological appendix).
210　테틀록은 "여우적 성향"을 여러 방식으로 측정: Tetlock, *Expert Political Judgment*,

75n6.
210 이외에도 전문가들에게: Tetlock, *Expert Political Judgment*, 74.
211 "예측 성적이 가장 저조했던 이들은": Tetlock, *Expert Political Judgment*, 80.
211 1970년대 말: Ohno noted that the approach, of asking "why" five times, was built on the "habit of watching" that he learned from Sakichi Toyoda, whose son would go on to found Toyota Motor Corporation in the late 1930s. Taiichi Ohno, *Toyota Production System: Beyond Large-Scale Production* (Portland, Ore.: Productivity Press, 1988), 77.
212 접근 방식은 언뜻 보기엔: Ohno, *Toyota Production System*, 18.
212 오노 다이이치가 제시한 제조 현장 사례를 보면: Ohno, *Toyota Production System*, 18.
212 오노 다이이치는 청나라가 막 붕괴한 직후인: John Holusha, "Taiichi Ohno, Whose Car System Aided Toyota's Climb, Dies at 78," *New York Times*, May 31, 1990, D23.
212 아버지는 일본 제국이 지배하던: Holusha, "Taiichi Ohno," D23.
214 1922년 베를린에서 태어난 루시안 프로이트는: Michael Auping, "Lucian Freud: The Last Interview," *Times* (London), January 28, 2012.
215 영국 미술평론가 마틴 게이퍼드는: Martin Gayford, *Man with a Blue Scarf: On Sitting for a Portrait by Lucian Freud* (London: Thames & Hudson, 2019), 10.
215 루시안 프로이트는 한 인터뷰에서: Auping, "Lucian Freud."

15장 사막 속으로

218 당시 시장을 찾은 방문객 약 800명이: Francis Galton, "Vox Populi," *Nature* 75, no. 1949 (March 1907): 450.
218 결과는 놀라웠다: See James Surowiecki, *The Wisdom of Crowds* (New York: Anchor Books, 2005).
219 골턴에게 이 실험은: Galton, "Vox Populi," 451.
219 하버드대학교 마이클 샌델이 지적했듯이: Michael Sandel, *What Money Can't Buy: The Moral Limits of Markets* (New York: Farrar, Straus and Giroux, 2012), 12–13.
221 작가 제임스 볼드윈에 대한 FBI 문서는: William J. Maxwell, ed. *James Baldwin: The FBI File* (New York: Arcade, 2017), 7.
221 이렇게 사생활에 대한 무분별한 침해 사례들이: Kenneth D. Ackerman, "Five Myths About J. Edgar Hoover," *Washington Post*, November 9, 2011.
221 BAE시스템스 등 여러 방산업체는: National Physical Laboratory, "Tracking People by Their 'Gait Signature,'" September 20, 2012.
222 1749년 볼테르는: Voltaire, *Zadig; or, The Book of Fate, an Oriental History*

(London, 1749), 53.
222 **18세기 영국 법학의 거장이었던 윌리엄 블랙스톤은**: William Blackstone, *Commentaries on the Laws of England in Four Books*, vol. 2 (Philadelphia: J. B. Lippincott, 1893), 587.
222 **18세기 후반에 태어난 영국 법학자 토머스 스타키는**: Thomas Starkie, *A Practical Treatise on the Law of Evidence, and Digest of Proofs, in Civil and Criminal Proceedings*, vol. 1 (Boston: Wells & Lilly, 1826), 507.
222 **2012년 팔란티어는**: Ali Winston, "Palantir Has Secretly Been Using New Orleans to Test Its Predictive Policing Technology," *Verge*, February 27, 2018.
223 **팔란티어가 개발한 고담(Gotham) 플랫폼은**: Matt Sledge and Ramon Antonio Vargas, "Palantir's Crime-Fighting Software Causes Stir in New Orleans," *Times-Picayune*, March 1, 2018.
223 **2018년에 발표된 한 글에 따르면**: Jay Stanley, "New Orleans Program Offers Lessons in Pitfalls of Predictive Policing," American Civil Liberties Union, March 15, 2018.
223 **2020년 6월 아마존은**: Jay Greene, "Amazon Bans Police Use of Its Facial-Recognition Technology for a Year," *Washington Post*, June 10, 2020; Drew Harwell, "Amazon Extends Ban on Police Use of Its Facial Recognition Technology Indefinitely," *Washington Post*, May 18, 2021.
224 **같은 달 IBM은**: Bobby Allyn, "IBM Abandons Facial Recognition Products, Condemns Racially Biased Surveillance," NPR, June 9, 2020.
224 **당시 IBM 최고경영자는**: Jay Peters, "IBM Will No Longer Offer, Develop, or Research Facial Recognition Technology," *Verge*, June 8, 2020.
225 **첨단 기술과 소프트웨어가 지역 경찰에 전혀 쓸모가 없다는 주장은**: Rob Henderson, " 'Luxury Beliefs' Are the Latest Status Symbol for Rich Americans," *New York Post*, August 17, 2019.
225 **특권층 엘리트들이 이런 믿음을**: David Brooks, "The Sins of the Educated Class," *New York Times*, June 6, 2024; see also Rob Henderson, *Troubled: A Memoir of Foster Care, Family, and Social Class* (New York: Gallery Books, 2024).
225 **2019년 페기 누넌은 한 에세이에서**: Peggy Noonan, "How Trump Lost Half of Washington," *Wall Street Journal*, April 25, 2019.

16장 청렴함의 대가

227 **루벤스타인은 파월에게**: Jerome Powell, "The Honorable Jerome H. Powell," interview by David M. Rubenstein, Economic Club of Washington, D.C., February 7, 2023; see also Matthew Impelli, "Jerome Powell Salary

Admission Sparks Debate," *Newsweek*, February 7, 2023.
228 연방정부 공무원으로서 그가 받는 보수는: Heather Long, "Who Is Jerome Powell, Trump's Pick for the Nation's Most Powerful Economic Position?," *Washington Post*, November 2, 2017.
229 초래한 의도치 않은 결과는: Daniel Krcmaric, Stephen C. Nelson, and Andrew Roberts, "Billionaire Politicians: A Global Perspective," *Perspectives on Politics*, October 25, 2023; see also Andrew B. Hall, *Who Wants to Run? How the Devaluing of Political Office Drives Polarization* (Chicago: University of Chicago Press, 2019), 70 (noting that "one probable result of the lessened salaries for legislators is that, by and large, only wealthy people will run for office").
229 미국 하원 의원과 상원 의원의 평균 연봉은: Ida A. Brudnick, "Congressional Salaries and Allowances: In Brief," *Congressional Research Service*, June 27, 2024, 1.
230 매튜 이글레시아스는: Matthew Yglesias, "Pay Congress More," *Vox*, May 10, 2019.
230 매디슨은 이를 두고: James Madison, *The Writings of James Madison*, vol. 3, ed. Gaillard Hunt (New York: G. P. Putnam's Sons, 1902), 253.
231 2007년쯤에는: Seth Mydans, "Singapore Announces 60 Percent Pay Raise for Ministers," *New York Times*, April 9, 2007.
231 이에 대해 리콴유는: Lee Kuan Yew, "In His Own Words: Higher Pay Will Attract Most Talented Team, So Country Can Prosper," *Straits Times*, November 1, 1994.
233 현장에 있던 모두가: E. E. Kintner, "Admiral Rickover's Gamble," *Atlantic*, January 1959.
233 그날 밤 아이다호 사막에서: Kintner, "Admiral Rickover's Gamble."
233 1955년 5월: Richard G. Hewlett and Francis Duncan, *Nuclear Navy, 1946–1962* (Chicago: University of Chicago Press, 1974), 222.
233 미국 해군 보고서는: Hewlett and Duncan, *Nuclear Navy*, 222.
233 잠수함을 추진할 수 있을 만큼 충분히 작은 원자로를: Marc Wortman, *Admiral Hyman Rickover: Engineer of Power* (New Haven, Conn.: Yale University Press, 2022), 4.
234 재봉사였던 아버지는: Thomas B. Allen and Norman Polmar, *Rickover: Father of the Nuclear Navy* (Washington, D.C.: Potomac Books, 2007).
234 미국 해군이 이렇게 빠른 속도로: Kintner, "Admiral Rickover's Gamble."
234 기록에 따르면, 갈등이 생긴 부하 장교들을: Norman Polmar and Thomas B. Allen, *Rickover: Controversy and Genius: A Biography* (New York: Simon & Schuster, 1982), 272 (noting that such stories, "usually anonymous," were "difficult to verify thoroughly").
234 한 부하가 해군 규정을 잔뜩 적은 책을 들고 찾아왔을 때: Hyman G. Rickover,

interview by Diane Sawyer, *60 Minutes*, CBS, 1984.
234 그에 대한 존경심은: John W. Finney, "Rickover, Father of Nuclear Navy, Dies at 86," *New York Times*, July 9, 1986, A1.
235 1985년 미국 해군 검토위원회 보고서에 따르면: Wayne Biddle, "Navy Lists General Dynamics' Gifts to Rickover," *New York Times*, June 5, 1985, D7.
235 리코버는 선물 목록을 인정하며: Wayne Biddle, "Rickover Tells Lehman He Gave Away Gifts," *New York Times*, June 11, 1985, D1.
235 훗날 리코버는 "민간 부분으로 갔으면": Biddle, "Rickover Tells Lehman," D23.
236 미국 해군은 이 비위 행위가: Wayne Biddle, "General Dynamics Draws Penalties on Navy Dealings," *New York Times*, May 22, 1985, A1.
236 당시 존 리만 해군 장관은: Biddle, "General Dynamics Draws Penalties," A1.
236 같은 해 〈뉴욕타임스〉 사설은: "Admiral Rickover and the Trinkets," *New York Times*, May 24, 1985, A24.
236 윌리엄 프록스마이어는: "Admiral Rickover and the Trinkets," *New York Times*, A24.
236 〈타임〉지의 부고 기사는: Michael Duffy, "Hyman George Rickover, 1900–1986: They Broke the Mold," *Time*, July 21, 1986.
238 자신의 의지와 상관없이 강제로 리더 자리에: Plato, *The Republic*, trans. Desmond Lee (Penguin Books, 2007), 29.
238 1935년 출간한 《영속성과 변화》에서: Kenneth Burke, *Permanence and Change* (University of California Press, 1935), 16.
239 플로렌티우스는 베네딕트를 죽이려고: Gregory I, *The Life of Our Most Holy Father S. Benedict* (Rome: 1895), 37.
239 베네딕트의 제자가 기쁜 마음으로 이 소식을 베네딕트에게 전했을 때: Gregory I, *Life of Our Most Holy Father*, 37.

17장 앞으로의 천년

241 사회 집단의 인원수를 조사했다: Robin Dunbar, "Co-evolution of Neocortex Size, Group Size, and Language in Humans," *Behavioral and Brain Sciences* 16, no. 4 (1993); see also Yuval Noah Harari, *Sapiens: A Brief History of Humankind* (New York: HarperCollins, 2015).
241 후터라이트는: U.S. Department of the Interior, National Register of Historic Places Inventory, *Historic Hutterite Colonies Thematic Resources*, 1979; Dunbar, "Co-evolution of Neocortex Size" (citing Garrett Hardin, "Common Failing," *New Scientist* 102 (1988): 76).
241 미국 내무부가 1980년대 초 발행한 보고서에 따르면: F. Carlene Bryant, *We're All Kin: A Cultural Study of a Mountain Neighborhood* (Knoxville: University of Tennessee Press, 1981), 3–4 (cited by Dunbar).

242 옥스퍼드대학교에서 가르쳤던 던바는: Dunbar, "Co-evolution of Neocortex Size," 688.
242 원숭이나 유인원은: Dunbar, "Co-evolution of Neocortex Size," 682.
242 인간에게는 주로 언어가: See Benedict Anderson, *Imagined Communities: Reflections on the Origin and Spread of Nationalism*, rev. ed. (London: Verso, 2016).
242 "상상된 연결"이 없었다면": Anderson, *Imagined Communities*, 33.
243 2017년 에마뉘엘 마크롱 프랑스 대통령은: Eugénie Bastié, "Emmanuel Macron, de la négation de la culture française à l'exaltation de la France éternelle," *Le Figaro*, June 5, 2023.
243 몽테로-포요느의 시장 이브 제고는: Yves Jégo, "Emmanuel Macron et le reniement de la culture française," *Le Figaro*, February 6, 2017.
245 1996년 6월 프랑스의 극우 정당인 국민전선(FN) 대표였던 장마리 르 펜은: "Le Pen scores own goal with team slur," *Irish Times*, June 25, 1996.
246 《아메리칸 컬처》 교과서를 편집한 이들은: Anders Breidlid, Fredrik Chr. Brøgger, Oyvind T. Gulliksen, and Torbjorn Sirevag, eds., *American Culture: An Anthology*, 2nd ed. (New York: Routledge, 2008), 3.
247 "난 다음 세대, 앞으로 100년, 영원을 염두에 두고 계산하고 있습니다": Lee Kuan Yew, "Speech at the 28th Anniversary of Liquor Retailers' Association," Chinese Chamber of Commerce, Singapore, National Archives of Singapore, October 3, 1965.
247 "우리는 서로 다른 언어로 서로 다른 노래를 불러왔습니다": Lee Kuan Yew, "Speech at the National Day Rally," Kallang Theatre, Singapore, National Archives of Singapore, August 17, 1986.
248 20세기 대부분 동안: Patrick Chin Leong Ng, "A Study of Attitudes Towards the Speak Mandarin Campaign in Singapore," *Intercultural Communication Studies* 23, no. 3 (2014): 54.
248 영국 식민지 정부는: John Newman, "Singapore's 'Speak Mandarin Campaign': The Educational Argument," *Southeast Asian Journal of Social Science* 14, no. 2 (1986): 53.
248 1979년에 작성한 정부 보고서에 따르면: Goh Keng Swee, *Report on the Ministry of Education, Singapore*, 1-1. February 10, 1979.
248 이 보고서는: Goh, *Report on the Ministry of Education*, 1-10.
249 "예전 싱가포르는 언어로 치면 열대우림 같았다": Ian Johnson, "In Singapore, Chinese Dialects Revive After Decades of Restrictions," *New York Times*, August 26, 2017.
249 리콴유는 중국어를 배워 싱가포르 곳곳의 시민과 소통할 수 있는 능력: Lee Kuan Yew, "Speech at the Opening of the Speak Mandarin Campaign," Singapore Conference Hall, National Archives of Singapore, September 21, 1984.

249 사라바난 고피나탄은: Saravanan Gopinathan, "Singapore's Language Policies: Strategies for a Plural Society," *Southeast Asian Affairs* (1979): 291.
249 "이제는 새 국면에 접어들었습니다": Lee Kuan Yew, "Speech at National Day Rally."
249 2023년에는 1인당 GDP가: By 2023, its GDP: World Bank Group, GDP Per Capita, Singapore, 2023.
250 헨리 키신저는: Henry Kissinger, foreword to *From Third World to First: The Singapore Story: 1965–2000*, by Lee Kuan Yew (New York: HarperCollins, 2000), x.
250 이 논쟁은 적어도: Thomas Carlyle, *On Heroes: Hero-Worship, and the Heroic in History* (London: James Fraser, 1841), 12.
250 18세기에 지어진 파리 판테온에는: C. B. Black, *Paris and Excursions from Paris* (London: Sampson Low, Marston, Low & Searle, 1873), 45.
251 실제로 한 세대에 걸친 학자들과 작가들은: See Anderson, *Imagined Communities*.
251 리처드 세넷 교수는: Richard Sennett, "The Identity Myth," *New York Times*, January 30, 1994, E17 (quoted by Roger Kimball, "Institutionalizing Our Demise: America vs. Multiculturalism," *New Criterion*, June 2004).
252 정치철학자 마사 누스바움: Martha Nussbaum, "Patriotism and Cosmopolitanism," *Boston Review*, October 1, 1994 (quoted by Kimball, "Institutionalizing Our Demise").
252 1882년 어부 가문의 후손인 프랑스 철학자 에르네스트 르낭은: See "Reminiscences of Ernest Renan," *Atlantic*, August 1883 (noting that Renan described his ancestors in Brittany as "simple tillers of the earth and fishers of the sea").
252 최초의 사상가 중 하나였다: Ernest Renan, *What Is a Nation? And Other Political Writings*, trans. and ed. M. F. N. Giglioli (New York: Columbia University Press, 2018), 247, 261.
253 팔란티어라는 회사명은 톨킨의 《반지의 제왕》에서 가져왔다: Jack Butler, "Does the Left Really Want to Argue That Enjoying *Lord of the Rings* Is 'Far-Right'?," *National Review*, July 19, 2024.
254 캘빈대학교 철학과 제임스 스미스 교수는: James K. A. Smith, "Reconsidering 'Civil Religion,'" *Comment*, May 11, 2017.
254 "제도화된 시민 종교(Civil religion)가 존재한다는 사실은 분명하다": Robert Bellah, "Civil Religion in America," *Daedalus* 96, no. 1 (Winter 1967): 1, 18.
255 "우리 모두를 침몰시킬 수 있는 다원주의에 저항해야 한다": Alasdair MacIntyre, *After Virtue: A Study in Moral Theory*, 3rd ed. (Notre Dame, Ind.: University of Notre Dame Press, 2007), 226.
255 "새로운 형태의 공동체"를 만들어야 할 때다: MacIntyre, *After Virtue*, 263.
256 새로운 "결의"를 다져야 한다: Kimball, "Institutionalizing Our Demise."
256 1927년 독일 남부 바서부르크 암 보덴제에서 태어났다: Thomas Kovach and

Martin Walser, *The Burden of the Past: Martin Walser on Modern German Identity: Texts, Contexts, Commentary* (Rochester, N.Y.: Camden House, 2008), 2.

256 가톨릭 가정에서 자랐고: Andreas Illmer, "German Writer Martin Walser Dies Aged 96," *Deutsche Welle*, July 28, 2023.

256 나중에 밝혀졌다: "Dieter Hildebrandt soll in NSDAP gewesen sein," *Die Welt*, June 30, 2007.

256 이 잡지에 해명했다: "Dieter Hildebrandt soll in NSDAP gewesen sein," *Die Welt* (noting also that Hans-Dieter Kreikamp, an official at the German archives, disputed Walser's account of being involuntarily enrolled in the Nazi Party, noting that a handwritten signature would have been required for membership at the time).

257 발저는 "우리는 모두 우리의 역사라는 짐, 우리의 영원한 불명예를 알고 있다"라고 했다: Kovach and Walser, *Burden of the Past*, 89.

257 또 그는 아우슈비츠를: Kovach and Walser, *Burden of the Past*, 90–91.

257 당시 한 평론가는: Kathrin Schödel, "Normalising Cultural Memory? The 'Walser-Bubis Debate' and Martin Walser's Novel *Ein springender Brunnen*," in *Recasting German Identity: Culture, Politics, and Literature in the Berlin Republic*, ed. Stuart Taberner and Frank Finlay (Rochester, N.Y.: Camden House, 2002), 67.

258 이날 발저의 수상식에는 로만 헤어초크 대통령을: Amir Eshel, *Jewish Memories, German Futures: Recent Debates in Germany About the Past* (Bloomington, Ind.: Indiana University, 2001), 9.

258 발저는 금기시되던 국민 감정과 욕망을 명확히 표현했으며: David A. Kamenetzky, "The Debate on National Identity and the Martin Walser Speech: How Does Germany Reckon with Its Past?," *SAIS Review* 19, no. 2 (Summer–Fall 1999): 258.

258 연설 다음 날: "Martin Walser bereut Verhalten gegenüber Ignatz Bubis," *Spiegel*, March 16, 2007; see also "Geistige Brandstiftung. Bubis wendet sich gegen Walser," *Frankfurter Allgemeine*, October 13, 1998.

18장 미학적 관점

260 200만 명이 넘게 시청했고: Gareth Harris, "Mary Beard BBC Segment on Kenneth Clark's Civilisation Renews Debate About Its Eurocentricity," *Art Newspaper*, April 29, 2024.

260 일부 교회에서는 이 프로그램을 볼 수 있게 예배 시간을: David Olusoga, "Civilisation Revisited," *Guardian*, February 3, 2018.

260 16세기 로마 회화를 두고는: Kenneth Clark, *Civilisation* (New York: Harper

& Row, 1969), 174; see also Charles Rosen, review of *Civilisation*, by Kenneth Clark, *New York Review of Books*, May 7, 1970 (quoting Clark).
261 그는 아프리카 대륙의 어느 한 나라에서 온 가면을 바티칸 박물관에 소장되어 있는 아폴로 벨베데레와 비교하면서: Clark, *Civilisation*, 2.
261 다른 곳에서는 냉담한 태도로 스페인이 서구 문명사에: Clark, *Civilisation*, xvii.
261 영국 작가이자 역사학자인 메리 비어드는: Mary Beard, "Kenneth Clark by James Stourton Review—Mary Beard on Civilisation Without Women," *Guardian*, October 1, 2016.
262 오늘날에는 미에 대해 조금이라도 언급하려 하면: Peggy Noonan, "The Uglyfication of Everything," *Wall Street Journal*, May 2, 2024.
262 데이비드 덴비는: David Denby, "In Darwin's Wake," *New Yorker*, July 21, 1997, 59 (cited in Morris Berman, *The Twilight of American Culture* (New York: W. W. Norton, 2006), 57).
262 소스타인 베블런이: Thorstein Veblen, *The Theory of the Leisure Class*, ed. Martha Banta (Oxford, 2009), 64.
264 한 미술사가에 따르면: Boria Sax, *Imaginary Animals: The Monstrous, the Wondrous and the Human* (London: Reaktion Books, 2013), 94.
265 오디세우스는 세이렌의 유혹적인 노랫소리가 들리는 바다를 지나갈 때: *The Odyssey of Homer*, trans. George Hebert Palmer (Cambridge, Mass.: Houghton Mifflin, 1949), 185.
266 창업자가 이끄는 기업들이 더 뛰어난 성과를: See, for example, Rüdiger Fahlenbrach, "Founder-CEOs, Investment Decisions, and Stock Market Performance," *Journal of Financial and Quantitative Analysis* 44, no. 2 (April 2009).
266 창업자가 경영하는 기업의 주식만으로 포트폴리오를 구성했을 경우: Fahlenbrach, "Founder-CEOs," 440.
266 그는 "창업자 후손이 지분을 많이 소유하고 있다"라는 사실만으로는: Fahlenbrach, "Founder-CEOs," 463.
267 퍼듀대학교 연구진도: Joon Mahn Lee, Jongsoo Kim, and Joonhyung Bae, "Founder CEOs and Innovation: Evidence from S&P 500 Firms," SSRN, February 17, 2016, 4.
268 스웬슨은 2017년 한 인터뷰에서: David Swensen, "A Conversation with David Swensen," interview by Robert E. Rubin, Council on Foreign Relations, November 14, 2017.
269 초기 구성원들은 위험과 보상을 함께 나눴다: Akhil Reed Amar, *America's Constitution: A Biography* (New York: Random House, 2005), 275.
270 "좀 더 현실적인 사회적 신념"을 세워야 한다: Ruth Benedict, *Patterns of Culture* (Boston: Houghton Mifflin, 1934), 201.
270 그 뒤 몇 세대에 걸쳐 인류학자들은: Charles King, *Gods of the Upper Air: How a Circle of Renegade Anthropologists Reinvented Race, Sex, and Gender in the*

Twentieth Century (New York: Anchor Books, 2020), 212–13.
270 당시 민족지 연구의 착각은: King, *Gods of the Upper Air*, 212–13.
270 효율적 이타주의 운동은: See Peter Singer, *Animal Liberation: A New Ethics for Our Treatment of Animals* (New York: New York Review Books, 1975).
271 그러나 이 접근 방식은: Roger Scruton, "Animal Rights," *City Journal* (Summer 2000).
272 레오 스트라우스는: Leo Strauss, *What Is Political Philosophy?* (Chicago: University of Chicago Press, 1959), 18.
272 스트라우스는 또한 과학적인 것과 도덕적인 것을: Strauss, *What Is Political Philosophy?*, 21.
272 그러나 스트라우스가 보기에: Strauss, *What Is Political Philosophy?*, 18–19.
273 리콴유는 공자가 2,000여 년 전에 강조했던: Roger T. Ames and Henry Rosemont Jr., *The Analects of Confucius: A Philosophical Translation* (New York: Ballantine Books, 1998), 60.
273 리콴유는 한 인터뷰에서: Lee Kuan Yew, *Lee Kuan Yew: The Grand Master's Insights on China, the United States, and the World*, ed. Graham Allison and Robert D. Blackwill (Cambridge, Mass.: MIT Press, 2020), 131.
273 로마 역사가 살루스티우스는: Sallust, *The War with Catiline*, trans. J. C. Rolfe and rev. by John T. Ramsey, Loeb Classical Library (Cambridge, Mass.: Harvard University Press, 2013), 39.
274 어빙 크리스톨은: Irving Kristol, "Countercultures," *Commentary*, December 1994 (quoted by Roger Kimball, "Institutionalizing Our Demise: America vs. Multiculturalism," *New Criterion*, June 2004).
274 존 롤스는 정치적 자유주의가: John Rawls, *Political Liberalism* (New York: Columbia University Press, 2005), 194.
275 국가를 만들었던 수단들은: See also E. D. Hirsch Jr., *Cultural Literacy: What Every American Needs to Know* (New York: Vintage, 1988).

참고 문헌

ABC News. "Absence of America's Upper Classes from the Military." August 3, 2006.

Ackerman, Kenneth D. "Five Myths About J. Edgar Hoover." *Washington Post*, November 9, 2011.

Adams, Henry. *Tom and Jack: The Intertwined Lives of Thomas Hart Benton and Jackson Pollock*. New York: Bloomsbury Press, 2009.

Adekoya, Remi. "The Oppressed vs. Oppressor Mistake." Institute of Art and Ideas, October 17, 2023.

Alexander, Leigh. "Why It's Time to Retire 'Disruption,' Silicon Valley's Emptiest Buzzword." *Guardian*, January 11, 2016.

Allardyce, Gilbert. "The Rise and Fall of the Western Civilization Course." *American Historical Review* 87, no. 3 (June 1982): 695–725.

Allen, Thomas B., and Norman Polmar. *Rickover: Father of the Nuclear Navy*. Washington, D.C.: Potomac Books, 2007.

Allyn, Bobby. "IBM Abandons Facial Recognition Products, Condemns Racially Biased Surveillance." NPR, June 9, 2020.

Amar, Akhil Reed. *America's Constitution: A Biography*. New York: Random House, 2005.

American Experience: The Presidents. "Nixon, Part One: The Quest." PBS, October 15, 1990.

American Experience: Silicon Valley. "Silicon Valley: Chapter 1." Directed by Randall MacLowry. PBS, February 5, 2013.

Ames, Roger T. and Henry Rosemont Jr. *The Analects of Confucius: A Philosophical Translation*. New York: Ballantine Books, 1998.

Anders, George and Ann Grimes. "eToys' Shares Nearly Quadruple, Outstripping Rival Toys 'R' Us." *Wall Street Journal*, May 21, 1999.

Andersen, Ross. "The Panopticon Is Already Here." *Atlantic*, September 2020.

Anderson, Benedict. *Imagined Communities: Reflections on the Origin and Spread of Nationalism*. Rev. ed. London: Verso, 2016.

Appiah, Kwame Anthony. "There Is No Such Thing as Western Civilisation." *Guardian*, November 9, 2016.
Applebaum, Anne. "There Is No Liberal World Order." *Atlantic*, March 31, 2022.
Arendt, Hannah. *Eichmann in Jerusalem: A Report on the Banality of Evil*. New York: Viking Press, 1963.
Armitage, David et al. *The Teaching of the Arts and Humanities at Harvard College: Mapping the Future*. Cambridge, Mass.: Harvard University, 2013.
Army Technology. "Oshkosh MRAP All Terrain Vehicle." September 14, 2009.
Asch, Solomon E. "Effects of Group Pressure upon the Modification and Distortion of Judgments." In *Groups, Leadership, and Men: Research in Human Relations*, edited by Harold Guetzko. Pittsburgh: Carnegie Press, 1951.
———. "Opinions and Social Pressure." *Scientific American* 193, no. 5 (November 1955): 3, 31–35.
Atlantic. "The Reminiscences of Ernest Renan." August 1883.
Auping, Michael. "Lucian Freud: The Last Interview." *Times* (London), January 28, 2012.
The Babylonian Talmud. Translated by Michael L. Rodkinson. Boston: Talmud Society, 1918.
Bai, Matt. *All the Truth Is Out: The Week Politics Went Tabloid*. New York: Vintage, 2014.
Baldwin, John, et al. "Memoirs of Fellows and Corresponding Fellows of the Medieval Academy of America." *Speculum* 91, no. 3 (July 2016): 889–907.
Baltzell, E. Digby. *The Protestant Establishment: Aristocracy and Caste in America*. New Haven, Conn.: Yale University Press, 1987.
Barnett, Lincoln. "J. Robert Oppenheimer." *Life*, October 10, 1949.
Barr, Alistair. "Google's 'Don't Be Evil' Becomes Alphabet's 'Do the Right Thing.'" *Wall Street Journal*, October 2, 2015.
Barr, Stephen. "Clinton Proposes Procurement Changes." *Washington Post*, October 27, 1993.
Barton, Aden. "How Harvard Careerism Killed the Classroom." *Harvard Crimson*, April 21, 2023.
Bass, Paul, and Douglas W. Rae. *Murder in the Model City: The Black Panthers, Yale, and the Redemption of a Killer*. New York: Basic Books, 2006.
Bastié, Eugénie. "Emmanuel Macron, de la négation de la culture française à l'exaltation de la France éternelle." *Le Figaro*, June 5, 2023.
Beard, Mary. "Kenneth Clark by James Stourton Review—Mary Beard on Civilisation Without Women." *Guardian*, October 1, 2016.
Bearden, Milton. "Afghanistan, Graveyard of Empires." *Foreign Affairs*,

November 1, 2001.
Bellah, Robert. "Civil Religion in America." *Daedalus* 96, no. 1 (Winter 1967).
Bender, Emily M., et al. "On the Dangers of Stochastic Parrots: Can Language Models Be Too Big?" *Proceedings of the 2021 ACM Conference on Fairness, Accountability, and Transparency* (2021): 610–23.
Benedict, Ruth. *Patterns of Culture*. Boston: Houghton Mifflin, 1934.
Benton, Thomas Hart. *An Artist in America*. Columbia, Mo.: University of Missouri Press, 1968.
Bergman, Ronen. *Rise and Kill First: The Secret History of Israel's Targeted Assassinations*. New York: Random House, 2018.
Berlin, Isaiah. *The Hedgehog and the Fox*. London: Weidenfeld & Nicolson, 1954.
Berman, Morris. *The Twilight of American Culture*. New York: W. W. Norton, 2006.
Bernstein, Jeremy. "Oppenheimer's Beginnings." *New England Review* 25, no. 1/2 (Winter/Spring 2004): 38–51.
Biddle, Wayne. "General Dynamics Draws Penalties on Navy Dealings." *New York Times*, May 22, 1985.
———. "House Approves Stiff Rules to Control Cost of Military Spare Parts." *New York Times*, May 31, 1984.
———. "Navy Lists General Dynamics' Gifts to Rickover." *New York Times*, June 5, 1985.
———. "Rickover Tells Lehman He Gave Away Gifts." *New York Times*, June 11, 1985.
Bilger, Burkhard. "Piecing Together the Secrets of the Stasi." *New Yorker*, May 27, 2024.
Bird, Kai, and Martin J. Sherwin. *American Prometheus: The Triumph and Tragedy of J. Robert Oppenheimer*. New York: Alfred A. Knopf, 2005.
Black, C. B. *Paris and Excursions from Paris*. London: Sampson Low, Marston, Low & Searle, 1873.
Blackstone, William. *Commentaries on the Laws of England in Four Books*, Vol. 2. Philadelphia: J. B. Lippincott, 1893.
Blass, Thomas. *The Man Who Shocked the World: The Life and Legacy of Stanley Milgram*. New York: Basic Books, 2009.
Blium, Arlen Viktorovich, and Donna M. Farina. "Forbidden Topics: Early Soviet Censorship Directives." *Book History* 1 (1998): 268–82.
Bloom, Allan. *The Closing of the American Mind*. New York: Simon & Schuster, 1987.
———. "Responses to Fukuyama." *National Interest*, no. 16 (Summer 1989): 19–35.

Brand, Stewart. "We Owe It All to the Hippies." *Time*, March 1, 1995.

Breidlid, Anders, Fredrik Chr. Brøgger, Oyvind T. Gulliksen, and Torbjorn Sirevag. *American Culture: An Anthology*. 2nd ed. New York: Routledge, 2008.

Bremmer, Ian, and Mustafa Suleyman. "The AI Power Paradox: Can States Learn to Govern Artificial Intelligence—Before It's Too Late?" *Foreign Affairs*, August 16, 2023.

Brennan, Timothy. *Places of Mind: A Life of Edward Said*. New York: Farrar, Straus and Giroux, 2021.

Brill, Steven. *The Death of Truth: How Social Media and the Internet Gave Snake Oil Salesmen and Demagogues the Weapons They Needed to Destroy Trust and Polarize the World—and What We Can Do*. New York: Knopf, 2024.

———. "Trump, Palantir, and the Battle to Clean Up a Huge Army Procurement Swamp." *Fortune*, March 27, 2017.

Brock, Claire. "The Public Worth of Mary Somerville." *British Journal for the History of Science* 39, no. 2 (June 2006): 255–72.

Brodie, Janet Farrell. *The First Atomic Bomb: The Trinity Site in New Mexico*. Lincoln, Neb.: University of Nebraska Press, 2023.

Brooks, David. "The Sins of the Educated Class." *New York Times*, June 6, 2024.

Brown, Susan. "Soldier's Dad: 'He'll Always Be My Hero.'" *Times of Northwest Indiana*, October 2, 2011.

Bruckner, Pascal. *The Tears of the White Man: Compassion as Contempt*. Translated by William R. Beer. New York: Free Press, 1986.

Brudnick, Ida A. "Congressional Salaries and Allowances: In Brief." Congressional Research Service, June 27, 2024.

Brustein, Joshua. "Microsoft Wins $480 Million Army Battlefield Contract." *Bloomberg*, November 28, 2018.

Bryant, F. Carlene. *We're All Kin: A Cultural Study of a Mountain Neighborhood*. Knoxville, Tenn.: University of Tennessee Press, 1981.

Bubeck, Sébastien, et al. "Sparks of Artificial General Intelligence: Early Experiments with GPT-4." ArXiv, March 22, 2023.

Buckley, Chris, and Didi Kirsten Tatlow. "Cultural Revolution Shaped Xi Jinping, from Schoolboy to Survivor." *New York Times*, September 24, 2015.

Burke, Kenneth. *Permanence and Change*. University of California Press, 1935.

Burnham, David. "The Computer, the Consumer, and Privacy." *New York Times*, March 4, 1984.

Burns, Ken, Lynn Novick, and Sarah Botstein. *The U.S. and the Holocaust*. PBS, September 18, 2022.

Bush, Vannevar. "As We May Think." *Atlantic Monthly*, July 1945.

———. *Modern Arms and Free Men*. New York: Simon & Schuster, 1949.

———. *Science: The Endless Frontier—A Report to the President*. Washington, D.C.: United States Government Printing Office, 1945.

Butler, Jack. "Does the Left Really Want to Argue That Enjoying *Lord of the Rings* Is 'Far-Right'?" *National Review*, July 19, 2024.

Byrne, John. "Northwest Indiana Medic Killed in Afghanistan." *Chicago Tribune*, October 1, 2011.

Caddell, Patrick. Interviewed in *American Experience: The Presidents*. PBS, November 11, 2002.

Carlyle, Thomas. *On Heroes: Hero-Worship, and the Heroic in History*. London: James Fraser, 1841.

Carroll, Eugene J., Jr. "NATO Enlargement: To What End?" In *NATO Enlargement: Illusions and Reality*, edited by Ted Galen Carpenter and Barbara Conry. Washington, D.C.: Cato Institute, 1998.

Carter, Stephen L. *The Culture of Disbelief*. New York: Basic Books, 1993.

Cassy, John. "eToys Files for Bankruptcy." *Guardian*, February 28, 2001.

Ceraso, John, Irvin Rock, and Howard Gruber. "On Solomon Asch." In *The Legacy of Solomon Asch*. Hillsdale, N.J.: Lawrence Erlbaum Associates, 1990.

Channick, Robert. "Groupon Issues 'Going Concern' Warning as Chicago-Based Online Marketplace Terminates River North HQ Lease." *Chicago Tribune*, May 12, 2023.

Chapman, Lizette. "Inside Palantir's War with the U.S. Army." *Bloomberg*, October 28, 2016.

Chauncey, Sam, Jr. Letter to the Editor. *Yale Daily News*, November 29, 2017.

Cheyette, Fredric L. "Beyond Western Civilization: Rebuilding the Survey." *History Teacher* 10, no. 4 (August 1977): 535–38.

———. *Ermengard of Narbonne and the World of the Troubadours*. Ithaca, N.Y.: Cornell University Press, 2004.

Chicago Tribune. "Bermingham, Once Chicago Banker, Dies." July 14, 1958.

Child, Ben. "Mark Zuckerberg Rejects His Portrayal in The Social Network." *Guardian*, October 20, 2010.

China Daily. "President Xi's Speech on China-US Ties." September 24, 2015.

Chomsky, Noam, Ian Roberts, and Jeffrey Watumull. "The False Promise of ChatGPT." *New York Times*, March 8, 2023.

Christian, Brian. "How a Google Employee Fell for the Eliza Effect." *Atlantic*, June 21, 2022.

Clark, Kenneth. *Civilisation*. New York: Harper & Row, 1969.

Clinton, William J. "Remarks Announcing Federal Procurement Reforms and Spending Cut Proposals." Washington, D.C., October 26, 1993.

———. "Remarks Announcing the Report of the National Performance Review and an Exchange with Reporters." Washington, D.C., September 7, 1993.
———. "Remarks on Signing the Federal Acquisition Streamlining Act of 1994." Washington, D.C., October 13, 1994.
———. State of the Union Address. Washington, D.C., January 23, 1996.
Coffey, John W. "State of Higher Education: Chaos." *Stanford Daily*, November 29, 1971.
Commentary. "The Study of Man: On Talcott Parsons." 1962.
Condliffe, Jamie. "Amazon Is Latest Tech Giant to Face Staff Backlash over Government Work." *New York Times*, June 22, 2018.
Conger, Kate. "Google Plans Not to Renew Its Contract for Project Maven, a Controversial Pentagon Drone AI Imaging Program." *Gizmodo*, June 1, 2018.
Corcoran, Elizabeth. "Squaring Off in a Game of Checkers." *Washington Post*, August 14, 1994.
Cristancho, Sayra, and Graham Thompson. "Building Resilient Healthcare Teams: Insights from Analogy to the Social Biology of Ants, Honey Bees, and Other Social Insects." *Perspectives on Medical Education* 12, no. 1 (2023).
Curie, Eve. *Madame Curie*. Translated by Vincent Sheean. Garden City, N.Y.: Doubleday, Doran, 1937.
Daub, Adrian. "The Disruption Con: Why Big Tech's Favourite Buzzword Is Nonsense." *Guardian*, September 24, 2020.
Demick, Barbara, and David Pierson. "China Political Star Xi Jinping a Study in Contrasts." *Los Angeles Times*, February 11, 2012.
Dewey, John. "Pragmatic America." In *America's Public Philosopher: Essays on Social Justice, Economics, Education, and the Future of Democracy*, edited by Eric Thomas Weber. New York: Columbia University Press, 2021.
Die Welt. "Dieter Hildebrandt soll in NSDAP gewesen sein." June 30, 2007.
Doss, Erika. *Benton, Pollock, and the Politics of Modernism*. Chicago: University of Chicago Press, 1995.
Doward, Jamie. "A Gift-Horse in the Mouse." *Guardian*, October 23, 1999.
Dowd, Maureen. "The Ivy League Flunks Out." *New York Times*, December 9, 2023.
Draper, Robert. "Boondoggle Goes Boom." *New Republic*, June 19, 2013.
Drucker, Peter F. "The Coming of the New Organization." *Harvard Business Review*, January 1988.
Dudeck, Theresa Robbins. *Keith Johnstone: A Critical Biography*. London: Bloomsbury, 2013.
Duffy, Michael. "Hyman George Rickover, 1900–1986: They Broke the Mold."

Time, July 21, 1986.

Dugatkin, Lee Alan. "Buffon, Jefferson, and the Theory of New World Degeneracy." *Evolution: Education and Outreach* 12 (2019).

Dunbar, Robin. "Co-evolution of Neocortex Size, Group Size, and Language in Humans." *Behavioral and Brain Sciences* 16, no. 4 (1993).

Eagleton Institute of Politics. *Scientists in State Politics*. New Brunswick, N.J.: Rutgers University, 2023. eagleton.rutgers.edu/scientists-in-state-politics.

Economist. "Europe Faces a Painful Adjustment to Higher Defence Spending." February 22, 2024.

Einstein, Albert. Letter from Albert Einstein to Franklin D. Roosevelt, Peconic, N.Y., August 2, 1939. Franklin D. Roosevelt Presidential Library and Museum, Hyde Park, N.Y.

Eisenhower, Dwight D. Letter from Dwight D. Eisenhower to Edward J. Bermingham, February 28, 1951. Dwight D. Eisenhower Presidential Library, Abilene, Kans.

Emerson, Ralph Waldo. "Self-Reliance." In *Nature and Selected Essays*, edited by Larzer Ziff. Penguin Books, 2003.

Eschner, Kat. "Computers Are Great at Chess, But That Doesn't Mean the Game Is 'Solved.'" *Smithsonian Magazine*, February 10, 2017.

Eshel, Amir. "Jewish Memories, German Futures: Recent Debates in Germany About the Past." Robert A. and Sandra Borns Jewish Studies Program, Indiana University, Bloomington, Ind., 2001.

Fahlenbrach, Rüdiger. "Founder-CEOs, Investment Decisions, and Stock Market Performance." *Journal of Financial and Quantitative Analysis* 44, no. 2 (April 2009): 439–66.

Fairhall, James. "The Case for the $435 Hammer." *Washington Monthly*, January 1, 1987.

Fandos, Nicholas. "In an Online World, a New Generation of Protesters Chooses Anonymity." *New York Times*, May 2, 2024.

Fano, Robert M. "Joseph Carl Robnett Licklider." In *Biographical Memoirs*, Vol. 3. Washington, D.C.: National Academies Press, 1998.

Farooq, Umar. "Pakistani Fertilizer Grows Both Taliban Bombs and Afghan Crops." *Christian Science Monitor*, May 9, 2013.

Ferguson, Niall. *Civilization: The West and the Rest*. New York: Penguin Books, 2011.

Filipovic, Jill. "I Was Wrong About Trigger Warnings." *Atlantic*, August 9, 2023.

Finney, John W. "Rickover, Father of Nuclear Navy, Dies at 86." *New York Times*, July 9, 1986.

Frank, Richard B. *Tower of Skulls: A History of the Asia-Pacific War: July 1937–*

May 1942. New York: W. W. Norton, 2020.

Franke-Ruta, Garance. "Paul Harvey's 1978 'So God Made a Farmer' Speech." *Atlantic*, February 3, 2013.

Frankfurter Allgemeine. "Geistige Brandstiftung. Bubis wendet sich gegen Walser." October 13, 1998.

Freedman, Danny. "They're Getting Rid of 'Red Tape' in Washington. Literally." *Washington Post*, January 16, 2023.

Freire, Paulo. *Pedagogy of the Oppressed*. Translated by Myra Bergman Ramos. Penguin Books, 2017.

Freud, Sigmund. "Obsessive Actions and Religious Practices." In *Readings in Ritual Studies*, edited by Ronald L. Grimes. Upper Saddle River, N.J.: Prentice Hall, 1996.

Frisch, Karl von. *The Dance Language and Orientation of Bees*. Translated by Leigh E. Chadwick. Cambridge, Mass.: Belknap Press of Harvard University Press, 1967.

Fry, Jason. "eToys Story." *Wall Street Journal*, July 12, 1999.

Frye, Northrop. "The Decline of the West by Oswald Spengler." *Daedalus* 103, no. 1 (Winter 1974): 1–13.

Fukuyama, Francis. "The End of History?" *National Interest*, no. 16 (Summer 1989).

———. "Waltzing with (Leo) Strauss." *American Interest* 10, no. 4 (February 2015).

Future of Life Institute. "Pause Giant AI Experiments: An Open Letter." March 22, 2023. futureoflife.org/open-letter/pause-giant-ai-experiments/.

Gaddis, John Lewis. *The Long Peace: Inquiries into the History of the Cold War*. New York: Oxford University Press, 1987.

———. *On Grand Strategy*. Penguin Books, 2019.

Gallup. "Confidence in Institutions." news.gallup.com/poll/1597/confidence-institutions.aspx.

Galton, Francis. "Vox Populi." *Nature* 75, no. 1949 (March 1907): 450–51.

Gayford, Martin. *Man with a Blue Scarf: On Sitting for a Portrait by Lucian Freud*. London: Thames & Hudson, 2019.

Girard, René. "Generative Scapegoating." In *Violent Origins: Walter Burket, René Girard, and Jonathan Z. Smith on Ritual Killing and Cultural Formation*, edited by Robert G. Hammerton-Kelly. Stanford, Calif.: Stanford University Press, 1987.

Gladwell, Malcolm. "The Tweaker." *New Yorker*, November 6, 2011.

Goethe, Johann Wolfgang von. *Faust*. 1808. Translated by Abraham Hayward and A. Bucheim. London: George Bell and Sons, 1892.

Goffman, Erving. *Asylums: Essays on the Social Situation of Mental Patients and*

Other Inmates. London: Taylor & Francis, 2017.

Goh Keng Swee. *Report on the Ministry of Education, Singapore*. February 10, 1979.

Goldberg, Jeffrey. "The Obama Doctrine." *Atlantic*, April 2016.

Goldfarb, Brent, and David A. Kirsch. *Bubbles and Crashes: The Boom and Bust of Technological Innovation*. Stanford, Calif.: Stanford University Press, 2019.

Goldstein, Tom. "Neier Is Quitting Post at A.C.L.U.; He Denies Link to Defense of Nazis." *New York Times*, April 18, 1978.

Good, Irving John. "Speculations Concerning the First Ultraintelligent Machine." In *Advances in Computers*, Vol. 6, edited by Franz L. Alt and Morris Rubinoff. New York: Academic Press, 1965.

Gopinathan, Saravanan. "Singapore's Language Policies: Strategies for a Plural Society." *Southeast Asian Affairs* (1979): 280–95.

Gordon, Robert J. "The End of Economic Growth." *Prospect*, January 21, 2016.

Gore, Al. *Common Sense Government: Works Better and Costs Less*. National Performance Review (1998).

———. "Remarks at the National Performance Review Press Conference." October 26, 1993, Washington, D.C., C-SPAN.

Grady, Christine. "Institutional Review Boards: Purpose and Challenges." *CHEST* 148, no. 5 (November 2015): 1148–55.

Graeber, David. "The New Anarchists." *New Left Review* 13 (January/February 2002).

———. "Of Flying Cars and the Declining Rate of Profit." *Baffler*, no. 9 (March 2012).

Gray, Peter. "The Decline of Play and the Rise of Psychopathology in Children and Adolescents." *American Journal of Play* 3, no. 4 (2011).

Green, Heather. "The Great Yuletide Shakeout." *Businessweek*, November 1, 1999.

Greene, Jay. "Amazon Bans Police Use of Its Facial-Recognition Technology for a Year." *Washington Post*, June 10, 2020.

Greenspan, Alan. "Remarks by Chairman Alan Greenspan: At the Annual Dinner and Francis Boyer Lecture of the American Enterprise Institute for Public Policy Research." Washington, D.C., December 5, 1996.

Gregory I. *The Life of Our Most Holy Father S. Benedict*. Rome: 1895.

Guerrieri, Matthew. *The First Four Notes: Beethoven's Fifth and the Human Imagination*. New York: Vintage Books, 2014.

Gutmann, Amy. "Democratic Citizenship." *Boston Review*, October 1, 1994.

Habermas, Jürgen. *Legitimation Crisis*. Translated by Thomas McCarthy. Cambridge, U.K.: Polity Press, 1976.

Hall, Andrew B. *Who Wants to Run? How the Devaluing of Political Office Drives Polarization*. Chicago: University of Chicago Press, 2019.

Handler, Edward. " 'Nature Itself Is All Arcanum': The Scientific Outlook of John Adams." *Proceedings of the American Philosophical Society* 120, no. 3 (June 1976): 216–29.

Hanna, Graeme. " 'Stop Working with Pentagon'—OpenAI Staff Face Protests." *ReadWrite*, February 13, 2024.

Harris, Gareth. "Mary Beard BBC Segment on Kenneth Clark's Civilisation Renews Debate About Its Eurocentricity." *Art Newspaper*, April 29, 2024.

Harris, Robin. *Not for Turning: The Life of Margaret Thatcher*. New York: Thomas Dunne Books, 2013.

Harris, Shane. "Palantir Wins Competition to Build Army Intelligence System." *Washington Post*, March 26, 2019.

Hartocollis, Anemona, Stephanie Saul, and Vimal Patel. "At Harvard, a Battle Over What Should Be Said About the Hamas Attacks." *New York Times*, October 10, 2023.

Harwell, Drew. "Amazon Extends Ban on Police Use of Its Facial Recognition Technology Indefinitely." *Washington Post*, May 18, 2021.

Hay, Denys. *Europe: The Emergence of an Idea*. 2nd ed. Edinburgh: Edinburgh University Press, 1968.

Heinrich, Thomas. "Cold War Armory: Military Contracting in Silicon Valley." *Enterprise and Society* 3, no. 2 (June 2002): 247–84.

Heller, Ágnes. *Beyond Justice*. Oxford, U.K.: Blackwell, 1987.

Helman, Christopher, and Hank Tucker. "The War in Afghanistan Cost America $300 Million per Day for 20 Years, with Big Bills Yet to Come." *Forbes*, August 16, 2021.

Henderson, Rob. " 'Luxury Beliefs' Are the Latest Status Symbol for Rich Americans." *New York Post*, August 17, 2019.

———. *Troubled: A Memoir of Foster Care, Family, and Social Class*. New York: Gallery Books, 2024.

Henshall, Will. "The U.S. Military's Investments into Artificial Intelligence Are Skyrocketing," *Time*, March 29, 2024.

Herman, Arthur. *Freedom's Forge: How American Business Produced Victory in World War II*. New York: Random House, 2013.

———. "What if Apple Designed an iFighter?" *Wall Street Journal*, July 23, 2012.

Hersey, John. *Hiroshima*. New York: Vintage Books, 1946.

Hewlett, Richard G., and Francis Duncan. *Nuclear Navy, 1946–1962*. Chicago: University of Chicago Press, 1974.

Hirsch, E. D., Jr. *Cultural Literacy: What Every American Needs to Know*. New

York: Vintage, 1988.

Hirsch, Lauren. "One Law Firm Prepared Both Penn and Harvard for Hearing on Antisemitism." *New York Times*, December 8, 2023.

Hoffheimer, Michael H. *Justice Holmes and The Natural Law*. New York: Routledge, 2013.

Hofstadter, Douglas. "Gödel, Escher, Bach, and AI." *Atlantic*, July 8, 2023.

Holusha, John. "Taiichi Ohno, Whose Car System Aided Toyota's Climb, Dies at 78." *New York Times*, May 31, 1990.

Homer. *The Odyssey of Homer*. Translated by George Herbert Palmer. Cambridge, Mass.: Houghton Mifflin, 1949.

Hoover, Herbert. *The Memoirs of Herbert Hoover: Years of Adventure, 1874–1920*. New York: Macmillan, 1953.

Huet, Ellen. "Protesters Gather Outside OpenAI Headquarters." *Bloomberg*, February 13, 2024.

Huntington, Samuel P. "The Clash of Civilizations?" *Foreign Affairs* 72, no. 3 (1993): 22–49.

———. "Dead Souls: The Denationalization of the American Elite." *National Interest* (Spring 2004).

Illmer, Andreas. "German Writer Martin Walser Dies Aged 96." *Deutsche Welle*, July 28, 2023.

Impelli, Matthew. "Jerome Powell Salary Admission Sparks Debate." *Newsweek*, February 7, 2023.

Irish Times. "Le Pen Scores Own Goal with Team Slur." June 25, 1996.

Isaac, Mike, and Erin Griffith. "Open AI Is Growing Fast and Burning Through Piles of Money." *New York Times*, September 27, 2024.

Isaacson, Walter. *Benjamin Franklin: An American Life*. New York: Simon & Schuster, 2003.

———. *The Innovators: How a Group of Hackers, Geniuses, and Geeks Created the Digital Revolution*. New York: Simon & Schuster, 2015.

———. *Steve Jobs*. New York: Simon & Schuster, 2013.

Ismay, John. " 'We Hated What We Were Doing': Veterans Recall Firebombing Japan." *New York Times*, March 9, 2020.

Issa, Darrel and Jason Chaffetz. Letter from Darrel Issa and Jason Chaffetz to Leon E. Panetta, August 1, 2012.

Jacobsen, Annie. *Operation Paperclip: The Secret Intelligence Program That Brought Nazi Scientists to America*. New York: Little, Brown, 2014.

Jefferson, Thomas. Letter from Thomas Jefferson to Harry Innes, Philadelphia, March 7, 1791. In *The Papers of Thomas Jefferson*, Vol. 19. Princeton, N.J.: Princeton University Press, 1974.

Jégo, Yves. "Emmanuel Macron et le reniement de la culture française." *Le*

Figaro, February 6, 2017.
Jensen, Jeff. "Toby Lenk." *Advertising Age*, June 1, 1998.
Johnson, Ian. "In Singapore, Chinese Dialects Revive After Decades of Restrictions." *New York Times*, August 26, 2017.
Johnstone, Keith. *Impro: Improvisation and the Theatre*. New York: Routledge, 1981.
Junge, Traudl. *Until the Final Hour: Hitler's Last Secretary*, edited by Melissa Müller and translated by Anthea Bell. New York: Arcade, 2004.
Kabaservice, Geoffrey. *The Guardians: Kingman Brewster, His Circle, and the Rise of the Liberal Establishment*. New York: Henry Holt, 2004.
Kamenetzky, David A. "The Debate on National Identity and the Martin Walser Speech: How Does Germany Reckon with Its Past?" *SAIS Review* 19, no. 2 (Summer–Fall 1999): 257–66.
Karmel, Pepe, ed. *Jackson Pollock: Interviews, Articles, and Reviews*. New York: Museum of Modern Art, 1999.
Karp, Alexander C. "Our Oppenheimer Moment: The Creation of A.I. Weapons." *New York Times*, July 25, 2023.
Karp, Alexander C., and Nicholas W. Zamiska. "New Weapons Will Eclipse Atomic Bombs. Their Builders Should Ask Themselves This Question." *Washington Post*, June 25, 2024.
———. "Silicon Valley Has a Harvard Problem." *Time*, February 12, 2024.
Kasparov, Garry. *Deep Thinking: Where Machine Intelligence Ends and Human Creativity Begins*. New York: PublicAffairs, 2017.
Keeley, Lawrence H. *War Before Civilization: The Myth of the Peaceful Savage*. New York: Oxford University Press, 1996.
Kelleher, Thomas J., Jr., et al. *Smith, Currie, and Hancock's Federal Government Construction Contracts*. Hoboken, N.J.: Wiley, 2010.
Kennedy, Paul. *The Rise and Fall of the Great Powers: Economic Change and Military Conflict from 1500 to 2000*. New York: Random House, 1989.
Kerouac, Jack. *On the Road*. New York: Penguin Books, 1976.
Kimball, Roger. "Institutionalizing Our Demise: America vs. Multiculturalism." *New Criterion*, June 2004.
———. "The Perils of Designer Tribalism." *New Criterion*, April 2001.
King, Charles. *Gods of the Upper Air: How a Circle of Renegade Anthropologists Reinvented Race, Sex, and Gender in the Twentieth Century*. New York: Anchor Books, 2020.
Kintner, E. E. "Admiral Rickover's Gamble." *Atlantic*, January 1959.
Kissinger, Henry. Foreword to *From Third World to First: The Singapore Story: 1965–2000*, by Lee Kuan Yew. New York: HarperCollins, 2000.
Kitchen, Lynn W., David W. Vaughn, and Donald R. Skillman. "Role of U.S.

Military Research Programs in the Development of U.S. Food and Drug Administration–Approved Antimalarial Drugs." *Clinical Infectious Diseases* 43, no. 1 (2006): 67–71.

Klebnikov, Sergei. "U.S. Tech Stocks Are Now Worth More Than $9 Trillion, Eclipsing the Entire European Stock Market." *Forbes*, December 15, 2020.

Kovach, Thomas, and Martin Walser. *The Burden of the Past: Martin Walser on Modern German Identity: Texts, Contexts, Commentary*. Rochester, N.Y.: Camden House, 2008.

Krcmaric, Daniel, Stephen C. Nelson, and Andrew Roberts. "Billionaire Politicians: A Global Perspective." *Perspectives on Politics*, October 25, 2023.

Kris, Ernst. *Psychoanalytic Explorations in Art*. New York: International Universities Press, 1952.

Kristol, Irving. "Countercultures." *Commentary*, December 1994.

LaFrance, Adrienne. "The Rise of Techno-Authoritarianism." *Atlantic*, January 30, 2024.

Lassiter, Matthew D. "Who Speaks for the Silent Majority?" *New York Times*, November 2, 2011.

Lee, Joon Mahn, Jongsoo Kim, and Joonhyung Bae. "Founder CEOs and Innovation: Evidence from S&P 500 Firms." SSRN, February 17, 2016.

Lee Kuan Yew. "In His Own Words: Higher Pay Will Attract Most Talented Team, So Country Can Prosper." *Straits Times*, November 1, 1994.

———. *Lee Kuan Yew: The Grand Master's Insights on China, the United States, and the World*, edited by Graham Allison and Robert D. Blackwill. Cambridge, Mass.: MIT Press, 2020.

———. "Speech at the National Day Rally." August 17, 1986, Kallang Theatre, Singapore, Singapore National Archives.

———. "Speech at the Opening of the 'Speak Mandarin Campaign.'" September 21, 1984, Singapore Conference Hall, Singapore National Archives.

———. "Speech at the 28th Anniversary of Liquor Retailers' Association." October 3, 1965, Chinese Chamber of Commerce, Singapore, Singapore National Archives.

Leith, Suzette. "Civ: Enlightenment . . . or the Black Death?" *Stanford Daily*, May 17, 1966.

Lemoine, Blake. "Explaining Google." Medium, May 30, 2019.

Lepore, Jill. "The X-Man." *New Yorker*, September 11, 2023.

Leslie, Stuart W. "The Biggest 'Angel' of Them All: The Military and the Making of Silicon Valley." In *Understanding Silicon Valley: The Anatomy of an Entrepreneurial Region*, edited by Martin Kenney. Stanford, Calif.: Stanford University Press, 2000.

Levinson, Robert. "The F-35's Global Supply Chain." *Businessweek*, September 1, 2011.

Lévi-Strauss, Claude. *Tristes Tropiques*. Translated by John Weightman and Doreen Weightman. New York: Penguin Books, 2012.

Levy, Steven. *Hackers: Heroes of the Computer Revolution*. Sebastopol, Calif.: O'Reilly, 2010.

Licklider, J. C. R. "Man-Computer Symbiosis." *IRE Transactions on Human Factors in Electronics*, no. 1 (March 1960): 4–11.

Lindauer, Martin. "House-Hunting by Honey Bee Swarms." Translated by P. Kirk Visscher, Karin Behrens, and Susanne Kuehnholz. *Journal of Comparative Physiology* 37 (1955).

Link, Perry. "China: The Anaconda in the Chandelier." *New York Review of Books*, April 11, 2002.

Linklater, Richard, dir. *Before Sunset*. 2004; Burbank, Calif.: Warner Independent Pictures.

Long, Heather. "Who Is Jerome Powell, Trump's Pick for the Nation's Most Powerful Economic Position?" *Washington Post*, November 2, 2017.

Lorenz, Konrad Z. *King Solomon's Ring*. New York: Thomas Y. Crowell, 2020.

Ludendorff, Erich. *The "Total" War*. Translated by Herbert Lawrence. London: Friends of Europe, 1936.

Lundberg, Ferdinand. *America's 60 Families*. New York: Vanguard Press, 1937.

MacIntyre, Alasdair. *After Virtue: A Study in Moral Theory*. 3rd ed. South Bend, Ind.: University of Notre Dame Press, 2007.

Madison, James. Letter from James Madison to Thomas Jefferson, June 19, 1786. In *The Writings of James Madison*, Vol. 2, edited by Gaillard Hunt. New York: G. P. Putnam's Sons, 1901.

———. *The Writings of James Madison*, Vol. 3, edited by Gaillard Hunt. New York: G. P. Putnam's Sons, 1902.

Mallapaty, Smriti, Jeff Tollefson, and Carissa Wong. "Do Scientists Make Good Presidents?" *Nature*, June 6, 2024.

Martinez, Hannah J. "The Graduating Class of 2023 by the Numbers." *Harvard Crimson*, 2023.

Martinson, Jane, and Larry Elliott. "The Year Dot.com Turned into Dot.bomb." *Guardian*, December 29, 2000.

Maxwell, William J., ed. *James Baldwin: The FBI File*. New York: Arcade, 2017.

Mazzucato, Mariana. *The Entrepreneurial State: Debunking Public vs. Private Sector Myths*. London: Anthem Press, 2013.

McCarthy, J., M. L. Minsky, N. Rochester, and C. E. Shannon. "A Proposal for the Dartmouth Summer Research Project on Artificial Intelligence." August 31, 1955 (reproduced in AI Magazine 27, no. 4 (Winter 2006): 12–14).

McCullough, Brian. *How the Internet Happened: From Netscape to the iPhone.* New York: Liveright, 2018.

McLaughlin, Andrew C., et al. *The Study of History in Schools: Report to the American Historical Association.* New York: Macmillan, 1899.

McNeill, William H. "Western Civ in World Politics: What We Mean by the West." *Orbis* 41, no. 4 (Autumn 1997): 513–24.

Meacham, Jon. *Thomas Jefferson: The Art of Power.* New York: Random House, 2013.

Mencken, H. L. "Ludendorff." *Atlantic*, June 1917.

The Metropolitan Museum of Art. *Monet's Years at Giverny: Beyond Impressionism.* New York: Harry N. Abrams Publishers, 1978.

Meyer, Edith Patterson. *Dynamite and Peace: The Story of Alfred Nobel.* Boston: Little, Brown, 1958.

Milgram, Stanley. *Obedience to Authority: An Experimental View.* New York: Harper Perennial, 2009.

Mills, D. Quinn. "Who's to Blame for the Bubble?" *Harvard Business Review*, May 2001.

Mirowski, Piotr, Juliette Love, Kory Mathewson, and Shakir Mohamed. "A Robot Walks into a Bar: Can Language Models Serve as Creativity Support Tools for Comedy? An Evaluation of LLMs' Humour Alignment with Comedians." ArXiv, June 3, 2024.

Mishra, Pankaj. "Reorientations of Edward Said." *New Yorker*, April 19, 2021.

Mothershed, Airon A. "The $435 Hammer and $600 Toilet Seat Scandals: Does Media Coverage of Procurement Scandals Lead to Procurement Reform?" *Public Contract Law* 41, no. 4 (Summer 2012): 855–80.

Mouat, Jeremy, and Ian Phimister. "The Engineering of Herbert Hoover." *Pacific Historical Review* 77, no. 4 (November 2008): 553–84.

Mozur, Paul. "Inside China's Dystopian Dreams: A.I., Shame, and Lots of Cameras." *New York Times*, July 8, 2018.

Mozur, Paul, and Adam Satariano. "A.I. Begins Ushering in an Age of Killer Robots." *New York Times*, July 2, 2024.

Muehlhauser, Luke. "What Should We Learn from Past AI Forecasts?" Open Philanthropy, May 2016. openphilanthropy.org/research/what-should-we-learn-from-past-ai-forecasts/.

Murray, Pauli. *Song in a Weary Throat: Memoir of an American Pilgrimage.* New York: Harper & Row, 2018.

Mydans, Seth. "Singapore Announces 60 Percent Pay Raise for Ministers." *New York Times*, April 9, 2007.

Nakashima, Ellen, and Reed Albergotti. "The FBI Wanted to Unlock the San Bernardino Shooter's iPhone. It Turned to a Little-Known Australian

Firm." *Washington Post*, April 14, 2021.

National Defense Industrial Association (NDIA). "Army 'Rapid Equipping Force' Taking Root, Chief Says." *National Defense*, October 1, 2006.

National Physical Laboratory. "Tracking People by Their 'Gait Signature.'" September 20, 2012.

National Student Clearinghouse. "Computer Science Has Highest Increase in Bachelor's Earned." National Student Clearinghouse, May 27, 2024.

Negroponte, Nicholas. "Big Idea Famine." *Journal of Design and Science*, no. 3 (February 2018).

Neier, Aryeh. *Defending My Enemy: American Nazis, the Skokie Case, and the Risks of Freedom*. New York: E. P. Dutton, 1979.

Nevers, Kevin. " 'He Didn't Hesitate': Airborne Medic Jim Butz Dies a Hero in Afghanistan." *Chesterton* (Ind.) *Tribune*, October 3, 2011.

Newman, John. "Singapore's *Speak Mandarin Campaign*: The Educational Argument." *Southeast Asian Journal of Social Science* 14, no. 2 (1986): 52–67.

New York Times. "Admiral Rickover and the Trinkets." May 24, 1985.

———. "The Dot-Com Bubble Bursts." December 24, 2000.

———. "Lehman: Rickover Had a 'Fall from Grace.'" May 22, 1985.

———. "Rickover Tells Lehman He Gave Away Gifts." June 11, 1985.

Ng, Patrick Chin Leong. "A Study of Attitudes Towards the Speak Mandarin Campaign in Singapore." *Intercultural Communication Studies* 23, no. 3 (2014): 53–65.

Nixon, Richard. "Address to the Nation on the War in Vietnam." November 3, 1969. Washington, D.C.

Noonan, Peggy. "How Trump Lost Half of Washington." *Wall Street Journal*, April 25, 2019.

———. "A Six-Month AI Pause? No, Longer Is Needed." *Wall Street Journal*, March 30, 2023.

———. "The Uglyfication of Everything." *Wall Street Journal*, May 2, 2024.

Nussbaum, Martha. "Patriotism and Cosmopolitanism." *Boston Review*, October 1, 1994.

Nye, Joseph S., Jr. *Soft Power: The Means to Success in World Politics*. New York: PublicAffairs, 2004.

Office of the Under Secretary of Defense. *U.S. Department of Defense Fiscal Year 2024 Budget Request*. March 2023. comptroller.defense.gov/Budget-Materials/ Budget2024.

Ohno, Taiichi. *Toyota Production System: Beyond Large-Scale Production*. Portland, Ore.: Productivity Press, 1988.

Olusoga, David. "Civilisation Revisited." *Guardian*, February 3, 2018.

Oppenheimer, J. Robert. "Physics in the Contemporary World." *Bulletin of the*

Atomic Scientists 4, no. 3 (1948): 65–86.

Orton, Brad. "National Performance Review." October 26, 1993, Old Executive Office Building, Washington, D.C., C-SPAN.

Orwell, George. *1984*. New York: Penguin, 2023.

Osnos, Evan. "What Did China's First Daughter Find in America?" *New Yorker*, April 6, 2015.

———. "Xi Jinping's Historic Bid at the Communist Party Congress." *New Yorker*, October 23, 2022.

Packer, George. "No Death, No Taxes." *New Yorker*, November 20, 2011.

Packer, Herbert L., et al. *The Study of Education at Stanford: Report to the University*. Stanford, Calif.: Stanford University, November 1968.

Pagé, Suzanne, Marianne Mathieu, and Angeline Scherf. *Monet—Mitchell*. New Haven, Conn.: Yale University Press, 2022.

Parisi, Giorgio. *In a Flight of Starlings: The Wonder of Complex Systems*. Translated by Simon Carnell. New York: Penguin Books, 2023.

Parsons, Talcott. "Certain Primary Sources and Patterns of Aggression in the Social Structure of the Western World." In *Essays in Sociological Theory*, Rev. ed. Glencoe, Ill.: Free Press, 1954.

Perlow, Leslie A., Constance Noonan Hadley, and Eunice Eun. "Stop the Meeting Madness." *Harvard Business Review*, July–August 2017.

Perlroth, Nicole. "The Groupon IPO: By the Numbers." *Forbes*, June 2, 2011.

Perlstein, Rick. *Nixonland: The Rise of a President and the Fracturing of America*. New York: Scribner, 2008.

Perry, Robert. *A History of Satellite Reconnaissance*. U.S. National Reconnaissance Office, October 1973.

Peters, Jay. "IBM Will No Longer Offer, Develop, or Research Facial Recognition Technology." *Verge*, June 8, 2020.

Pfeiffer, John. *The Thinking Machine*. Philadelphia: J. B. Lippincott, 1962.

Pinker, Steven. *The Better Angels of Our Nature: Why Violence Has Declined*. New York: Penguin Books, 2011.

———. *Enlightenment Now*. New York: Penguin Books, 2018.

Plant, Raymond. "Jürgen Habermas and the Idea of Legitimation Crisis." *European Journal of Political Research* 10 (1982): 341–52.

Plato. *The Republic*. Translated by Desmond Lee. New York: Penguin Books, 2007.

Polenberg, Richard, ed. *In the Matter of J. Robert Oppenheimer: The Security Clearance Hearing*. Ithaca, N.Y.: Cornell University Press, 2002.

Polmar, Norman, and Thomas B. Allen. *Rickover: Controversy and Genius: A Biography*. New York: Simon & Schuster, 1982.

Porter, Catherine. "Cheers, Fears, and 'Le Wokisme': How the World Sees U.S.

Campus Protests." *New York Times*, May 3, 2024.

Powell, Jerome. "The Honorable Jerome H. Powell." Interview by David M. Rubenstein. Economic Club of Washington D.C., February 7, 2023.

Pratt, Mary Louise. "Humanities for the Future: The Western Culture Debate at Stanford." In *The Liberal Arts Tradition*, edited by Bruce Kimball. Lanham, Md.: University Press of America, 2010.

Quinn, Roswell. "Rethinking Antibiotic Research and Development: World War II and the Penicillin Collaborative." *American Journal of Public Health* 103, no. 3 (2013): 426–34.

Raffoul, Amanda, et al. "Social Media Platforms Generate Billions of Dollars in Revenue from U.S. Youth: Findings from a Simulated Model." *PLoS ONE*, December 27, 2023.

Rainey, Clint. "P(doom) Is AI's Latest Apocalypse Metric. Here's How to Calculate Your Score." *Fast Company*, December 7, 2023.

Rajan, Raghuram, and Julie Wulf. "The Flattening Firm: Evidence from Panel Data on the Changing Nature of Corporate Hierarchies." Working Paper No. 9633. National Bureau of Economic Research, April 2003.

Ramzy, Austin. "Xi Jinping on 'House of Cards' and Hemingway." *New York Times*, September 23, 2015.

Rawls, John. *Political Liberalism*. New York: Columbia University Press, 2005.

———. "The Priority of Right and Ideas of the Good." *Philosophy and Public Affairs* 17, no. 4 (Autumn 1988): 253–76.

Remnick, David. "The Scholar of Comedy." *New Yorker*, April 28, 2024.

Renan, Ernest. *What Is a Nation? And Other Political Writings*. Translated and edited by M. F. N. Giglioli. New York: Columbia University Press, 2018.

Reynolds, Winston A. "The Burning Ships of Hernán Cortés." *Hispania* 42, no. 3 (September 1959): 317–24.

Rickover, Hyman G. Interview by Diane Sawyer. *60 Minutes*, CBS, 1984.

Rigden, John S. *Rabi: Scientist and Citizen*. New York: Basic Books, 1987.

Rigolot, François. "Curiosity, Contingency, and Cultural Diversity: Montaigne's Readings at the Vatican Library." *Renaissance Quarterly* 64, no. 3 (Fall 2011): 847–74.

Rogers, Alex. "The MRAP: Brilliant Buy, or Billions Wasted?" *Time*, October 2, 2012.

Rohlfs, Chris, and Ryan Sullivan. "Why the $600,000 Vehicles Aren't Worth the Money." *Foreign Affairs*, July 26, 2012.

Roose, Kevin. "Bing's A.I. Chat: 'I Want to Be Alive.'" *New York Times*, February 16, 2023.

Rosenbaum, David E. "Remaking Government: Few Disagree with Clinton's Overall Goal, but History Shows the Obstacles Ahead." *New York Times*,

September 8, 1993.

Rusli, Evelyn M. "Zynga's Value, at $7 Billion, Is Milestone for Social Gaming." *New York Times*, December 15, 2011.

Sabato, Larry J. *Feeding Frenzy: How Attack Journalism Has Transformed American Politics*. New York: Free Press, 1993.

Said, Edward. *Orientalism*. New York: Vintage Books, 1979.

Sallust. *The War with Catiline*. Translated by J. C. Rolfe and revised by John T. Ramsey. Loeb Classical Library. Cambridge, Mass.: Harvard University Press, 2013.

Salovey, Peter. "Free Speech, Personified." *New York Times*, November 26, 2017.

Sandberg-Diment, Erik. "Hardware Review: Apple Weighs in with Its Macintosh." *New York Times*, January 24, 1984.

Sandel, Michael J. *Liberalism and the Limits of Justice*. 2nd ed. Cambridge, U.K.: Cambridge University Press, 1998.

———. *What Money Can't Buy: The Moral Limits of Markets*. New York: Farrar, Straus and Giroux, 2012.

Sapolsky, Harvey M., and Michael Schrage. "More Than Technology Needed To Defeat Roadside Bombs." *National Defense*, April 2012.

Savitz, Eric J. "Groupon Stock Craters. The Turnaround Is Taking Longer Than Hoped." *Barron's*, November 10, 2023.

Sax, Boris. *Imaginary Animals: The Monstrous, the Wondrous and the Human*. London: Reaktion Books, 2013.

Scarborough, Rowan. "Soldier Battling Bombs Irked by Software Switch." *Washington Times*, July 22, 2012.

Schelling, Thomas. *Arms and Influence*. New Haven, Conn.: Yale University Press, 1966.

Schlosser, Eric. *Command and Control: Nuclear Weapons, the Damascus Accident, and the Illusion of Safety*. New York: Penguin Press, 2013.

Schödel, Kathrin. "Normalising Cultural Memory? The 'Walser-Bubis Debate' and Martin Walser's Novel *Ein springender Brunnen*." In *Recasting German Identity: Culture, Politics, and Literature in the Berlin Republic*, edited by Stuart Taberner and Frank Finlay. Rochester, N.Y.: Camden House, 2002.

Schulz, Kathryn. "The Many Lives of Pauli Murray." *New Yorker*, April 10, 2017.

Scruton, Roger. "Animal Rights." *City Journal* (Summer 2000).

Seeley, Thomas D. *Honeybee Democracy*. Princeton, N.J.: Princeton University Press, 2010.

———. "Martin Lindauer (1918–2008)." *Nature*, December 11, 2008.

Seeley, T.D., S. Kunholz, and R.H. Seeley. "An Early Chapter in Behavioral Physiology and Sociobiology: The Science of Martin Lindauer." *Journal of*

Comparative Physiology, 188 (July 2002).

Sennett, Richard. "The Identity Myth." *New York Times*, January 30, 1994.

Shaban, Hamza. "Google Parent Alphabet Reports Soaring Ad Revenue, Despite YouTube Backlash." *Washington Post*, February 1, 2018.

Shane, Leo, III. "Why One Lawmaker Keeps Pushing for a New Military Draft." *Military Times*, March 30, 2015.

Shane, Scott, and Daisuke Wakabayashi. " 'The Business of War': Google Employees Protest Work for the Pentagon." *New York Times*, April 4, 2018.

Shatz, Adam. " 'Orientalism,' Then and Now." *New York Review of Books*, May 20, 2019.

Shell, Jason. "How the IED Won: Dispelling the Myth of Tactical Success and Innovation." *War on the Rocks*, May 1, 2017.

Sherwood, Harriet. "Hamas Says 250 People Held Hostage in Gaza." *Guardian*, October 16, 2023.

Shiller, Robert J. *Irrational Exuberance*. New York: Crown, 2006.

Sigel, Efrem. "Harvard, Yale Students to Issue New Invitations to Gov. Wallace." *Harvard Crimson*, September 25, 1963.

———. "New Wallace Invitation Expected at Yale Today." *Harvard Crimson*, September 24, 1963.

Silver, Nate. *On the Edge: The Art of Risking Everything*. New York: Penguin Press, 2024.

Simon, Herbert A. *The New Science of Management Decision*. New York: Harper & Brothers, 1960.

Simon, Herbert A., and Allen Newell. "Heuristic Problem Solving: The Next Advance in Operations Research." *Operations Research* 6, no. 1 (January–February 1958): 1–10.

Simonite, Tom. "Behind the Rise of China's Facial-Recognition Giants." *Wired*. September 3, 2019.

Sims, David. "No, Really, I'm Awful." *Atlantic*, April 26, 2023.

Singer, Peter. *Animal Liberation: A New Ethics for Our Treatment of Animals*. New York: New York Review Books, 1975.

Sledge, Matt, and Ramon Antonio Vargas. "Palantir's Crime-Fighting Software Causes Stir in New Orleans; NOPD Rebuts Civil Liberties Concerns." *Times-Picayune*, March 1, 2018.

Slomovic, Anna. *Anteing Up: The Government's Role in the Microelectronics Industry*. Santa Monica, Calif.: RAND Corporation, December 16, 1988.

Smith, Emily Esfahani. "The Friendship That Changed Art." *Artists Magazine* 35, no. 6 (July/August 2018).

Smith, James K. A. "Reconsidering 'Civil Religion.'" *Comment*, May 11, 2017.

Smith, Jean Edward. *FDR*. New York: Random House, 2008.

Sneed, Annie. "Computer Beats Go Champion for First Time." *Scientific American*, January 27, 2016.

Soapes, Thomas. Interview with Hans A. Bethe. Dwight D. Eisenhower Library, Abilene, Kans., November 3, 1977.

Sokolove, Michael. "How to Lose $850 Million—and Not Really Care." *New York Times Magazine*, June 9, 2002.

Solomon, Charles. "Two States—One Nation?" *Los Angeles Times*, November 17, 1991.

Somers, James. "The Man Who Would Teach Machines to Think." *Atlantic*, November 15, 2013.

Somerville, Mary. *On the Connexion of the Physical Sciences*. London: John Murray, 1834.

Spengler, Oswald. *The Decline of the West*. New York: Oxford University Press, 1991.

Spiegel. "Martin Walser Bereut Verhalten Gegenüber Ignatz Bubis." March 16, 2007.

Spitz, Lewis W. "Beyond Western Civilization: Rebuilding the Survey." *History Teacher* 10, no. 4 (August 1977): 515–24.

Stanley, Jay. "New Orleans Program Offers Lessons in Pitfalls of Predictive Policing." *American Civil Liberties Union*, 2018.

Starkie, Thomas. *A Practical Treatise on the Law of Evidence, and Digest of Proofs, in Civil and Criminal Proceedings*, Vol. 1. Boston: Wells & Lilly, 1826.

Stewart, Emilie B. "Survey of PRC Drone Swarm Inventions." China Aerospace Studies Institute, U.S. Air Force, October 2023.

Stout, David. "Solomon Asch Is Dead at 88; A Leading Social Psychologist." *New York Times*, February 29, 1996.

Strauss, Leo. *What Is Political Philosophy?* Chicago: University of Chicago Press, 1959.

Suleyman, Mustafa. *The Coming Wave: Technology, Power, and the Twenty-First Century's Greatest Dilemma*. With Michael Bhaskar. New York: Crown, 2023.

Sullivan, Walter. "65% in Test Blindly Obey Order to Inflict Pain." *New York Times*, October 26, 1963.

Summers, Larry. Interview by David Remnick. *New Yorker Radio Hour*. NPR, May 3, 2024.

Surowiecki, James. *The Wisdom of Crowds*. New York: Anchor Books, 2005.

Sutter, Daniel. "Media Scrutiny and the Quality of Public Officials." *Public Choice* 129 (2006): 25–40.

Swensen, David. "A Conversation with David Swensen." Interview by Robert

E. Rubin. Council on Foreign Relations, November 14, 2017.
Tarnoff, Ben. "Tech Workers Versus the Pentagon." *Jacobin*, June 6, 2018.
Taylor, Paul. "How to Spend Europe's Defense Bonanza Intelligently." *Politico*, September 2, 2022.
Tetlock, Philip E. *Expert Political Judgment: How Good Is It? How Can We Know?* Princeton, N.J.: Princeton University Press, 2005.
Thomas, Dylan. *The Collected Poems of Dylan Thomas: Original Edition*. New York: New Directions, 2010.
Thomas, Sean. "Are We Ready for P(doom)?" *Spectator*, March 4, 2024.
Tiku, Nitasha. "The Google Engineer Who Thinks the Company's AI Has Come to Life." *Washington Post*, June 11, 2022.
———. "Google Fired Engineer Who Said Its AI Was Sentient." *Washington Post*, July 22, 2022.
Time. "Cosmoclast Einstein." July 1, 1946.
———. "Man and Woman of the Year: The Middle Americans." January 5, 1970.
———. "Patterns in Chaos." Review of *The Decline of the West: Perspectives of World History*, by Oswald Spengler. December 10, 1928.
———. "The Press: In a Corner, on the 13th Floor." July 22, 1946.
———. "Public Figures and Their Private Lives." August 22, 1969.
Treaster, Joseph B. "Brewster Doubts Fair Black Trials." *New York Times*, April 25, 1970.
Turchin, Peter. *End Times: Elites, Counter-elites, and the Path of Political Disintegration*. New York: Penguin Press, 2023.
Tussman, Joseph. "The Collegiate Rite of Passage." In *Experiment and Innovation: New Directions in Education at the University of California*, July 1968.
U.S. Department of Defense. *Military Specification Cookie Mix Dry*, MIL-C-43205G.
U.S. Department of Energy. *The Manhattan Project: Making the Atomic Bomb*. January 1999.
U.S. Department of the Interior. National Register of Historic Places Inventory. *Historic Hutterite Colonies Thematic Resources*. 1979.
U.S. Department of the Treasury. "Treasury Identifies Eight Chinese Tech Firms as Part of the Chinese Military-Industrial Complex." December 16, 2021. home.treasury.gov/news/press-releases/jy0538.
U.S. National Institute of Standards and Technology. "Technology Evaluation."
Vance, Ashlee. *Elon Musk: Tesla, SpaceX, and the Quest for a Fantastic Future*. New York: HarperCollins, 2015.
Veblen, Thorstein. *The Theory of the Leisure Class*. Edited by Martha Banta. Oxford: Oxford University Press, 2009.

Vinograd, Cassandra, and Isabel Kershner. "Israel's Attackers Took About 240 Hostages." *New York Times*, November 20, 2023.

Voltaire. *Zadig; or, The Book of Fate, an Oriental History*. London, 1749.

Wakefield, Dan. "William F. Buckley Jr.: Portrait of a Complainer." *Esquire*, January 1, 1961.

Wallace, George C. "Inaugural Address." *Alabama Department of Archives and History*. Montgomery, Ala.: January 14, 1963.

Wallace, Robin. "Why Beethoven's Loss of Hearing Added Dimensions to His Music." *Zócalo Public Square*, July 28, 2019. zocalopublicsquare.org/why-beethovens-loss-of-hearing-added-new-dimensions-to-his-music.

Watlington, Emily. " 'Monet/Mitchell' Shows How the Impressionist's Blindness Charted a Path for Abstraction." *Art in America*, May 12, 2023.

Weisgerber, Marcus. "F-35 Production Set to Quadruple as Massive Factory Retools." *Defense One*, May 6, 2016.

Wendling, Mike. "Xi Jinping: Chinese Leader's Surprising Ties to Rural Iowa." BBC, November 15, 2023.

Whang, Oliver. "How to Tell if Your A.I. Is Conscious." *New York Times*, September 18, 2023.

White, Debbie. "Drones Branch Out To Swarming Through Forests." *Times* (London), May 5, 2022.

White, Richard D., Jr. "Executive Reorganization, Theodore Roosevelt, and the Keep Commission." *Administrative Theory and Praxis* 24, no. 3 (2002): 507–18.

Whyte, Kenneth. *Hoover: An Extraordinary Life in Extraordinary Times*. New York: Alfred A. Knopf, 2017.

Wigner, Eugene. "The Unreasonable Effectiveness of Mathematics in the Natural Sciences." *Communications in Pure and Applied Mathematics* 13, no. 1 (February 1960): 1–14.

Winston, Ali. "Palantir Has Secretly Been Using New Orleans to Test Its Predictive Policing Technology." *Verge*, February 27, 2018.

Wong, Julia Carrie. " 'We Won't Be War Profiteers': Microsoft Workers Protest $48M Army Contract." *Guardian*, February 22, 2019.

Wortman, Marc. *Admiral Hyman Rickover: Engineer of Power*. New Haven, Conn.: Yale University Press, 2022.

Yglesias, Matthew. "Pay Congress More." *Vox*, May 10, 2019.

Yudkowsky, Eliezer. "Pausing AI Development Isn't Enough. We Need to Shut It All Down." *Time*, March 29, 2023.

Zachary, G. Pascal. *Endless Frontier: Vannevar Bush, Engineer of the American Century*. New York: Free Press, 1997.

Zelinsky, Nathaniel. "Challenging the Unchallengeable (Sort Of)." *Yale Alumni*

Magazine, January/February 2015.

Zhang, Taisu, Graham Webster, and Orville Schell. "What Xi Jinping's Seattle Speech Might Mean for the U.S." *Foreign Policy*, September 23, 2015.

Zhou, Xin, et al. "Swarm of Micro Flying Robots in the Wild." *Science Robotics* 7, no. 66 (2022).

그림 출처

모든 그림은 다음 자료를 바탕으로 다시 제작되었다:

그림 1: Sébastien Bubeck et al., "Sparks of Artificial General Intelligence: Early Experiments with GPT-4," arXiv, March 22, 2023, 7.

그림 2: Steven Pinker, *Enlightenment Now: The Case for Reason, Science, Humanism, and Progress* (New York: Penguin Books, 2018), 159.

그림 3: World Bank Group, "Military Expenditures (% of GDP): United States, European Union, 1960–2022."

그림 4: Robert J. Gordon, *The Rise and Fall of American Growth* (Princeton, N.J.: Princeton University Press, 2016), 547.

그림 5: Aden Barton, "How Harvard Careerism Killed the Classroom," *Harvard Crimson*, April 21, 2023 (citing Claudia Goldin et al., "Harvard and Beyond Project," Harvard University, 2023).

그림 6: Angus Maddison, *Contours of the World Economy, 1–2030 AD: Essays in Macro-Economic History* (Oxford: Oxford University Press, 2007), 70.

그림 7: Samuel P. Huntington, "The Clash of Civilizations?," *Foreign Affairs* 72, no. 3 (Summer 1993): 30 (citing William Wallace, *The Transformation of Western Europe* (London: Pinter, 1990)).

그림 8: Niall Ferguson, *Civilization: The West and the Rest* (New York: Penguin Books, 2011), 6.

그림 9: Martin Lindauer, "House-Hunting by Honey Bee Swarms," trans. P. Kirk Visscher, Karin Behrens, and Susanne Kuehnholz, *Journal of Comparative Physiology* 37 (1955): 274.

그림 10: Solomon E. Asch, "Opinions and Social Pressure," *Scientific American* 193, no. 5 (November 1955): 32. Reproduced with permission.

그림 11: Drew Desilver, "New Congress Will Have A Few More Veterans, But Their Share of Lawmakers Is Still Near A Record Low," *Pew Research Center*, December 7, 2022.

그림 12: Philip E. Tetlock, *Expert Political Judgment: How Good Is It? How Can We Know?* (Princeton, N.J.: Princeton University Press, 2005), 77.

그림 13: Tom Giratikanon et al., "Up Close on Baseball's Borders," *New York Times*, April 24, 2014. From *The New York Times*. © 2014 The New York Times Company. All rights reserved. Used under license.

그림 14: Herbert James Draper, *Ulysses and the Sirens*, 1909, oil on canvas, 177 × 213.5 cm, Ferens Art Gallery, Kingston Upon Hull, England.

그림 15: Chris Zook, "Founder-Led Companies Outperform the Rest—Here's Why," *Harvard Business Review*, March 24, 2016.

찾아보기

0-z

16번가 침례교회 폭탄 테러 82
《1984》(조지 오웰) 284
2차 세계대전 17-18, 21-22, 57-60, 119, 184, 208, 256
5Whys 212-213, 284
BAE시스템스 221
CIA 17
GPT-4 36, 41, 43
IBM 38, 134, 136, 166, 224
KKK 82
LaMDA 39
NASA 21
NATO 63
〈Three Wooden Crosses〉 253

ㄱ

가리 카스파로프 38
가자 지구 83, 93
갈까마귀 162
「강박 행동과 종교 행위」(프로이트) 99
개인용 컴퓨터 17, 28, 103, 132-133, 136-137
거대 언어 모델(LLM) 10, 27, 35, 45, 65, 68
건설적인 불복종 177
걸프전 189-190, 194
걸프전과 무전기 189-191, 194

계몽주의 272
고 켕 스위 248
고담 223
《고슴도치와 여우》(벌린) 206
고전적 자유주의 93
공동체 정체성 28
공유 소유 모델 269
공직의 도덕화 과잉 86
공직의 보수 229-232
공직 후보자 85-87
공직 후보자의 정보 공개 85-87
과학 혁명 272
과학에 대한 신뢰 100
관찰 214-215
광고 "1984"(애플) 136
괴테 89
교황 그레고리오 239
구글 24, 38, 51-52, 89, 102, 148
구정 대공세 119
국가 문화 또는 국가 정체성 242-256, 258-259, 274-277
《국가》(플라톤) 238 주
《국가는 어떻게 무너지는가》(터친) 144
「국가란 무엇인가」(르낭) 252
국내총생산(GDP) 107 그림, 249
국립물리학연구소 221
국민전선 245
국방비 지출 61, 62 그림
군사적 활용 48-49, 51-52, 88

352

군산복합체 97
군중의 지혜 218-219
군중의 추정 218
권위주의 정권 72
귄터 그라스 63
규모 확장 98
「그래서 하나님은 농부를 만드셨다」
　　　(하비) 88 주
그루폰 199-200, 219
급조폭발물(IED) 29, 182, 185
《기업가형 국가》(마추카토) 103
기업문화 134, 161, 163, 166-167, 202, 213
기퍼드 핀쇼 192
"긴 평화" 60, 60 그림
《길 위에서》(케루악) 203

ㄴ

나치당 80, 172, 176, 256
네이트 실버 128
노스롭그루먼 184
노엄 촘스키 42
《노인과 바다》(헤밍웨이) 74
노틸러스호 233
뉴올리언스 경찰국 223
니얼 퍼거슨 127
니콜라스 네그로폰테 68

ㄷ

다이너마이트 56-57
다이앤 그린 52
다이앤 소이어 234
닷컴 버블 140, 146
대학 총장들의 의회출석 84, 90
더글러스 호프스태터 41-42
더들리 허시바흐 19
덕성 개념 273
던바의 수 241

데니스 헤이 125
데이비드 그레이버 67, 147
데이비드 덴비 262
데이비드 로젠바움 194
데이비드 루벤스타인 227
데이비드 브룩스 225
데이비드 스웬슨 268
데이비드 캐머런 62
데카르트 41
도덕과 무관한 존재 34
도덕적 둔감 272
도덕적 이분법 75
도덕적 충성 96
독일 통일 63
독일출판인서적상협회 256
동조 현상 170-172, 171 그림, 178, 180, 203-204
드론 군집 49
드와이트 아이젠하워 21, 63, 97
디그비 발트첼 107
디커플링 128
딥 블루 38
딥마인드 38

ㄹ

라이프스타일 기술 144
랄프 왈도 에머슨 91, 205
래리 사바토 86
랜디 트래비스 253
램트럭스 88 주
러시아의 우크라이나 침공 63
레미 아데코야 75
레오 스트라우스 272
레오 실라르드 54
레이시온 198
로렌스 킬리 75
로렌스 서머스 90
로만 헤어초크 258
로버트 케네디 119

로버트 고든 69
로버트 벨라 254
로버트 오펜하이머 20, 32-33, 56, 59, 133
로빈 던바 241
로저 스크루턴 271
로저 킴볼 255
록히드 미사일 앤 스페이스 17
록히드마틴 65, 105, 183, 184
롭 헨더슨 225
루스 베네딕트 270
루시안 프로이트 214-215
루트비히 판 베토벤 179-180
뤼디거 팔렌브라흐 266
르네 지라르 203
리 펠젠스테인 132-134
리나 칸 43
리들리 스콧 136
리처드 닉슨 87
리처드 리 81
리처드 링클레이터 141
리처드 세넷 251
리처드 앨런 프리드먼 202
리콴유 231, 246-250, 273

ㅁ

마거릿 대처 19 주
마거릿 미드 270 주
마누엘 카스텔스 올리반 96
마르틴 린다우어 152-157
마르틴 발저 256-258
마리 퀴리 22
마리아나 마추카토 103
마리안 블랭크 혼 198
마사 누스바움 252
마이크로소프트 40, 51, 106
마이클 샌델 93-94, 219
마크 밀리 65
마크 저커버그 98
마크 트웨인 74

마틴 게이퍼드 215
마틴 루터 킹 주니어 119
막스 플랑크 100
매킨토시 컴퓨터 136-137
매튜 이글레시아스 230
맨해튼 프로젝트 22, 66
《머물 수 없는 마음》(브레넌) 124
머신러닝 시스템 51
메리 비어드 261
메리 서머빌 20
메타 98, 106
모리스 버먼 110
모린 다우드 84
모방 204
모토로라 189-190, 194
《문명 이전의 전쟁》(킬리) 75
〈문명〉(BBC 다큐 시리즈) 260-261
〈문명의 충돌〉(헌팅턴) 117
문화대혁명 72
《문화의 패턴》(베네딕트) 270
뮌헨대학교 동물학연구소 152, 154
미국 국방부 27, 52, 66
미국 공군 189-190
미국 국가 문화 244-246, 275
미국 국립표준기술연구소 48
미국 국방 지출 비중(GDP 대비) 61-63, 62 그림
미국 국방고등연구계획국(DARPA) 21, 103
《미국 문화의 몰락》(모리스 버먼) 110
미국 시민권 운동 132
〈미국 실용주의〉(듀이) 207
미국 연방거래위원회(FTC) 43
미국 연방수사국(FBI) 136, 220-221
미국 연방준비제도(Fed) 227-228
미국 원자력위원회 233
미국 의회 187, 188쪽 그림, 194
미국 정부와 실리콘밸리의 부상 16-17
《미국 정신의 종말》(블룸) 91
미국 해군 232-236
미국시민자유연맹(ACLU) 80, 223
미국역사학회 113

미학 260-265, 266
"민족지적 현재" 270 주

ㅂ

바네바 부시 17-18, 22, 56, 129, 133
바둑 38
바티칸 도서관 20
반문화 운동 135
《반지의 제왕》(톨킨) 253
버락 오바마 61-62
버팔로 킬러 183
벌떼의 군집 행동 연구 152-157
범죄 221-226
법 집행 221, 223
베네딕트 앤더슨 242, 251
베트남전쟁 119, 132
베티 프리단 82
벤저민 프랭클린 18-19
보행 인식 기술 221
복종 실험 173-174
볼테르 222, 250
부패 237
불만 202
《불신의 문화》(카터) 99
브래드 스미스 51
브래드 오턴 190
블라디미르 푸틴 63
블레이크 르모인 39
"비이성적 과열" 148
〈비포 선셋〉(영화) 141
「빅 아이디어 기근」(네그로폰테) 48
빌 클린턴 193-196
빙 40

ㅅ

사라바난 고피나탄 249
《사모아의 청소년》(미드) 270 주

"사치스러운 믿음" 225
사티아 나델라 51
사회적 관계와 집단 규모 241-242
사회적 청각 장애 178
살루스티우스 273
상품화 99
새뮤얼 헌팅턴 117
샘 올트먼 68
생산성 69
"서구"라는 개념 121-122
서구에 대한 도전 128-130, 132
서식지 153
서양문명개론 113-115, 118-120, 126
선택 가능성의 추구 95
성인 베네딕트 239
성서적 원형 255
세계 경제 생산 127, 127 그림
세바스티앵 버벡 36
소련의 검열 조치 93
소비문화 67
소비자 시장 23-25, 67, 141, 199-200, 279
〈소셜 네트워크〉(영화) 98
소셜 미디어의 성장 71
소스타인 베블런 262
소프트웨어 산업 16-17, 23-25, 51-52, 206-207, 220-225
솔로몬 애쉬 29, 170-173, 178, 180
《솔로몬왕의 반지》(로렌츠) 162
〈수양버들〉(모네) 179
《수용소》(고프먼) 90
수정 헌법 1조 80
순다 피차이 52
슈타지 109
스타트업 157, 160-169, 177
스탠리 밀그램 29, 172-178
스튜어트 브랜드 133
스티브 잡스 135-136
스티븐 레비 133-134
스티븐 브릴 196
스티븐 카터 99
스티븐 핑커 60

스페이스X 70
스포츠 244-245, 245 그림
스푸트니크 21
스피로 애그뉴 91
시밍쩌 74
시어도어 루스벨트 192
"시장 승리주의" 219
시진핑 72-74
신속장비지원부대 185
실리콘밸리 8-9, 11-12, 16-17, 23-25, 29-30, 34, 38, 45, 53, 66-67, 77, 85, 87-88, 99, 102-103, 106, 108-109, 114, 124, 130, 133, 138, 145, 149, 164, 167-169, 177, 180, 198-199, 204, 206, 208, 214, 220, 224-226, 237, 255, 263-264, 268-272, 275-276
싱가포르 246-252
쌍둥이 연구 48

ㅇ

아그네스 헬러 110
아돌프 히틀러 17, 59, 256
아르킬로코스 206
아리에 네이어 80-81, 83
아마존 24, 106, 148
《아메리칸 컬처》 246
아서 허먼 184
아이폰 71, 136
아킬 리드 아마르 269
아트 스튜던트 리그 오브 뉴욕 201
아프가니스탄 전쟁 182-187
알래스데어 매킨타이어 255
알렉산더 대왕 181
알베르트 아인슈타인 22, 54
알파벳 106
알프레드 노벨 56-57
알프레드 비네 153
앙겔라 메르켈 19 주
애덤 샤츠 122
애플 106, 135-137

앤 애플바움 73
앨 고어 191, 194
앨런 그린스펀 148
앨런 블룸 50, 91
야구 245 그림
"야유하는 자의 거부권" 83
어니스트 헤밍웨이 74
어빙 고프먼 90
어빙 존 굿 44
어빙 크리스톨 274
억지력 54, 66-67
언어 242-243, 248-249
얼굴 인식 48, 221, 223-224
에드거 후버 220
에드워드 버밍엄 63
에드워드 머로 111
에드워드 사이드 122-126
에드윈 킨트너 232, 234
에르난 코르테스 97 주
에르네스트 르낭 252-253
에른스트 크리스 204 주
에리히 루덴도르프 59
에마뉘엘 마크롱 243
에반 오스노스 72
에이미 거트먼 96
에크 벌떼 152-157, 155 그림
엔비디아 106
엔지니어링 문화 207, 214
엘리자베스 맥길 84, 89
엘리저 유드코프스키 43
엘리트 계층 107-1089
여우형 210-211
《역사의 종말》(후쿠야마) 49
연방조달간소화법(FASA) 195-197
《영속성과 변화》(버크) 238
예술 비평 262
예일정치연합 81
예측에 관한 연구 210-211, 211 그림
오너십 기반 문화/사회 226, 268
오노 다이이치 211-212
〈오디세이〉(호메로스) 264 주, 265

《오리엔탈리즘》(사이드) 122-124
오픈AI 40, 68
《우리 본성의 선한 천사》(핑커) 60
우주 프로그램 21
워싱턴 경제클럽 227
원숭이들 간의 경쟁 203
원자폭탄/핵무기 32-34, 54, 56-59, 233, 285
월터 아이작슨 135
월트 휘트먼 74
월트 디즈니 컴퍼니 138
웨스팅하우스 17
위대한 인물 이론 250, 261
위르겐 하버마스 23
윈스턴 처칠 121
윌리엄 로스 191
윌리엄 맥닐 114, 126
윌리엄 버클리 주니어 53
윌리엄 블랙스톤 222
윌리엄 월러스 117
윌리엄 프록스마이어 236
윌머헤일 90
유나이티드 테크놀로지스 17
유럽연합의 군사비 지출 61-62, 62 그림
유진 위그너 209
유튜브 71
윤리적 보편주의 271
〈율리시스와 세이렌〉(드레이퍼) 265 그림
의식 연구 41
이그나츠 부비스 258
이디스 패터슨 메이어 57
이브 제고 243
이사야 벌린 206, 210
이스라엘 83-84, 93
이타주의 운동 270
이토이즈 138-141, 146
익명성 93
「인간-컴퓨터 공생」(릭라이더) 21
인공지능 10, 17, 27, 30-31, 34-35, 37-40, 42-46, 49, 55, 64-68, 72, 76, 88, 97, 106, 221, 223, 242, 277
인스타그램 71

일론 머스크 70
일본의 평화주의 64

ㅈ

《자기 신뢰》(에머슨) 205
장 미셸 바스키아 143
장마리 르 펜 245
장애와 적응 179-180
잭 케루악 203
잭슨 폴록 201
《전문가의 정치적 판단》(테틀록) 209
전미여성기구(NOW) 83
전투 관련 사망자 수 60 그림
전투기 65-66, 105-106, 183-184
정부 조달 절차 184-190
《정의의 한계》(샌델) 94
제너럴 다이내믹스 234
제롬 파월 227-228
제리 사인펠드 161
제임스 매디슨 19, 230
제임스 매티스 186
제임스 버츠 182
제임스 볼드윈 221
제임스 스미스 254
제프리 골드버그 61
조르조 파리시 158
조르주 루이 르클레르 뷔퐁 19
조셉 보렐 62
조셉 셰리 193
조안 미첼 179
조지 오웰 108-109, 284
조지 월러스 81-83
조지프 나이 주니어 50 주
조지프 릭라이더 21
조지프 매카시 111
조지프 터스먼 120
존 글렌 195-196
존 듀이 207, 208 주
존 리만 236

찾아보기　　　　　　　　　　　　　　　　**357**

존 롤스 272 주
존 루이스 개디스 60
존 매케인 198
존 멀레이니 202
존 스컬리 135
존 애덤스 19
존 허시 57
졸업 예정자 진로 103-104, 104 그림
종교 99-100, 115, 205, 254-255
중국 정부의 검열 93
"중산층 미국인"을 올해의 인물로 선정 131
《즉흥연기》(존스톤) 161
지그문트 프로이트 99, 214
지미 카터 234
지위 161-164
지적 용기 83, 100
집단적 의사결정 157
징가 199-200, 219
징병제 187
찌르레기 158-159

ㅊ

찰스 랭글 187
찰스 킹 270 주
창업가 문화 226
창업자 경영 기업 266-267, 267 그림
창의성/창의력 36, 204
창조라는 행위 그 자체 98
챗GPT 36, 41, 43, 68
체커스 연설 87
총력전 59
"총체적 기관" 90
"춤 언어"(벌의 의사소통 체계) 154

ㅋ

카를 폰 프리슈 154
카멀라 해리스 224

카스트 구조 108
카틸리나 273
칼라일그룹 227
케네스 버크 238
케네스 클라크 260-262
코리 부커 224
콘라트 로렌츠 162
퀸 밀스 146
크리스티안 묄링 62
크와메 앤서니 아피아 115, 121
클라우드워크 테크놀로지 48
클로드 레비스트로스 121 주
클로드 모네 179
클로딘 게이 89
클로에 모랭 75
키스 존스턴 160-163
킹맨 브루스터 주니어 82, 90

ㅌ

〈타임〉지 43, 86, 131-132, 236
탄 단 평 249
《탈무드》 47
탈식민 연구 124
탤컷 파슨스 144-145
테슬라 70, 106
토머스 실리 153
토머스 머레이 233
토머스 셸링 50
토머스 스타키 222
토머스 제퍼슨 18-19
토머스 칼라일 250
토머스 하트 벤턴 201
토비 렌크 138-140, 142, 146
토요타자동차 211
토착 부족 75-76
톨킨 253
투명성 85
트리거 워닝 202
티모시 브레넌 124

ㅍ

파괴 143
파스칼 브뤼크네르 89
《파우스트》(괴테) 89
파울 폰 힌덴부르크 59
파울로 프레이리 76
판 후이 38
판단 유보 214-215
판카지 미슈라 123, 126
판테온 250
팔란티어 13, 29, 44, 88, 160, 163-164, 178, 185-186, 197-200, 211-213, 253, 276, 279, 282-285
〈팜빌〉(소셜 게임) 199
패트릭 캐텔 188
퍼시 윌리엄스 브리지먼 34
페기 누넌 40, 43, 225, 262
《페다고지》(프레이리) 76
페르디난드 룬드버그 107 주
페리 링크 92-93
페어차일드 카메라 앤 인스트루먼트 17
페이스북 98, 148
평등주의 273-274
평화주의 64, 75-76, 102
포드 에어로스페이스 17
포스트모더니즘 101, 110
포용성 244
폴 하비 88 주
폴, 와이스, 리프킨드, 와튼 & 개리슨 82
폴리 머레이 82-83
표현의 자유 80-84
프라이스라인 146
프랜시스 골턴 218
프랜시스 후쿠야마 49-50, 101
프랫 앤드 휘트니 105
프랭크 콜린 80-81
프랭클린 루스벨트 17-18, 54
프레데리크 셰이에트 113, 115, 118
프로젝트 Y 32
프로젝트 메이븐 52

《프로테스탄트 기득권》(발트첼) 107
플라톤 238 주
플로렌티우스 239
피터 드러커 166
피터 싱어 271
피터 터친 144
피터 틸 71
필립 테틀록 208-211, 211 그림
필코 163

ㅎ

하버드대학교 103-104, 104 그림
하워드 그루버 178
하이먼 리코버 233-236
한스 베테 21
《해커 그 광기와 비밀의 기록》(레비) 133
핵 추진 잠수함 233
허버트 사이먼 44
허버트 제임스 드레이퍼 265 그림
허버트 후버 207
헌팅턴-월러스 선 116 그림, 117
헨리 데이비드 소로 74
헨리 루이스 멩켄 59
헨리 키신저 73, 105, 250
혁신의 불모지 14, 225
호메로스 264 주
〈홀 어스 카탈로그〉 133
홈브루 컴퓨터 클럽 132
회의의 만연 165
후터라이트 241
흑표당 91
희생양 메커니즘 238

기술공화국 선언

지은이 | 알렉스 카프·니콜라스 자미스카
옮긴이 | 빅데이터닥터(Dr. Jeon YD)

1판 1쇄 발행 | 2025년 8월 15일
1판 8쇄 발행 | 2025년 11월 27일

펴낸곳 | (주)지식노마드
펴낸이 | 노창현
본문 디자인 | 푸른나무
등록번호 | 제313-2007-000148호
등록일자 | 2007. 7. 10
(04032) 서울특별시 마포구 양화로 133, 1202호(서교동, 서교타워)
전화 | 02) 323-1410
팩스 | 02) 6499-1411
이메일 | knomad@knomad.co.kr

값 26,000원
ISBN 979-11-92248-34-9(13320)

Copyright ⓒ 알렉스 카프·니콜라스 자미스카
이 책은 저작권법에 따라 보호받는 저작물이므로 무단전재와 무단복사를 금지하며
이 책 내용의 전부 또는 일부를 이용하려면 반드시 저작권자와 (주)지식노마드의
서면 동의를 받아야 합니다.
• 잘못 만들어진 책은 구입하신 서점에서 교환해 드립니다.